Unternehmen zwischen Sponsoring und Mäzenatentum

Dr. Bettina M. Becker ist Kunstwissenschaftlerin und Soziologin. Sie leitet in Dresden die Abteilung Öffentlichkeitsarbeit der Staatlichen Kunstsammlungen. Ihre Arbeitsschwerpunkte sind Kunsthandel, Öffentlichkeitsarbeit für Museen und Unternehmensberatung.

Bettina M. Becker

Unternehmen zwischen Sponsoring und Mäzenatentum

Motive, Chancen und Grenzen unternehmerischen Kunstengagements

Campus Verlag
Frankfurt/New York

Diese Veröffentlichung ist eine Dissertation der Universität/Gesamthochschule Kassel.
Sie wurde gefördert von:
Daimler-Benz AG, Stuttgart
Industrie- und Handelskammer, Kassel
Martha-Helberling-Stiftung, Essen
Stadtsparkasse Kassel

Die Deutsche Bibliothek – CIP-Einheitsaufnahme

Becker, Bettina M.:
Unternehmen zwischen Sponsoring und Mäzenatentum:
Motive, Chancen und Grenzen unternehmerischen
Kunstengagements / Bettina M. Becker. – Frankfurt/Main;
New York: Campus Verlag, 1994
   Zugl.: Kassel, Gesamthochsch., Diss.
   ISBN 3-593-35102-1

Das Werk einschließlich aller seiner Teile ist urheberrechtlich geschützt. Jede Verwertung
ist ohne Zustimmung des Verlags unzulässig. Das gilt insbesondere für Vervielfältigungen,
Übersetzungen, Mikroverfilmungen und die Einspeicherung und Verarbeitung in
elektronischen Systemen.
Copyright © 1994 Campus Verlag GmbH, Frankfurt/Main
Umschlaggestaltung: Atelier Warminski, Büdingen
Druck und Bindung: Druck Partner Rübelmann GmbH, Hemsbach
Gedruckt auf säurefreiem und chlorfrei gebleichtem Papier.
Printed in Germany

Inhalt

Vorwort 12

Einleitung 13
1. Gegenstandsbereich, Ziel und Struktur der Untersuchung 16

Kapitel 1
Historische Reflexion über die Interdependenz
von Künstlern, Auftraggebern und Sammlern 19
1. Ouvertüre: Maecenas oder Sponsorius 19
2. Mediävale Kunst unter kirchlicher und fürstlicher Patronage .. 20
3. Künstler und Auftraggeber im hohen Mittelalter 21
4. Konsequenzen von unternehmerischem Kunstengagement
   zu Beginn der Neuzeit 23
5. Kunstinteressen der großen Renaissancemäzene 24
6. Art Consulting im 15. Jahrhundert 27
7. Höfische Kunstförderung mit und ohne Forderung 28
8. Erste bürgerliche Kunstsammler in Deutschland 30
9. Fürstliche Kunst- und Wunderkammern 31
10. Funktion der Hofkünstler in Versailles 33
11. Bürgerliche Sammler und Kunstentwicklung
    in den Niederlanden 34
12. Königliche Sammlungen des 18. Jahrhunderts 36
13. Bürgerliche Kunstsammler und Museumsgründungen 38

14.	Kunstinteressierte Unternehmer zu Beginn des 20. Jahrhunderts	40
15.	Kunsthandel und finanzkräftige Interessenten aus Amerika	42
16.	Kunst, Künstler und Käufer im 20. Jahrhundert	44
17.	Resümee	45

Kapitel 2
Aktuelles Kunstengagement von Unternehmen: State of Art 51

Kapitel 3
Methodisches Vorgehen bei der empirischen Untersuchung . 54

1.	Fragebogenkonzeption	55
2.	Durchführung der Befragung	56
3.	Präliminarien zur Auswertung	57

Kapitel 4
Darstellung der Umfrageergebnisse: Unternehmerisches Kunstengagement in der Praxis 59

1.	Struktur des unternehmerischen Kunstengagements	62
1.1.	Beginn des Kunstengagements	62
1.2.	Organisation des Kunstengagements	63
1.3.	Motive für Kunstengagement	64
1.3.1.	Kunstengagement als Teil von Unternehmenskultur	65
1.3.2.	Bereicherung des Kulturlebens	66
1.3.3.	Mitarbeitermotivation	66
1.3.4.	Imagevorteile	70
1.3.5.	Integration in den Kommunikationsmix	71
1.3.6.	Steigerung der Künstlerpopularität	72
1.3.7.	Vernissagengespräche	72
1.3.8.	Impulse für neue Ideen	72
1.3.9.	Präferenz der Unternehmensleitung	73
1.3.10.	Werbeträger	74
1.3.11.	Kapitalanlage	76

1.3.12.	Verbesserung der Produktqualität	78
1.3.13.	Steuerliche Abschreibung	79
1.4.	Externe Berater	79
2.	Wert des Kunstengagements	82
2.1.	Budget für Kunstengagement	82
2.2.	Höhe des Budgets	83
2.3.	Maß für Erfolg	84
3.	Die Kunst, der Gegenstand des Engagements	85
3.1.	Formen des Kunstengagements	86
3.1.1.	Ankauf von Kunstwerken zum Aufbau einer Sammlung	86
3.1.2.	Unterstützung von Ausstellungen	87
3.1.3.	Organisation von Ausstellungen	92
3.1.4.	Vergabe von Aufträgen an Künstler	92
3.1.5.	Einrichtung einer eigenen Galerie oder Artothek	94
3.1.6.	Finanzierungsbeihilfe für Ankäufe von Museen	95
3.1.7.	Verleihung von Kunstpreisen	95
3.1.8.	Herausgabe eines Kunstkalenders bzw. -jahrbuchs	97
3.1.9.	Vergabe von Stipendien an Künstler	98
3.2.	Bevorzugte Kunstrichtungen	100
4.	Multivariate Subgruppenanalyse: Die Dependenz bzw. Independenz signifikanter Variablen	105
4.1.	Kunstankauf und Jahresumsatz	106
4.2.	Kunstankauf und Branche	107
4.3.	Kunstankauf und Bedeutung des Engagements	108
5.	Resümee	109

Kapitel 5
Kunstsammlungen im sozialen Umfeld der Unternehmen...113

1.	Fallstudie Daimler-Benz AG: Die Kunst unter dem Stern – Eine singuläre Wirkungsgemeinschaft	115
1.1.	Unternehmensprofil der Daimler-Benz AG	115
1.2.	Unternehmenskultur	117
1.3.	Kulturförderung	118
1.4.	Abteilung Kunstbesitz	119
1.4.1.	Personalstruktur	119

1.4.2.	Entstehungsgeschichte und Gründungsmotive	120
1.4.3.	Aufgabenfelder und interne Verflechtungen	121
1.4.4.	Unterstützung von Ausstellungen	124
1.4.5.	Die Kunstsammlung	124
1.5.	Die 5 Kontinente Skulptur	131
1.5.1.	Beschreibung und Interpretation	131
1.5.2.	Entstehungsgeschichtlicher Hintergrund	133
1.5.3.	Integration der Skulptur in die Alltagswirklichkeit der Mitarbeiter	134
1.6.	Spezifika und Perspektiven	139
2.	›Kunst geht in die Fabrik‹ des Metzgermeisters und Unternehmers Karl Ludwig Schweisfurth	140
2.1.	Motive für den Aufbau der Sammlung	140
2.2.	Sammlungskonzeption	142
2.3.	Präsentation der Sammlung	142
2.4.	Reaktionen der Mitarbeiter	143
3.	Die Sammlung ›Junge Kunst‹ der König-Brauerei	144
3.1.	Motive für den Aufbau der Sammlung	144
3.2.	Sammlungskonzeption	145
3.3.	Präsentation der Sammlung	146
3.4.	Reaktionen der Mitarbeiter	146
4.	Reinhold Würth holt die Kunst ins Firmenmuseum	147
4.1.	Motive für den Aufbau der Sammlung	147
4.2.	Sammlungskonzeption	148
4.3.	Präsentation der Sammlung	150
4.4.	Reaktionen der Mitarbeiter	151
5.	Resümee	152

Kapitel 6
Die Perspektiven der Beteiligten 157

1.	Kunstberater	157
1.1.	Die Ladung des »Kunstfuhrunternehmens«	161
1.2.	Der Assistent beim voyeuristischen Kunsteinkauf	161
1.3.	Die Kunstprojekte der Baronin	161
1.4.	Die Geschäfte des umstrittenen Artconsulting-Stars	162

1.5.	Die Kunstberater auf Maecenas Spuren	163
2.	Museumsdirektoren und Ausstellungsmacher	163
2.1.	Fördervereine. die Retter in finanzieller Not	165
2.2.	Sponsoring: Chance oder Risiko	166
2.3.	Museales Kunstrecycling	167
2.4.	Mögliche Entwicklungsstrategien	169
3.	Künstler	171
3.1.	Künstler, die schwierigen variablen Größen im Werbeetat	173
3.2.	Kunst im Unternehmen: die subversive Geheimwaffe	174
3.3.	Corporate Art: Beispiele für konzertierte Aktionen	175
4.	Resümee	177

Conclusio: Tendenzen, Grenzen und Chancen 181

Literaturverzeichnis 186

Abbildungsverzeichnis 194

Anhang 195

Es ist an der Zeit, daß der Mensch sich sein Ziel stecke.
Es ist an der Zeit, daß der Mensch den Keim seiner höchsten Hoffnung pflanze.
Noch ist sein Boden dazu reich genug. Aber dieser Boden wird einst arm und zahm sein, und kein hoher Baum wird mehr aus ihm wachsen können.
Es kommt die Zeit, wo der Mensch nicht mehr den Pfeil seiner Sehnsucht über den Menschen hinauswirft und die Sehne des Bogens verlernt zu schwirren!
Ich sage Euch: man muß noch Chaos in sich haben, um einen tanzenden Stern gebären zu können.
Ich sage Euch: Ihr habt noch CHAOS in Euch.

Aus: Friedrich Nietzsche, Also sprach Zarathustra.

Vorwort

Zuerst der Dank an alle Mitarbeiter und Leiter der Unternehmen, die durch ihre Teilnahme an der empirischen Untersuchung meine Forschungen überhaupt erst ermöglicht haben – insbesondere an die Personen, die mir in Expertengesprächen ihr Wissen und ihre Zeit zur Verfügung gestellt haben.

Maßgeblichen Anteil am Zustandekommen dieser Arbeit haben durch inhaltliche und methodische Diskussionen Eike Hennig, Gerold Eichholz sowie Roland Girtler durch seine motivationsfördernde Gestaltungsfreiheit.

Für ihre kritische und engagierte Projektbegleitung – vor allem in der schwierigen Anfangsphase – danke ich Heiner Georgsdorf und Dorothee von Windheim.

Meine Arbeit wurde in vielfältiger Weise von Claudia Theuer, Gerd Fenner und Hans J. Baumgart unterstützt, dem ich außerdem für wertvolle Anregungen und das entgegengebrachte Vertrauen danke.

Achim Reitze und Georg Hose sorgten für projektbegleitende Ablenkungen und präzise Korrekturen.

Ein ganz besonders herzlicher Dank gebührt Peter Hansen, dem es oft gelungen ist, mich aus den ästimierten wissenschaftstheoretischen Sphären zu holen und subkutan mit den konkreten Problemen der Alltagswirklichkeit zu konfrontieren.

Einleitung

> Gewinn ist eine Lebensvoraussetzung für jedes Unternehmen und so notwendig wie die Luft zum Atmen für den Menschen. Wie aber der Mensch nicht nur lebt, um zu atmen, so betreibt er auch nicht seine wirtschaftliche Tätigkeit nur, um Gewinn zu machen.
>
> *Josef Abs (zit. nach ZÜRN 1985, S. 36)*

Vor allem das Engagement von Unternehmen im Bereich der Bildenden Kunst hat – wie zahlreiche Untersuchungen belegen – seit Beginn der 80er Jahre stark zugenommen (Fischer 1989, Fohrbeck 1989, Bruhn 1989, u.a.). Auch Hummel stellt 1992 in der Auswertung ihrer Umfrage über die Finanzierung von Kunst und Kultur durch Unternehmen eine »starke Ausgabenerhöhung im Bereich Bildende Kunst« seit 1987 fest (1992, S. 73).

Die praxisorientierte Themenstellung dieses Buches trägt daher der wachsenden Bedeutung und Aktualität des Untersuchungsgegenstandes Rechnung.

Zu einer ersten Differenzierung des Interesses von Unternehmen an Bildender Kunst eignet sich die Kontrastierung mit unternehmerischen Engagement auf dem Gebiet des Sports, dessen Komponenten Dynamik, Erfolg und kontinuierliche Leistungssteigerung eine inhaltliche Verbindung zu Faktoren darstellen, die auch das Wirtschaftsleben bestimmen.

Unternehmerisches Kunstengagement unterscheidet sich – auch durch die lange Tradition – grundsätzlich von den unternehmerischen Aktivitäten auf sportlichem Gebiet: Der Sport wird erst seit Anfang des 19. Jahrhunderts im Zuge seiner wachsenden sozialen Bedeutung von Seiten der Wirtschaft nennenswert gefördert, während das Engagement für Bildende Kunst bis ins erste vorchristliche Jahrhundert zurückgeht. Aufgrund der hauptsächlich von Mäzenen, Stiftungen und Spenden geprägten Vergangenheit des unternehmerischen Kunstengagements konnte sich die auf dem Prinzip von Leistung und Gegenleistung beruhende Sponsoring-Praxis im Kunstbereich nicht in dem Maße wie im Sportbereich durchsetzen. Auf dem Gebiet der Bildenden Kunst fehlt das den Sport dominierende Element der Wettkampfsituation – wenn man von der Konkurrenz der Künstler untereinander absieht –, und statt dessen evozieren die

Komponenten Ästhetik, Kreativität, Harmonie und Phantasie einen sensibleren Umgang aller Beteiligten. Auch läßt sich der unternehmerische Produktbezug im Bereich der Kunst viel schwieriger als im Bereich des Sports konstruieren.

Aber beim Blick in die Wirtschaftsliteratur und -presse, beim Vergleich der Tagungsinhalte wird die erstaunliche Bandbreite der öffentlichen Diskussion über Chancen und Probleme der unternehmerischen Kunstförderung evident. Meist wird einerseits auf Gemeinsamkeiten im kreativen Schaffensprozeß von Unternehmern und Künstlern verwiesen und andererseits dargestellt, welche Vorteile sich für Unternehmen ergeben, wenn sie sich mit Bildender Kunst beschäftigen. Nicht zuletzt deutet auch durch die Unternehmenskulturdiskussion der 80er Jahre einiges daraufhin, daß der ehemalige Zwiespalt und die Entfremdung zwischen Kunst, Kultur und unternehmerischem Kalkül einer wachsenden Bereitschaft zur Annäherung und Zusammenarbeit weicht.

Unternehmen, die sich im Kunstbereich engagieren, stellen angesichts notwendiger Kulturetat-Kürzungen als Konsolidierungsbeitrag für die Staatshaushalte Mittel zur Aufrechterhaltung des Kunstbetriebes zur Verfügung. Sie finanzieren u.a. Bilderankäufe für Museen, vergeben Kunstpreise, betreiben Sponsoring bei Ausstellungen, sichern unterschiedliche Kunst-Projekte durch Stiftungen oder Ausfallbürgschaften und erfreuen sich in zunehmendem Maße auch eigener Kunstsammlungen.

Orientieren sich die ihrem Kunstengagement zugrunde liegenden Motive primär am Unternehmensimage oder den Marketingstrategien, und wird im Kommunikationsmix allein aus Paritätsgründen neben Sport, Sozialem und Umwelt ein Teil des Gewinnes für die Kunst reserviert? Welches sind die Aktionsparameter für unternehmerisches Engagement in einem Bereich, wo Erfolgskontrollen wie Kosten-Nutzen-Analysen in der Regel zu keinem Ergebnis führen?

Kann Kunstengagement in einer Zeit, in der die Reaktion der Konsumenten auf die klassischen Werbemittel nachläßt, vielleicht eine Möglichkeit sein, um sich gegenüber Konkurrenten am Markt zu profilieren? Sicherlich ist dies nur eine Facette des Motivationszusammenhanges, denn selbst im Schatten der wirtschaftlichen Rezession wirken noch einige zeitgenössische Nachfolger der Unternehmer Conrad Fiedler, Bernhard Sprengel oder Alfred Krupp, die Kunst und Künstler aus mäzenatischen Motiven unterstützten (vgl. Holst 1960, Wiese 1929, Sachs 1971).

Die unternehmerischen Kunstaktivitäten werden primär durch die Kategorien Sponsoring und Mäzenatentum klassifiziert. Allerdings hat die postulierte und scheinbar implizierte Uneigennützigkeit des Mäzenatentums, die im Kontrast zum Sponsoring steht, in reiner Form nie existiert. Es handelt sich nach Grasskamp bei Mäzenatentum vielmehr um eine »wohlige Fiktion der bürgerlichen Gesellschaft«, mit der »immer schon weltfremde Vorstellungen von selbstlosem Verantwortungsbewußtsein verknüpft wurden«, die der sozialen Realität nicht entsprachen (1992, S. 82). Der Mangel an Trennschärfe bei der Verwendung dieser – sich meist an subjektiven Einschätzungen orientierenden – Begriffe und das reale Zusammenwirken von unternehmerischen Interessen aus beiden Bereichen hat einige Wissenschaftler dazu veranlaßt, die Typologie des »mäzenatischen Sponsors« zu entwickeln (Bruhn 1991, Fischer 1989).

Trotzdem soll auch am Anfang dieser Studie eine Aufstellung der Charakteristika von Sponsoring und Mäzenatentum für den Bereich der Bildenden Kunst nicht fehlen:

Sponsoring

- beinhaltet die Bereitstellung von Geld, Sachmitteln oder Dienstleistungen für Kunst-Projekte, um unternehmerische Ziele zu erreichen;
- basiert auf dem vertraglich abgesicherten Prinzip von Leistung und Gegenleistung;

Mäzenatentum

- beinhaltet die Unterstützung von Kunst, Kunst-Projekten und Künstlern, ohne dabei direkte kommerzielle Interessen zu verfolgen oder eine Gegenleistung zu vereinbaren;
- ist eng mit der Befriedigung persönlicher Interessen verknüpft.

Denn auch private Mäzene handeln nicht uneigennützig, sondern erzielen durch ihr Engagement eine persönliche Befriedigung. Oft geht echte Kunstbegeisterung mit Überlegungen einher, die Werbe- und Imagezwecken dienen. Trotzdem fördern Mäzene eher unbequeme, noch nicht etablierte und schwierige Kunst, die nicht unbedingt hohe Publikumszahlen und einhellige Zustimmung garantiert.

Ein empirisch fundierter Überblick über die aktuelle Situation, sowie eine Kommentierung des unternehmerischen Engagements in dem Bereich der Bildenden Kunst aus kunstsoziologischer und -wissenschaftlicher Perspektive fehlt bislang. Bisherige explorative Studien betrachten entweder die gesamte Kulturförderung von Unternehmen und gehen dabei nur unzureichend auf Bildende Kunst ein (Fohrbeck 1989), spezialisieren sich auf regional begrenzte Untersuchungsgebiete (Behnke 1988) oder untersuchen dezidiert Kunst-Sponsoring-Phänomene (Loock 1988, Bruhn 1989).

Durch den Mangel an aktuellem und zuverlässigen Datenmaterial, das sich speziell auf das Gebiet der Bildenden Kunst bezieht, ist eine eigene Erhebung eine notwendige Voraussetzung dieser Untersuchung. Den Schwerpunkt bilden inhaltliche Fragestellungen, bei denen neben soziologischen auch kommunikations- und kunstwissenschaftliche Ansätze Berücksichtigung finden.

1. Gegenstandsbereich, Ziel und Struktur der Untersuchung

Gegenstandsbereich der Untersuchung ist das vielfältige Engagement von erwerbswirtschaftlichen Unternehmen in Deutschland im Bereich der Bildenden Kunst. Unternehmerpersönlichkeiten wie z.b. der Sammler Peter Ludwig, die sich privat auf diesem Gebiet engagieren, sind nicht Thema dieser Arbeit. Betrachtet werden alle diesbezüglichen Aktivitäten von Unternehmen – von genuin mäzenatischer Förderung bis zu imageorientiertem Sponsoring. Von dem sonst in diesem Zusammenhang gebrauchten Begriff der »Kunstförderung« wird in Anlehnung an Duhme (1986, S. 182) abstrahiert, da bei dem unternehmerischen Engagement nur in seltenen Fällen von genuinen Maßnahmen zur Förderung von Kunst gesprochen werden kann.

Die ungenaue Kenntnis und Differenzierung der eigentlichen Untersuchungsinhalte läßt bei Dissertationen zum Thema Sponsoring oft begründete Zweifel an der Sach- und Fachkompetenz der Autoren aufkommen, wenn z.b. Erdtmann (1989, S. 37) neben Ausstellungen auch Literatur als »Sponsorship Aktionsfeld« unter den Bildenden Künsten subsumiert.

Die Bildende Kunst steht inhaltlich im Mittelpunkt dieser Arbeit, in der neben der historischen Tradition, die Struktur und Organisation des Kunstengagements, sowie die Differenzierung der Kunstgattungen, -stile, und -formen untersucht werden. Fragen nach dem finanziellen Größenumfang des Engagements stehen von der Wertigkeit her eher an untergeordneter Stelle. Dies nicht nur aufgrund der Tatsache, daß Unternehmen über genaue Zahlen nur ungern oder gar nicht Auskunft geben, sondern auch, weil eine differenzierte Betrachtung der einzelnen Motive, Interessen und Objektivationen des unternehmerischen Kunstengagements bis dato nur ansatzweise versucht wurde (Lippert 1990, Fohrbeck 1989, Behnke 1988).

Zentrales Ziel dieser Untersuchung ist es, grundlegende Erkenntnisse über Umfang, Erscheinungsformen, Stellenwert sowie Motive der unternehmerischen Aktivitäten im Kunstbereich zu gewinnen. Ein besonderes Schwergewicht wird auf Formen der Professionalisierung, wie z.b. Aufbau einer Sammlung, regelmäßige Vergabe von Kunstpreisen oder Stipendien, gelegt. Dabei wird die empirische Fragebogen-Untersuchung durch qualitative Studien in einzelnen Unternehmen und Expertengesprächen mit Beteiligten ergänzt.

Gemäß der Zielsetzung läßt sich die Arbeit in vier von einander abhängige Teilbereiche untergliedern:

- Historische Betrachtung des Kunstengagements von Unternehmern. Differenzen, Interdependenzen und Parallelen zu heutigen Formen
- Empirische Bestandsaufnahme des Engagements von Unternehmen im Bereich Bildender Kunst in Deutschland zu Beginn der 90er Jahre
- Fallstudien in Unternehmen: Daimler-Benz AG, Herta AG, König-Brauerei AG, Würth GmbH
- Perspektiven der Beteiligten: Kunstberater, Museumsdirektoren, Künstler

Die Studie beginnt im 1. Kapitel mit einem zusammenfassenden und pointierten historischen Überblick über unternehmerische Aktivitäten im Bereich der Bildenden Kunst. Dabei werden bedeutende Einzelfälle der Zusammenarbeit von Künstlern, Auftraggebern, Sammlern und Unternehmern sowie zeittypische Formen des Kunstengagements dargestellt.

Um einen groben Überblick über den Gesamtkomplex des gegenwärtigen unternehmerischen Kunstengagements zu geben, folgt unter Bezugnahme auf maßgebliche Literaturbeiträge im 2. Kapitel die Erörterung des aktuellen Standes der bundesrepublikanischen Kunstförderungsdiskussion.

Gegenstand des 3. Kapitels ist die Darlegung der Vorgehensweise bei der Erfassung des unternehmerischen Engagements auf dem Gebiet der Bildenden Kunst.

Im Kapitel 4 werden die Umfrageergebnisse ausführlich dargestellt und interpretiert, relevante Aspekte an Hand von Beispielen näher erläutert und durch weitere Verknüpfung von Variablen vertieft.

Spezielle Exempel für unternehmerisches Kunstengagement mit dem

Schwerpunkt »Aufbau von Kunstsammlungen« werden im 5. Kapitel diskutiert. Fallstudien verdeutlichen die unterschiedlichen Motive und Konzeptionen auf denen unternehmerische Kunstsammlungen basieren und weisen auf Besonderheiten der Kunstwerke im sozialen Arbeitsumfeld der Unternehmen hin.

Die Perspektive von Kunstberatern, Museumsdirektoren, Ausstellungsorganisatoren und Künstlern schließt sich im Kapitel 6 an, da diese Personengruppen an den unternehmerischen Aktivitäten und deren Auswirkungen existentiell beteiligt sind.

Gestützt auf die empirischen Befunde wird im 7. Kapitel näher auf die Tendenzen, Chancen, Grenzen und die zukünftige Entwicklungsmöglichkeit der Aktivitäten von Unternehmen auf dem Gebiet der Bildenden Kunst eingegangen.

Wichtigstes Anliegen dieser Arbeit ist die empirisch gestützte Konzeptionierung eines Orientierungsrahmens zur aktuellen Situation des unternehmerischen Kunstengagements in Deutschland, die Evaluierung und Bereitstellung von Modellen für erfolgreiche Aktivitäten.

Kapitel 1
Historische Reflexion über die Interdependenz von Künstlern, Auftraggebern und Sammlern

1. Ouvertüre: Maecenas oder Sponsorius

Für die heutige Kunstförderungsdiskussion ist die detaillierte Untersuchung der Verquickungen von privaten Neigungen und machtpolitisch-ökonomischen Interessen sogenannter Mäzene von großem Interesse. Zweifel an der genuinen Uneigennützigkeit des Mäzenatentums tauchen schon bei der näheren Betrachtung des Namensvaters der Kunstförderer, Gaius Cilnius Maecenas (ca. 70 bis 8 v. Chr.), auf. Der Freund und Ratgeber von Kaiser Augustus, der »... alle aufstrebenden Talente, Literaten, Dichter und Männer der Wissenschaft durch reiche Zuwendungen und auch durch das Gewicht seiner einflußreichen Persönlichkeit ...« (Paulys Real-Encyclopädie der klassischen Altertumswissenschaft 1928, S. 215) förderte, bekleidete das Amt des obersten Polizeichefs. Damit oblag ihm »... die Aufsicht über die Entwicklung des Schrifttums in gebundener und ungebundener Rede« (op.cit. S. 218).

Vergil, Properz und Horaz publizierten an ihren Gönner Maecenas gerichtete sowie ihm gewidmete Werke. Dieser lenkte und beeinflußte die Schriften seiner Schützlinge inhaltlich geschickt zur Verherrlichung des augusteischen Regimentes und seiner Politik[1]. Bei dieser Form der Künstlerförderung handelt es sich eher um eine Form von Sponsoring – welches auf dem Prinzip Leistung und Gegenleistung beruht – als um altruistisches Mäzenatentum. Der von dem Namen Maecenas abgeleitete Begriff hat sich inhaltlich von der historischen Person gelöst, und im Laufe von Jahrhunderten verselbständigt. Der Beschützer und Verehrer der Musen, Gaius Cilnius Maecenas, der im übrigen auch eigene literarische Ambitionen hegte, war keineswegs der Prototyp eines uneigennützigen Kunstförderers; denn nur durch die Indoktrination der von ihm abhängigen Literaten wird sein Ruhm und der von Kaiser Augustus seit zwei Jahrtausenden verbreitet.[2]

Der Besitz von Kunstwerken hatte im antiken Rom ebenfalls einen hohen Stellenwert. So beschreibt z.b. der Dichter Petronius (gest. 66 n. Chr.) in seinem »Gastmahl des Trimalchio« unter anderem die prächtigen Wandmalereien und marmornen Venus-Statuen im Hause des Gastgebers.

Obwohl schon Agrippa, der Feldherr und Mitregent von Kaiser Augustus, forderte, daß die privat gesammelten Kunstwerke auch der Öffentlichkeit zugänglich gemacht werden, begann diese Entwicklung – von wenigen Ausnahmen abgesehen – erst 1800 Jahre später mit der Errichtung öffentlicher Museen.

Bis allerdings Kunst und Kultur in Europa prosperierten, dauerte es noch mehr als ein Jahrtausend. Nach Ansicht von Sachs (1971, S. 20) kam »in den folgenden Jahrhunderten, in denen sich aus der sterbenden Kunst des alten Roms die primitiven Anfänge einer neuen Kultur entwickelten, ... das Kunstsammeln schließlich ganz zum erliegen.«

2. Mediävale Kunst unter kirchlicher und fürstlicher Patronage

Aufgrund der starken religiösen Bindung im Mittelalter und durch den damit verbundenen ausgedehnten Heiligenkult konnten sich in kirch- und klösterlichen Schatzkammern vielbesuchte Reliquiensammlungen und Heiligtumsschätze etablieren. Die mittelalterliche Kunst stand, von einigen Ausnahmen wie dem Duc de Berry (1340-1416) als Auftraggeber abgesehen, ausschließlich im Dienst der Kirche. Dieser kunstsinnige, weltliche Herrscher über Burgund, den Sachs (1971) als den einzigen passionierten Sammler neuer und alter Kunst seiner Zeit bezeichnet, beschäftigte die Brüder Limburg über 20 Jahre lang als Hofkünstler. Für seine intimen Andachten gestalteten sie mehrere ›livre d'heures‹, in denen sie Umdeutungen von sakralen Formeln in profane und zeitgenössische Kontexte vornahmen und außerdem die Grundlagen der Bildenden Kunst im Hinblick auf die sich entwickelnde Tafelmalerei veränderten.

Im Mittelalter war Armut das Ideal der Franziskaner und gleichzeitig die bittere Realität des ganzen Volkes. Die im Diesseits mit der Unzufriedenheit der Armen konfrontierten Reichen, wähnten sich im Jenseits vom göttlichen Richter verfolgt. Ein beliebtes Mittel, das Jüngste Gericht gnädig zu stimmen und nicht in der Hölle zu enden war es, fromme Stiftungen zu tätigen. Nach Simson verdanken wir »eben dieser Furcht ... das größte Meisterwerk der hochmittelalterlichen Malerei, Giottos Arena-Kapelle, gestiftet von Enrico degli Scrovegni, dem Sohn des Rinaldi, eines der reichsten Männer seiner Zeit, ›vir ditissimus in immensum‹ den Dante als Wucherer in die Hölle verbannt hat. Giottos riesiges Weltgerichtsbild an der Westwand der Arena-Kapelle gibt der Furcht vor dem Gericht sichtbaren Ausdruck: Der Stifter kniet mit dem Modell seiner Kirche, die er gleichsam als Sühneopfer darbietet, neben dem Kreuz auf Seiten der Erlösten unter dem zu ihm niederblickenden Christus und der Muttergottes« (Simson 1990, S. 19).

Diese Art von Stifterbildnissen ist nicht nur in Italien üblich gewesen, denn die Aufgabe der Künstler war nicht eine spiegelbildliche Darstellung der sozialen Realität, sondern eine Illustration des umfassenden Verhaltenskodex der von den herrschenden Mächten artikulierten Zivilisationsideale.

3. Künstler und Auftraggeber im hohen Mittelalter

Giotto war ein genialer Maler, Bildhauer, Architekt und Organisator, der die Kunst des 14. Jahrhunderts geprägt und weit über Italien hinaus gewirkt hat. Schon 1330 wurde er zum ›familiaris‹ des Königs, und in einer Urkunde von 1334 zum Dom- und Stadtbaumeister von Florenz ernannt. »Er hatte zwar zuvor in Florenz gearbeitet, so z.B. um 1325, als er verschiedene Familienkapellen in der Kirche S. Croce ausmalte, im gleichen Maße aber auch in Assisi, Rom, Padua, Rimini und Neapel« (Kempers 1989, S. 196).

Bei Großprojekten unterschiedlichster Auftraggeber konnte Giotto seine außergewöhnlichen Fähigkeiten unter Beweis stellen und weiter verfeinern. Diesem Künstler eröffneten sich Aufstiegsmöglichkeiten, die noch vor 100 Jahren undenkbar gewesen wären, und bei denen sich der Ruhm des Malers symbiotisch mit dem der Auftraggeber verband. Die in diesem Zusammenhang wichtigste und detaillierteste Untersuchung zur Sonderstellung der Hofkünstler publizierte Warnke (1985).

Hirschfeld stellt darüberhinaus Parallelen bezüglich des durch die Auftragshonorare entstandenen immensen Vermögens von Giotto und dem seiner Auftraggeber aus dem Bankgewerbe fest. Auch soll der geschäftstüchtige und vielseitig begabte Maler anmutreicher Madonnen seinen Besitz durch Darlehensgeschäfte vervielfacht haben; zum Eintreiben der Schulden beschäftigte er zeitweise bis zu sechs Notare (vgl. Hirschfeld 1968, S. 92-93).

Zwischen 1270 und 1350 nahm die Zahl der von Florentinischen Bürgern und Institutionen vergebenen Aufträge stark zu, und immer mehr Maler wurden dort seßhaft. Sie schrieben sich in die Zunft »Arte dei Medici e Speciali« ein und traten z.T. einer dem heiligen Lukas geweihten Bruderschaft bei. Diese Mitgliedschaften verpflichteten zu Tugend und Sittsamkeit; bei den Zusammenkünften wurde das Gruppenbewußtsein geprägt und Verhaltensnormen tradiert. Sie waren ein wichtiges Instrument der sozialen Kontrolle.

Nach Ansicht von Simson verfügten aufgrund der allgemeinen Würdigung schon hochmittelalterliche Künstler über ein Selbstbewußtsein, das ihnen ein von jeglicher Unterwürfigkeit freies Verhältnis zu ihren Auftraggebern, und damit einen hohen sozialen und wirtschaftlichen Status ermöglichte (vgl. Simson 1990, S. 39-41). Sicher muß dabei eine Differenzierung zwischen dem gesellschaftlichen Stand der wenigen hochbegabten Künstler mit außergewöhnlichen Fähigkeiten, die ihr Können und ihre Kreativität schon mehrfach unter Beweis gestellt haben, und der großen Anzahl von mittelmäßigen Malern und Bildhauern vorgenommen werden. So argumentiert auch Kempers konträr: »Weiterhin ging es vor allem darum, möglichst fachkundig Bildthemen darzustellen, die in erster Linie nicht von den Malern selbst, sondern von ihrer Klientel bestimmt wurden. Nur allmählich nahm der Beitrag der Maler selbst bei der bildlichen Umsetzung neuer Themen zu« (Kempers 1989, S. 203).

Die meisten mittelalterlichen Maler wurden weder reich noch berühmt und begegneten keinen einflußreichen Auftraggebern, die ihren Erfindungsreichtum anregten. »Sie dekorierten Sattelzeug, Truhen, Schränke, bemalten Karren und Skulpturen, illustrierten Bücher und malten Wappen, Aushängeschilder, Fahnen und Banner. Für die private Andacht schufen sie unzählige Tafelbilder, daneben Altarbilder, die aber eher mittelmäßig waren« (Kempers 1989, S. 186). Ein sozialer Aufstieg, der sich immer auch am gesellschaftlichen Status des Auftraggebers orientierte war selten; die meisten Maler arbeiteten für Analphabeten.

4. Konsequenzen des unternehmerischen Kunstengagements zu Beginn der Neuzeit

Durch die beginnende kapitalistische Wirtschaft und die damit verbundene zunehmende wirtschaftliche und politische Macht von Bankiers, Kaufleuten und einzelnen Städten kam es zu einem verstärkten bürgerlichen Mäzenatentum, das sich bis zu diesem Zeitpunkt in den Händen von Adel und Kirche befunden hatte. Zu den Attributen der mit den kulturellen und gesellschaftlichen Umwälzungen entstandenen neuen Oberschichten gehörte auch das Privileg des Interesses an Bildender Kunst. »Bürger ließen sich nach dem Vorbild der Fürsten im Portrait verewigen und stifteten Kunstwerke für die Kirchen« (Bialostocki 1990, S. 22).

Im Laufe des 15. Jahrhunderts erlangte die Kunst eine innovative ästhetische Funktion: die Vermittlung von neuen Ideen in Übereinstimmung von Natur- und Phantasiewelt mit den Naturgesetzen. Diese neue Aufgabe unterschied sich evident von dem reinem Dekor und der Glaubensgrundsatzvermittlung. Den Angaben Bialostockis zufolge diente »zwar ... die Kunst weiterhin der Politik, der Religion, der Moral, doch hatte sie nun Autonomie gewonnen. ... Den Wert der Kunst sah man in der Darstellung schöner und faszinierender Dinge, deren Gestalt auch Bewunderung für die Meisterschaft des Künstlers weckte« (Bialostocki 1990, S. 23). Die Invention der naturalistischen Darstellung ist vor allem ein Verdienst des Florentinischen Malers Masaccio, der nach 1420 begann die mathematischen Regeln der Perspektive anzuwenden, »durch die er in seinen Bildern Figuren lebensecht in einem großen Raum plazieren konnte, so, als sei die dritte Dimension tatsächlich gegeben« (Kempers 1989, S. 14).

Mit dem Auftreten eines Mäzens, der das Kunstwerk nicht erwarb, um es einer Kirche zu stiften, sondern um sich in seiner eigenen Sammlung daran zu erfreuen, vergrößerte sich abermals das Ansehen des Künstlers. »Zum grundlegenden Element der Kunstlehre (des 15. Jahrhunderts) wurde der Glaube an das Genie des Künstlers« (Bialostocki 1990, S. 24).

Die Professionalisierung der Maler war eng mit der Entwicklung des Mäzenatentums und der zur Kunstförderung gehörenden Auftragsvergabe verbunden. Die Dynamik in den Beziehungen zwischen Künstlern, Beratern, Auftraggebern und Publikum führte nach Kempers zu einer Dreiteilung der Berufsgruppe, wobei eine kleine Elite mit großem Einfallsreichtum und äußerster Professionalität Großprojekte (Kirchen, Schlösser, Palazzi) für mächtige Auftraggeber realisierte.

Justus van Gent, Piero della Francesca und auch Giovanni Santi erreichten einen gehobenen gesellschaftlichen Status. Santi besaß z.B. ein herrschaftliches Haus in Urbino, und Mantegna wurde 1458 von Lodovico Gonzaga schriftlich gebeten, nach Mantua zu kommen, um für ihn zu arbeiten. Dort baute er sich einen prachtvollen Palazzo, den er mit zahlreichen Kunstwerken ausschmückte. Aber auch an sein Weiterleben nach dem Tod dachte Mantegna beizeiten und stiftete in der Kirche S. Andrea eine Grabkapelle, die er mit eigenen Arbeiten ausstattete (vgl. Kempers 1989, S. 293).

Die einfachen Malerhandwerker hingegen, »oft an die zwanzig pro Stadt, verliehen der Berufsgruppe eine große Stabilität« (Kempers 1989, S. 367).

5. Kunstinteressen der großen Renaissance-Mäzene

Typische italienische Renaissance-Mäzene waren »Männer im Alter von über vierzig Jahren« (Kempers 1989, S. 367); ihrem Kunstengagement war meist ein kräftiger sozialer Aufstieg innerhalb einer an Macht gewinnenden Institution vorangegangen. Die individuellen Vorlieben der Kunstförderer wurden dabei durch die Präferenzen der Zeitgenossen und Vorgänger stark beeinflußt. »Bei der Auftragsvergabe orientierte man sich an älteren Vorbildern, denen man eine persönliche Note gab« (Kempers 1989, S. 367). Die Verbindung von Individualität und Konvention bei der Auftragsvergabe schuf bei den ausführenden Künstlern kongruente Fähigkeiten.

Notwendige Voraussetzung für unternehmerisches Kunstengagement war damals wie heute eine Periode wirtschaftlichen Aufschwungs. Die individuelle Auftragsvergabe, die starken Einfluß auf die Entwicklung neuer und Verfeinerung alter Fähigkeiten der Künstler hatte, war allerdings weniger durch makroökonomische Veränderungen als durch politische und kulturelle Neuerungen geprägt. So hatten die Aufträge rivalisierender Gruppen, deren Sozialprestige in Relation zu dem gestiegenen Familienvermögen angewachsen war, eine besonders stimulierende Wirkung auf die Kunstqualität.

Für die Humanisten und Künstler Italiens verband sich das neue

Kunstideal des 15. Jahrhunderts mit der Überzeugung, daß die Kunst vollkommener als die Natur sein kann. Durch die aufgezeichneten Beobachtungen von Lorenzo Ghiberti, Leone Battista Alberti und Giorgio Vasari sind uns exakte theoretische Abhandlungen über den damaligen Stand der Bildenden Kunst überliefert. Ihre neue Aufgabe war es, nach der Visualisierung religiöser Ideen, die weltliche Ästhetik einer durch Reichtum und politische Macht erstarkten Bürgerschicht zu vermitteln. Durch den Aufschwung von Gewerbe, Handel und Bankwesen wurde – wie bereits erwähnt – sowohl die Position der Kirche wie auch des Adels geschwächt. Die finanzkräftigen Kaufleute vergaben »Aufträge seltener im Namen einer Kirche oder einer städtischen Organisation, sondern hauptsächlich in ihrer Eigenschaft als Oberhaupt einer Familie« (Kempers 1989, S. 27).

Die Medici waren weder die ersten, noch die einzigen Sammler und Auftraggeber im Florenz der ersten Hälfte des 15. Jahrhunderts, aber der Umfang ihrer Auftragsvergabe übertraf alle anderen Florentinischen Geschlechter. Unter den Humanisten wären als einflußreiche Kunstliebhaber u.a. Poggio Bracciolini, Carlo Marsuppini und Matteo Simone Strozzi zu nennen. Der Künstler und Schriftsteller Lorenzo Ghiberti sammelte ebenfalls alte Gegenstände wie Statuen, Münzen, Inschriften und Gemmen (vgl. Pomian 1988, S. 74). Neben den Medici und den von Pomian genannten Personen zählten die Florentiner Geschlechter Rucellai, Strozzi und Pazzi, die neben Wirtschaft und Politik als wichtige Mäzene auch die Kunstszene beherrschten, zu den ersten Kunstsammlern der Neuzeit. »Mit ihrem luxuriösen Hausstand, dem Glanz und der Größe ihrer Paläste ahmten sie den kultivierten Lebensstil der Höfe nach. Die Pflege von Kunst und Wissenschaft wurde zum Bedürfnis und diente zugleich dem Prestige des Hauses« (Sachs 1971, S. 24). In seinen biographischen Aufzeichnungen nennt Giovanni Rucellai folgende Motive für sein Kunstengagement »Alle diese Dinge haben mir gegeben und geben mir größte Befriedigung und größtes Wohlgefühl, denn sie gereichen sowohl zur Ehre Gottes wie auch der Stadt zu Ehren und zu meinem eigenen Gedächtnis« (Wackernagel 1938, S. 234).

Der Name Medici ist für die Nachwelt zu einem Synonym für enthusiastisches unternehmerisches Kunstengagement geworden. Das Kunstinteresse der Mitglieder dieser Familiendynastie von Bankiers ist allerdings keineswegs homogen und auf unterschiedliche Motive zurückzuführen: das Spektrum geht von rein äußerlichen, repräsentativen Sammlungsinteressen bis zu echter persönlicher Neigung.

Der trotz differierender Motive immense Bedarf der Medici an Palazzi, Kirchen, Kapellen, Statuen und Gemälden führte zu einer einmaligen Forcierung der künstlerischen Kreativität in den Bereichen Architektur, Bildhauerei und Malerei.

Analog zu dem Abbilden des Firmenlogos beim Sponsoring des 20. Jahrhunderts wurden die von den Medici finanzierten Kirchen und Kapellen mit dem Familienwappen und den Familienheiligen Kosmas und Damian ausgestattet. »Der Ruf eines Mäzens, den sich die Medici-Familie auf diese Weise erworben hatte, drang 1462 so weit, daß ein Florentiner Kaufmann in einem Brief von Genf aus Piero de Medici dazu zu überreden versuchte, dort eine Kirche mitzufinanzieren. Die Wappen aller Kaufmannsfamilien mit einer Niederlassung in Genf seien dort zu sehen, nur nicht das der Medici, während doch die Medici-Bank die älteste und wichtigste sei, so der Briefschreiber« (Kempers 1989, S. 227).

Bei den Verhandlungen um Gegenleistungen für die Finanzierung kostspieliger Kirchenprojekte wurde die Forderung nach Grabstätten für Familienangehörige in bevorzugten Bereichen des Kirchenschiffs neben dem Aspekt des »von Sünden Freikaufens« und dem Anbringen von Wappen und Emblemen häufig genannt (vgl. Kempers 1989, S. 228 ff).

Großzügige Spenden wurden auch in der Kirchenchronik erwähnt: 1497 hatten die Brüder Cosimo und Lorenzo Medici den Umbau von San Marco finanziert und »verschiedene Altarbilder, liturgische Geräte und Gewänder sowie zahlreiche illumierte Handschriften gestiftet« (Kempers 1989, S. 232). Als weiteres, außergewöhnliches Vorrecht bekam Cosimo eine eigene Zelle im Kloster zugewiesen, wo er meditieren, mit gelehrten Dominikanern auch über seine weltlichen Probleme diskutieren oder aber sein Kapital in Sicherheit bringen konnte.[3]

Auf ein gesteigertes Geltungsbedürfnis bzw. einen Mangel an vornehmer Bescheidenheit von Piero de Medici mag die folgende Inschrift hindeuten, die sich auf dem marmornen, baldachinartigen Altarüberbau der Kirche SS. Annunziata, deren Umbau die Medici zu einem Großteil finanziert hatten, befindet: »Costo fior. 4 mila il marmoro solo« (Der Marmor kostete allein 4.000 Forint). Nach Angaben von Gombrich (1960, S. 229) trug der Fries ebenfalls die Namen der Stifter und des Künstlers.

Die Maßnahmen zur Imagebildung der bürgerlichen Elite von Florenz nahmen nach 1445 annähernd aristokratische Formen an. Neben den Wappen entstanden in zahlreichen Kirchen auch Porträts der Medici selbst sowie ihrer Klienten. Auf einer Wand der Sixtinischen Kapelle in

Rom stellte Botticelli z.B. Giovanni Tornabuoni, einen Florentinischer Gesandten der Medici dar.

Girtler führt das Streben nach Vornehmheit in seiner Untersuchung über »Die feinen Leute« auf einen den Menschen innewohnenden Trieb zurück, der sie zum »animal ambitiosum« macht, einem Wesen, das nach Ehre, Gunst und Beifall, somit nach Vornehmheit strebt« (Girtler 1989, S. 11).

Die Entwicklung von dem künstlerisch eigentlich uninteressierten Auftraggeber und sich – mit einem gewissen Understatement ausgestattet – hauptsächlich um sein Seelenheil und Prestige sorgenden Stifter Cosimo de Medici[4], bis zum leidenschaftlichen Sammler und Kunstkenner mit starkem Drang zur Selbstdarstellung Lorenzo de Medici spiegelt einen entscheidenden Wendepunkt nicht nur in der Geschichte der Kunstförderungspraxis wieder (vgl. Hauser 1973, S. 203).

Bis zu diesem Zeitpunkt richtete sich der Künstler wie früher in der Klosterwerkstatt oder Bauhütte nach dem jeweiligen Auftrag, wobei der eigene Schaffensdrang und subjektive Ausdruckswille eine untergeordnete Rolle spielte. Die Selbständigkeit der Künstler »... und ihr Selbstvertrauen, ihre persönliche Verantwortlichkeit und ihr Ehrgeiz wuchsen in dem Maße, wie die Besteller ihnen mehr Freiheit einräumten und sich bei der Bestellung auf die Wahl der Person des Künstlers beschränkten« (Hauser 1973, S. 204).

So wurde aus dem Stifter der Auftraggeber und Käufer, der Liebhaber, Kenner und Sammler, der im Cinquecento die Autonomie der freien Kunst anerkennt und damit die Möglichkeit nutzt, sich durch humanistische Bildung und Kunstverständnis als der gesellschaftlich führenden Schicht – auch jenseits des Wirtschaftslebens – angehörend zu präsentieren.

6. Art Consulting im 15. Jahrhundert

Parallel zu der Kunstproduktion ohne besonderen Auftrag für den freien Markt, entstanden den Angaben Hausers (1973, S. 205) zufolge während des 15. Jahrhunderts in Italien Kunstvermittlungs- und Kunstberatungsagenturen, die auch die Interessen von ausländischen Kunstliebhabern vertraten.

Während es sich bei den ersten Beratern und Agenten meist selbst um

Künstler handelte, entwickelte sich durch die steigende Nachfrage nach Kunstwerken ein reger Kunsthandel, bei dem die auch in »Frankreich, Flandern und anderswo tätigen Florentiner Kaufleute die Vermittlerrolle für den Umschlag der neuen Ware Kunst« (Sachs 1971, S. 38) übernahmen.[5]

Giovanni Battista della Palla war der erste Kunsthändler, der sowohl mit zeitgenössischen Werken als auch antiken Skulpturen handelte. Dieser reiche Florentinische Edelmann wurde 1521 als Mitwisser einer Verschwörung für geraume Zeit nach Frankreich verbannt; dort erwarb er die Gunst des Kunstliebhabers Königs Franz I., für den er nach seiner Rückkehr Bilder kaufte. »Palla bestellte bei zeitgenössischen Künstlern, suchte aber auch schon alte Familien auf, um kostbaren alten Privatbesitz zum Weiterverkauf zu erwerben« (Sachs 1971, S. 41). Besonders Vasari (1906) eiferte sich in seinen Schriften über diese unmoralischen, antipatriotischen und dem reinen finanziellen Kalkül des Kunstberaters entsprungenen kaufmännischen Transaktionen.

Jacopo del Strada (1507-1588), ein Künstler und Sammler aus Mantua wurde für mehrere deutsche Sammler zum Kunstberater, Ankäufer und Vermittler. »Zunächst reiste er im Auftrag Johann Jakob Fuggers, dann stand er im Dienste des kaiserlichen Hofes in Wien, wurde 1564 Antiquarius Kaiser Maximilians II. und vermittelte Käufe für Kaiser Rudolf II. in Prag ...« (Sachs 1971, S. 41).

Nach Sachs (1971, S. 30) verfügten die Medici mit Angelo Tani sogar über einen persönlichen Agenten in Brügge, der ihre flämischen Bildbestellungen und Ankäufe tätigte; die altniederländischen Meister wurden in Italien aufgrund ihrer realistischen Milieuschilderungen sehr geschätzt.

Warnke weist auf die schon im Verlauf des 16. Jahrhunderts zunehmende »Skepsis der Künstler gegenüber der kaufmännischen Vermittlertätigkeit« hin (Warnke 1985, S. 103), deren Ursache nicht nur in mangelnder Sachkompetenz, sondern auch in den immensen Gewinnspannen der Vermittler lag.

7. Höfische Kunstförderung mit und ohne Forderung

In der Person der leidenschaftlichen Sammlerin und Fürstin in Mantua, Isabella d'Este (1474-1539), vereinigten sich Schönheit, Willensstärke und Klugheit mit vielfältigen künstlerischen Interessen zur »prima donna del mondo«. Aufgewachsen in einer kultivierten, den schönen Künsten aufgeschlossenen Atmosphäre, ließ sie ihr Studierzimmer von dem Maler Luca Lioteni schnellstens und unter Androhung von Kerkerhaft mit »glücklichen Einfällen« und sicherer Hand ausmalen. Viele Arbeiten aus ihrer Sammlung hat sie bei »zeitgenössischen Künstlern selbst in Auftrag gegeben und dabei genaueste Wünsche über die Ausführung geäußert« (Sachs 1971, S. 43). Bei Perugino bestellte sie eine allegorische Darstellung des Triumphes der Keuschheit. »Hierzu legte sie nicht nur Thema und Format fest, sondern gab genaueste Anweisungen über Zahl, Anordnung und Bekleidung der Figuren, fügte sogar eine kleine Skizze bei.

Da dem Meister dieses Thema zweifelsohne wenig lag, bekam sie ihr Bild erst nach zahllosen brieflichen Mahnungen und dem Versprechen von 100 Dukaten« (Sachs 1971, S. 43).

Zur gleichen Zeit wurden in Italien aber auch die ersten Kunstakademien gegründet, deren Mitglieder gegenüber ihren Auftraggebern einen höheren Autonomieanspruch besaßen. Bei der Ausbildung wurden neue theoretische Standards wie Farb- oder Luftperspektive mit historischem Gedankengut verknüpft. Der Ehrgeiz qualitativ hochwertige Werke von berühmten Malern zu besitzen, siegte bei einigen Auftraggebern über das Bedürfnis nach Bestimmung der Bildinhalte. So kam es im sechzehnten Jahrhundert zur Individualisierung und Elitisierung einzelner hervorragender Maler wie Leonardo da Vinci und Michelangelo aus Florenz, dem Venezianer Tizian und Raffael, dem vorwiegend in Rom lebenden Sohn von Giovanni Santi (vgl. Kempers 1989, S. 366).

Monumentale szenische Gemälde, wie sie z.B. bei Raffael für die Ausgestaltung des Vatikans geordert wurden, stellten durch ihre Vielschichtigkeit erhöhte Anforderungen an das fachliche Können und die Kreativität der Maler. »Sie mußten sich an bestehenden Vorbildern aus der neueren Malerei und an der Kunst der Antike orientieren und sowohl nach der Wirklichkeit zeichnen und geometrische Methoden anwenden wie auch aus ihrer Phantasie heraus malen« (Kempers 1989, S. 330). Die von den Auftraggebern und Beratern oft nur grob umrissenen Vorstellungen wurden von talentierten Künstlern wie Raffael und Michelangelo in riesigen Wand- und Deckengemälden mit unzähligen Figuren, oft Engeln, Heiligen und sich aufbäumenden Pferden in weiten Landschaften und monumentalen Architekturen realisiert. – Die exakte stoffliche Wiedergabe wird vor allem bei der wirklichkeitsgetreuen Darstellung der Bekleidung oder Rüstung, der Architektur und der Porträts evident.

Als Hofmaler konnten schon die Künstler des 16. Jahrhunderts einen Status erreichen, der sie über die soziale Zuordnung der Zünfte erhob und nobilitierte. Sie genossen die privilegierte Nähe zum Herrscher, waren wie z.B. Tizian von Steuern befreit und hatten oft eine Schar von Handwerkern zu ihrer freien Verfügung, die ihnen bei der Ausführung der Aufträge behilflich war (vgl. Warnke 1985).

Nach Kempers wurde das »in Italien entwickelte Berufsideal ... zur allgemein gültigen höchsten Norm für Maler, Bildhauer und Architekten ebenso wie für Auftraggeber, Berater und Publikum. Dies bezeugen nicht nur die Bilder selbst, sondern auch die historischen und theoretischen Abhandlungen über die Malerei, die in Italien, Frankreich, Deutschland, England und den Niederlanden verfaßt wurden« (Kempers 1989, S. 372).[6]

8. Erste bürgerliche Kunstsammler in Deutschland

Im 16. Jahrhundert, als in Italien Akademien gegründet wurden, um den gestiegenen Anforderungen einen erhöhten Ausbildungsstandard gegenüberstellen zu können, setzte auch nördlich der Alpen das Interesse am Kunstsammeln ein.

Die Kunstwerke, zuerst noch frommer Gebrauchzweck zur privaten Andacht in der Hauskapelle oder repräsentativer Schmuck der Wohnräume der Stifter, wurden eigenständige und systematische Sammelobjekte der in Nürnberg und Augsburg ansässigen Kaufmannsfamilien Fugger und Imhoff. In den Inventarbüchern des Kunstkabinettes von Willibald Imhoff (1519-1580) sind neben zahlreichen Werken Dürers auch Gemälde von Holbein verzeichnet. Mit der Leidenschaft eines Sammlers und der Akribie eines Forschers nahm er Bildbeschreibungen, Bewertungen und Zuschreibungen in den Sammlungskatalogen selbst vor – die Kunstsammelleidenschaft stand dem Kalkül des Kaufmanns in nichts nach.[7]

Die erste private Gemäldegalerie in Deutschland wurde ebenfalls in Nürnberg von dem Patrizier und Juristen Paul von Praun (1548-1616) aufgebaut, der bewußt und kontinuierlich alte und neue Kunst kaufte. Der ebenfalls aus Nürnberg stammende Historiker Murr erarbeitete den mehr als 500 Seiten umfassenden Sammlungskatalog. Über 250 italienische Meisterwerke von Leonardo da Vinci, Raffael, Andrea del Sarto, Tintoretto, Guido Reni und Giovanni da Bologna sind dort verzeichnet. Selbst Kaiser Rudolf II, der größte Kunstenthusiast dieser Epoche, wollte

1597 bei Paul von Praun Juwelen gegen italienische Gemälde eintauschen – doch dieser lehnte ab.

»In Augsburg nahm die Familie Fugger eine ähnlich überragende Stellung wie die Medici in Florenz ein. Auch hier zog der wirtschaftliche Aufstieg kulturelle Leistungen nach sich« (Sachs 1971, S. 52), die sich an den italienischen Vorgaben orientierten: Jakob Fugger der Reiche (1459-1525) ließ die Fassaden des Fuggerhauses am Augsburger Weinmarkt von italienischen und deutschen Künstlern bemalen, und für Johann Jakob Fugger (1516-1575) erwarb Jacobo del Strada Marmorbüsten und antike Münzen in Italien. Oktavian Secundus Fugger (1549-1600) sammelte neben spätgotischen Altarbildern auch venezianische Gemälde von Veronese und Tintoretto und vergab zahlreiche Aufträge an Künstler seiner Zeit. Seine Sammlung präsentierte er nicht in einer Kunstkammer oder Galerie, sondern verteilte sie nach Themen oder Gruppen geordnet auf seine Gemächer (vgl. SACHS 1971, S. 55).

Ein großer deutscher Sammler des 17. Jahrhunderts war der in Frankreich lebende Everhard Jabach. Viele der heute im Louvre präsentierten Arbeiten von Tintoretto, Corregio und Caravaggio sind ehemalige Glanzstücke der Sammlung dieses Leiters der ostindischen Kompanie, den ein finanzieller Zusammenbruch zum Verkauf seiner Kunstwerke zwang.

9. Fürstliche Kunst- und Wunderkammern

Mitte des 16. Jahrhunderts begann an den Höfen Europas eine wahre Sammelleidenschaft, die aber vor allem in den nördlichen Ländern nicht auf Bildende Kunst begrenzt war, sondern sich auf alles Bemerkenswerte aus den Bereichen Technik, Geschichte, Natur und Handwerk ausdehnte.

Ausgangspunkt für diese Entwicklung waren »die schon im Mittelalter vorhandenen Schatzkammern mit ihren Juwelen, Edelsteinen, Schmuck und Geräten aus Silber und Gold« (Sachs 1971, S. 58). Jetzt standen neue mathematische und physikalische Instrumente gleichberechtigt neben Erzen, Muscheln, Knochen, Straußeneiern, Korallen und Gemälden, bei denen sich die Porträts größter Beliebtheit erfreuten. Die unzähligen und vielfältigen Objekte und Geräte dieser Universalmuseen der Spätrenaissance, die man ebenfalls als »Kunstwerke« ansah, wurden meist nach Gegenständen und Materialien systematisiert und oft in einzelnen prachtvollen »Kunstschränken« aufbewahrt (vgl. Sachs 1971, S. 65).

Die 1560 von Kurfürst August in Dresden gegründete Kunstkammer war eine der ältesten und größten in Deutschland: um 1600 füllten die schönen, kostbaren, bizarren und seltenen Gebilde schon sieben Räume des Schlosses. Später unterteilte man die Exponate in folgende Gruppen: »I. Mechanische Werkzeuge, II. Kostbare Trinkgeschirre, III. Schatzkästlein und Kunstgemälde, IV. Mathematische Kunstsachen, V. Kunst-Spiegel, VI. Sachen von Natur, rar und künstlich, VII. Bilder aus Stein, Metall und anderen Materialien« (Sachs 1971, S. 66). Bei den Gemälden handelte es sich meist um Fürstenportraits und Bildnisse von römischen Kaisern, die ihrem Stellenwert gemäß in den Inventaren an letzter Stelle genannt wurden.

Seit dem 17. Jahrhundert war es hochangesehenen Reisenden erlaubt – gegen ein nicht unbeträchtliches Trinkgeld von 4 bis 5 Gulden – die Schätze dieser Kunstkammer zu besichtigen.[8]

In der Prager Sammlung Rudolfs II. (1552-1612) allerdings nahm die Kunst eine Sonderstellung ein. »Seine Bildergalerie umfaßte mehrere hundert erstrangige Gemälde von deutschen, italienischen und niederländischen Malern des 16. Jahrhunderts« (Sachs 1971, S. 74). Dieser bildungshungrige und leidenschaftliche Sammler hatte eine besondere Vorliebe für Albrecht Dürer, die ihn u.a. zu einem unglaublich aufwendigen Transport des »Rosenkranzfestes«, einem Altarbild aus der venezianischen Kirche S. Bartolomeo, veranlaßte, den der Maler, Sammler und Künstlerbiograph Joachim von Sandrart überlieferte. »Sorgsam in weiche Teppiche gehüllt und gegen Regen durch Wachsleinwand geschützt, wurde es an Stangen hängend von starken Männern auf wochenlangem Fußmarsch von Venedig über die Alpen bis auf den Hradschin getragen« (Sachs 1971, S. 78).

Darüberhinaus schätzte er Pieter Bruegel d.Ä. sowie Raffael, Tizian und Correggio sehr und vergab – neben dem Ankauf alter Meister – ebenfalls Aufträge und Bestellungen an zeitgenössische Künstler.

»Zur Betreuung seiner Sammlung hatte sich der Kaiser im Jahre 1571 den schon erwähnten vielseitig begabten und rührigen venezianischen Antiquar Jacobo de Strada nach Prag kommen lassen. Rudolf besaß Verzeichnisse aller großen Sammlungen und ließ sich die gewünschten Schätze durch seine Agenten und Gesandten aus allen Ländern zusammentragen« (Sachs 1971, S. 79). Darunter waren auch viele Geschenke, mit denen die Hoffnung auf politische Vorteile verknüpft war.

Rudolf II. konnte einzelne Gemälde stundenlang betrachten und sich an jeder Neuerwerbung regelrecht berauschen. Seine Schätze hielt er

streng unter Verschluß und gab sie nur den Augen einiger weniger Auserwählter preis. – Die Sammlung wurde allerdings schon unmittelbar nach seinem Tod im Jahre 1612 aufgelöst, so daß die Rudolfinischen Kunstschätze – sofern sie noch existieren – inzwischen in alle Welt verteilt sind.
  Erst im Laufe des 17. Jahrhunderts wichen die Kunstkammern mit ihren verschiedenen Spezialsammlungen den Bildergalerien mit großformatigen Gemälden. Dort hing, die Wände bis zur Decke füllend, dicht gedrängt Bild an Bild. Im 17. Jahrhundert waren vor allem die großformatigen und repräsentativen Werke italienischer und flämischer Meister sehr beliebt, da sie dem Bedürfnis nach Prunk und dekorativer Wirkung entgegenkamen.

10. Funktion der Hofkünstler in Versailles

Die Aufgaben eines Hofkünstlers des 17. Jahrhunderts im Dienst eines absolutistischen Königs wie Ludwig XIV. beschreibt Hauser (1973, S. 214) folgendermaßen: für »wirkungsvolle Werbemittel« sorgen, die den »Glanz und die Anziehungskraft des Hofes steigern« und gleichzeitig »Vehikel zur Schaustellung der Macht« sind sowie »abwechslungsreiche Unterhaltung« bieten.
  Der schon vor einigen Jahrhunderten entstandene Beruf des Hofkünstlers erfuhr in Versailles eine neue ethische Erweiterung: Es wurde höchster Wert auf das »Zurücktreten des privaten Elements« und die »Steigerung des unpersönlichen Charakters der Hofkunst gelegt« (Hauser 1971, S. 214). Die absolutistische Zwangs- und Autoritätskultur des Sonnenkönigs erforderte die »Preisgabe jener schöpferischen Freiheit, die der Künstler sich während der Renaissance erkämpft hatte« (Hauser 1971, S. 215). Im gleichen Maße wie die Künstler ihre Selbständigkeit verloren, verloren auch die einzelnen Kunstwerke ihre Autonomie und wurden ein Teil des Schlosses, des Interieurs, wurden zu »Teilen einer monumentalen Dekoration, zu Stücken einer Garnitur, bei der es eher auf das allgemeine Niveau als auf die besondere Qualität des einzelnen Beitrags« (Hauser 1971, S. 215) ankam.
  Mit der Verlegung der Residenz von Versailles nach Paris änderte sich sowohl die gesellschaftliche Rolle des Künstlers als auch die Anforderungen an die Kunstwerke, die nun nicht mehr dazu bestimmt waren

Macht und Größe auszudrücken, sondern schön und angenehm zu sein hatten, zu reizen und zu gefallen. Das kunstinteressierte Publikum und die Auftraggeber favorisierten nicht länger historische Zeremonienbilder von Lebrun, sondern Watteaus galante Gesellschaftsbilder (vgl. Hirschfeld 1968, S. 204 ff.).

Nach Hauser kommt die »Entwicklung der höfischen Kunst (...) im 18. Jahrhundert zum Stillstand und wird von der Tendenz zum Subjektivismus, Sentimentalismus und Naturalismus, die unsere Kunstauffassung im großen und ganzen noch immer beherrscht, allmählich abgelöst« (Hauser 1971, S. 217).

Im Zeitalter des Spätbarocks und Rokokos hatte in Frankreich die Sammelleidenschaft und das allgemeine Kunstinteresse seinen Höhepunkt gefunden; es »gehörte zum gesellschaftlichen Leben der Herrschenden und Besitzenden, war Bestandteil jener ganz dem Luxus und spielerischen Zeitvertreib hingegebenen Jahrzehnte vor der Revolution« (Sachs 1971, S. 92).

11. Bürgerliche Sammler und Kunstentwicklung in den Niederlanden

Im 17. Jahrhundert entstand in Holland eine durch das Großbürgertum und die Handelsherren geprägte Kultur, die für das Sammelwesen sehr fruchtbar war. Vor allem in den seit 1581 selbständig regierten nördlichen Provinzen kam es dadurch zu einer Blütezeit der zeitgenössischen Kunst.

Der Überseehandel der jungen Kolonialmacht brachte einen enormen wirtschaftlichen Aufschwung mit sich, der sich auch in kostbaren Besitztümern aus Asien, Amerika und Afrika wie z.B. Teppichen, Stoffen, Waffen, und Porzellan materialisierte. – Vor allem in den Stilleben von Vermeer van Delft sind die mannigfaltigen und kostbaren bürgerlichen Besitztümer als inhaltliche Bestandteile der Bildkomposition bis heute dokumentiert.

Da diese Klientel neue, rein weltlich geprägte Themen bevorzugte, dominierten die Gattungen »Genrebild, Portrait, Landschaft, Stilleben und Interieur« (Sachs 1971, S. 82). Eine Auswirkung der direkten Interaktion zwischen Konsument und Produzent war – vor allem in größeren Werkstätten – eine Spezialisierung einzelner Maler auf bestimmte Sujets wie Tiere, Personen oder Landschaften.

Schon Anfang des 17. Jahrhunderts existierte eine stattliche Anzahl von privaten Gemäldekabinetten, und der Kunsthandel florierte ebenfalls mit älteren und ausländischen Kunstwerken.

Bei einem der berühmtesten bürgerlichen Sammler handelte es sich um den Amsterdamer Bürgermeister Gerrit Reynst (gest. 1658); in seiner Sammlung befanden sich sowohl holländische als auch flämische, deutsche und italienische Gemälde.

Die preisgünstig zu erwerbenden kleinformatigen Kunstwerke waren Gebrauchsgüter des Bürgertums mit Raumschmuck-Charakter. Nach Sachs gehörte für den holländischen Bürger des 17. Jahrhunderts »das Staffeleibild zum notwendigen Inventar seines Wohnhauses, selbst in bescheidenen Wohnungen waren oft so viele der kleinformatigen Bilder zeitgenössischer Meister anzutreffen, daß sie zusammengestellt mitunter schon eine kleine Galerie ergaben« (Sachs 1971, S. 127). Aber erst im ausgehenden 17. und zu Beginn des 18. Jahrhundert erlangte die niederländische Kunst hohe Wertschätzung bei ausländischen Sammlern und wurde auch in fürstliche Galerien aufgenommen (vgl. Sachs 1971, S. 83).

Durch die große Konkurrenz auf dem niederländischen Kunstmarkt waren viele Künstler gezwungen sogar selbst als Kunsthändler tätig zu werden; manche begannen ebenfalls mit dem Aufbau eigener Sammlungen.

Rembrandt, der Saskia – eine Nichte des Kunsthändlers Uylenburch – geheiratet hatte und eine umfangreiche Gemäldesammlung von hervorragender Qualität besaß, soll von Dürers Holzschnittfolgen »einmal 9 Serien gekauft haben, gewiß um sie mit Gewinn weiterzuverkaufen« (Sachs 1971, S. 129). Neben Gemälden, Druckgrafik, Zeichnungen und Skulpturen sammelte er auch Stoffe, Kostüme, Gläser und Waffen, die er z.T. als Malvorlagen für seine eigenen Gemälde nutzte. Aber bald nach dem Tod seiner Frau wurde er zahlungsunfähig und mußte mit seinem gesamten Besitz auch seine Kunstsammlung veräußern.

Rubens besaß ebenfalls eine der größten Sammlungen seiner Zeit, die er – gemäß seiner gesellschaftlichen Stellung als Hofmaler und Diplomat – in einer umfangreichen Gemäldegalerie präsentierte. Auf seinen zahlreichen Reisen erwarb er u.a. Werke von Tizian, Tintoretto und Raffael; aber er sammelte auch Arbeiten von Franz Hals, van Dyck, Jordaens, Jan van Eyck, Dürer und Holbein (vgl. Sachs 1971 und Hirschfeld 1968).

Allgemein kann in den Niederlanden zwischen der Kultur der bürgerlich-protestantischen, selbständig regierten nördlichen Provinzen und dem unter der katholischen Herrschaft der Habsburger stehenden Flandern im Süden unterschieden werden. Während im Norden die meisten Sammlungen hauptsächlich aus Wissensdrang und echtem Interesse an Kunst und Natur entstanden, waren im Süden fast ausschließlich repräsentative Gemäldegalerien mit großformatigen Werken nach italienischem Vorbild anzutreffen.

12. Königliche Sammlungen des 18. Jahrhunderts

1722 begann in Dresden gleichzeitig mit der Inventarisierung aller Kunstwerke, die sich im Besitz des sächsischen Hofes befanden (u.a. Giorgiones ›Schlafende Venus‹ sowie der Düreraltar aus der Schloßkirche zu Wittenberg) auch der Ausbau einer eigenen Galerie.

Während der Regierungszeit von August III., die 1763 endete, trafen an manchen Tagen mehr als hundert Bilder in Dresden ein, da er – von einer Gier nach Bildern getrieben und keine Mittel scheuend – meist ganze Sammlungen aufkaufte. 1754 z.B. erwarb er das Altarbild der Benediktinermönche von S. Sisto, Raffaels »Sixtinische Madonna« für 20.000 Dukaten.

Bei seinen Käufen ließ er sich sowohl von mehreren Agenten, als auch von dem Minister und Kunstkenner Graf Brühl beraten; die Bezeichnung »Elbflorenz« für Dresden war berechtigt (vgl. Sachs 1971, S. 94 ff.).

Im Gegensatz dazu nahm sich der preußische Kunstbesitz recht bescheiden aus. Die Berliner Kunstkammer blieb bis 1830 persönliches Eigentum des jeweiligen preußischen Monarchen und wurde danach an die neugegründeten öffentlichen Museen übergeben.

Vor allem das Kunstengagement von Friedrich II. (1712-1786) muß als bedeutend hervorgehoben werden. Anfangs hatte dieser Monarch eine Vorliebe für die französische Kunst des 18. Jahrhunderts und bestellte großformatige Werke von Boucher und Watteau, so z.B. die »Einschiffung nach Cythera«. In den fünfziger Jahren änderte sich sein Kunstgeschmack, er »entdeckte« die flämischen und italienischen Meister und kaufte Werke von Rubens, van Dyck, und Veronese. Für diese Arbeiten ließ er von 1755 bis 1763 unmittelbar neben dem Schloß Sanssouci ein eigenes Galeriegebäude errichten. »Bild an Bild wurde hier neben- und übereinandergehängt, so daß die für den Geschmack der damaligen Zeit charakteristische repräsentative Schauwand entstand, gesteigert in ihrer

Pracht durch den glänzenden Marmorfußboden, die Golddekoration und den Skulpturenschmuck der Decke, in der Mitte unterbrochen durch die Akzente setzende Säulenordnung des Kuppelraums« (Sachs 1971, S. 104).

Katharina II., Kaiserin von Rußland (1762-1796), kaufte innerhalb von 30 Jahren fast 4000 Gemälde, Tausende von Zeichnungen und Zehntausende von Stichen aus allen europäischen Ländern und begründete damit die Petersburger Eremitage[9]. Als Agent und Berater beim Ankauf von ganzen Sammlungen diente ihr der in Paris ansässige Philosoph und Ästhetiker Denis Diderot. 1788 ließ sie zur notwendigen Vergrößerung der Ausstellungsfläche einen weiteren Galerieflügel errichten, ganz im Stil der Raffaelschen Loggien im Vatikan. Trotzdem waren die Gemälde – wie damals üblich –»in Reihen übereinander aufgehängt, so daß sie die Wände vollständig füllten« (Cabanne 1963, S. 38).

Graf Münnich, der Präsident der Petersburger Handelskammer erstellte in zehnjähriger Arbeit einen Bestandskatalog, in dem die Kunstwerke chronologisch nach dem Zeitpunkt des Erwerbs geordnet waren. Bis zur Fertigstellung im Jahre 1783 fügte er detaillierte Angaben zu den einzelnen Werken und Künstlern hinzu und korrigierte falsch vorgenommene Zuschreibungen.

Katharina II. interessierte sich ebenfalls für die Arbeiten von in Russland lebenden Künstlern wie Lossenko und Borowikowski, bei denen sie eine Reihe von Bildern bestellte. Begabten jungen Künstlern ermöglichte sie ein Studium im Ausland (vgl. Cabanne 1963, S. 36).

Von wenigen russischen Kunstfreunden, Künstlern und Kunststudenten abgesehen, blieb ihre Sammlung allerdings für die Öffentlichkeit bis zur Oktoberrevolution 1917 verschlossen. Angeregt durch die kaiserliche Initiative auf künstlerischem Gebiet, begannen andere russische Adlige ebenfalls mit dem Sammeln von Kunstschätzen und unternahmen Reisen in die europäischen Kunstzentren.

Auch in Deutschland folgten die Fürsten dem Beispiel der königlichen und kaiserlichen Sammler und statteten ihre Schlösser mit Werken von zeitgenössischen Künstlern und alten Meistern aus (vgl. Sachs 1971, S. 115 ff.).

Erst mit der Französischen Revolution und der Aufklärung fand das höfische Sammeln im großen Stil im 18. Jahrhundert ein Ende.

13. Bürgerliche Sammler und Museumsgründungen

Kunstsammeln war inzwischen auch in Deutschland nicht mehr ein Privileg des Adels, sondern, wie schon im 17. Jahrhundert in den Niederlanden, eine durchaus »bürgerliche« Tätigkeit. »Seit der Mitte des 18. Jahrhunderts hatte sich das gehobene Bürgertum in den großen Handelsstädten wie Frankfurt, Leipzig, Berlin, Hamburg oder Wien eigene kleine Kunstkabinette angelegt und die Wohnräume mit Originalgemälden oder Stichen geschmückt. Auf den Messen hielt man dafür ein reiches Angebot feil, außerdem sorgten Auktionshäuser[10] für den Umschlag der Ware Kunst« (Sachs 1971, S. 138).

Vorwiegend Kaufleute, höhere Beamte und Gelehrte statteten ihre Wohnräume mit Gemälden von holländischen Künstlern des 17. Jahrhunderts und zeitgenössischen deutschen Malern aus. Durch den Beginn der Romantik und die damit einhergehende Rückbesinnung auf die Kunst des Mittelalters entwickelte sich ebenfalls eine Nachfrage nach diesen, schon vor einigen Jahrhunderten entstandenen Kunstwerken.

In England wurde – entsprechend des »letzten Willens« des schottischen Arztes und Sammlers Sloane – 1753 das Britische Museum als erstes öffentliches Museum gegründet. Damit begann eine Entwicklung, die ab dem Ende des 18. Jahrhunderts in ganz Europa zu zahlreichen Museumsneugründungen führte.

In Rom wurde die vatikanische Sammlung zum Staatseigentum erklärt, und auch der Kunstbesitz des Hauses Medici ging in staatliche Hände über (vgl. Sachs 1971, S. 140).

Viele der privaten Sammlungen der Fürsten in den großen Residenzen wie Berlin, Dresden, München oder Kassel wurden ebenfalls der Allgemeinheit zugänglich gemacht.

Die Museumsideen der Aufklärung verwirklichten sich zwar erst lange nach der Französischen Revolution, aber im Laufe des 19. Jahrhunderts wurden die ehemals königlichen Kunstkabinette zu Volksbildungsstätten mit einem – je nach Sammlungsschwerpunkt – nahezu vollständigen Überblick über die Entwicklung der Kunst.

Allerdings existierten auch weiterhin gleichzeitig Schatzkammern und Hofmuseen, zu denen der Bevölkerung der Eintritt durch gewisse Standesschranken verwehrt, bzw. zumindest erschwert war: das konnten sowohl sehr hohe Gebühren sein, als auch die Bekleidungsvorschrift »Frack und weiße Weste« (Sachs 1971, S. 141). – Eine daraus resultierende, und noch lange nachwirkende Scheu vor den »heiligen Musentempeln« läßt noch bis heute viele Menschen vor dem Museumseintritt zurückschrekken.

Seit dem beginnenden 19. Jahrhundert stellten bürgerliche Sammler ihre privaten Kollektionen zunehmend öffentlichen Museen in Form von Leihgaben, Schenkungen oder Stiftungen zur Verfügung. Meist waren die Motive nur tendenziell altruistischen Ursprungs, da durch diese Maßnahmen sowohl der Name des Stifters oder Spenders verewigt, wie auch sein Werk durch »Museumsweihe« nobilitiert wurde.

Als 1803 die kirchlichen Besitztümer durch den Reichsdeputationshauptschluß säkularisiert wurden, interessierten sich nur wenige Sammler für mittelalterliche Kirchenkunst, bei der es sich z.T. um Meisterwerke der altdeutschen Malerei handelte. Einer der Retter der dem Verfall preisgegebenen Werke war der Arzt und Rektor der Kölner Universität Ferdinand Franz Wallraf, dessen vielseitige Sammlung schon zu Lebzeiten in den Besitz der Stadt überging und zum Grundstock des nach ihm benannten Museums wurde.

1846/47 errichtete der sächsische Privatsammler Bernhard von Lindenau unter dem Leitmotiv »Der Jugend zur Belehrung, dem Alter zur Erbauung« ein öffentlich zugängliches Museum mit integrierter Mal- und Zeichenschule »zur kostenlosen Unterstützung begabter junger Leute« (Sachs 1971, S. 152 – 53).

Ein weiteres Beispiel für eine bürgerliche Sammlung im 19. Jahrhundert war das Kunstkabinett von Peter Beuth (1781-1853). Bei dem preußischen Staatsbeamten und engen Freund Schinkels handelte es sich um einen Universalsammler, wie er damals recht zahlreich im gehobenen Bürgertum anzutreffen war. »Er sammelte alles Erreichbare, das ihn interessierte und erfreute. Eine bunte Folge von Gemälden, Grafik, Plastik und kunsthandwerklichen Gegenständen, die seine weitgehenden, von Romantik und Klassizismus gleichermaßen geprägten Interessen bezeugten, war in diesem Kabinett vereint« (Sachs 1971, S. 156). Allein seine Kupferstichsammlung umfaßte fast 5000 Blätter – davon 109 Arbeiten von Rembrandt. Aber auch Kuriositäten, die man ebenfalls in den Kunstkammern des 17. Jahrhunderts finden konnte, wie walnußgroße Schnitzereien und reichverzierte Barockschränke, waren darunter. Peter Beuth stellte seine Sammlung der Berliner Nationalgalerie als Teil des Schinkelmuseums zur Verfügung. Das Kabinett Beuth glich auch dort noch – wo es bis zum Ausbruch des zweiten Weltkrieges in geschlossener Form erhalten blieb – den späteren Kunstgewerbemuseen, »deren Gründungen in der zweiten Hälfte des 19. Jahrhunderts dem wachsenden

Interesse für Geräte und Mobiliar aller Zeiten und Länder entsprachen« (Sachs 1971, S. 157).

Das kunstinteressierte Bürgertum sammelte und förderte aber auch zeitgenössische Kunst: zu Beginn des 19. Jahrhunderts entstanden in fast allen größeren deutschen Städten Kunstvereine, deren Mitglieder sich für die ortsansässigen Künstler engagierten, Ausstellungen organisierten, größere Aufträge vergaben und Wettbewerbe veranstalteten.

14. Kunstinteressierte Unternehmer zu Beginn des 20. Jahrhunderts

Ende des 19. Jahrhunderts entstand durch die zunehmende Industrialisierung ein wirtschaftlicher Aufschwung, der eine neue Käuferschicht für Kunst hervorbrachte: »die Unternehmer aus Industrie und Hochfinanz« (Sachs 1971, S. 158), die bemüht waren ihre mittels Finanzkraft erworbene gesellschaftliche Stellung – ebenso wie ihre Vorgänger einige Jahrhunderte früher – durch Kunst zu manifestieren. Nach Sachs begannen sie zu sammeln, »um die fehlenden, in den Adelskreisen durch Generationen vererbten Werte der Kultur und damit den erstrebten ›fürstlichen Lebensstil‹ durch schnellen Kauf von Altertümern und repräsentativen Gemälden anerkannter Meister zu erlangen. Die Millionenprofite aus den Wirtschaftsimperien ergaben eine Kaufkraft, die das bescheiden sammelnde Stadtbürgertum und den Landadel zur Seite drängte und fortan die Preise auf dem nun entstehenden ›Weltmarkt‹ der Kunst bestimmte«.

Diese Konkurrenz bekamen auch die öffentlichen Museen zu spüren, und bald konnten sich nur noch amerikanische Multimillionäre Meisterwerke alter Kunst leisten, die sie z.T. als Spekulationsobjekte und Kapitalanlagen benutzten.

Schon ab 1902 veröffentlichte Wilhelm von Bode, der Generaldirektor der Berliner Museen, mehrere Artikel über die amerikanische Konkurrenz im Kunsthandel, ihre Gefahr für Europa und speziell für Berlin. So soll nach Sachs (1971) der Zeitungsmagnat William Randolph Hearst, der insgesamt 60 Millionen Dollar für seine Kunstkäufe ausgegeben hat, gleich ganze Klöster erworben haben. In den Vereinigten Staaten wurden die Privatsammlungen zum Grundstock der öffentlichen Museen, da es keine königlichen und fürstlichen Sammlungen gab.

Besonders in Deutschland kam es durch die Milliarden des gewonnenen Krieges von 1870/71 zu jenen »Gründerjahren«, in denen Industriekonzerne, Banken und Wirtschaftsunternehmen entstanden und parallel dazu eine Konjunktur im Kunstgeschäft begann. Großindustrielle, Bankiers und Kaufleute traten als Sammler und Mäzene hervor. Sie bauten sich Wohnpaläste im Stil der Renaissance und füllten die Prunkräume mit Kunstwerken und Altertümern, »um sich das Renommee einer nicht nur durch Geld, sondern auch durch Kultur bestimmenden Schicht zu geben« (Sachs 1971, S. 159).

Getreu der von dem Kunsthistoriker Max Friedlaender geprägten moralischen Maxime, daß man kreditsteigernden Reichtum anständigerweise nur in Form wertvoller Kunstwerke präsentieren kann (vgl. Friedländer 1967), schmückten sie die Wände »mit repräsentativen Gemälden, vorwiegend alten Meistern, aber auch die zeitgenössischen Modemaler waren sehr gefragt und daher nicht weniger hoch bezahlt. Ihre großformatigen Bilder mit heroischen Einzelfiguren oder historischen Themen, in neubarockem Schwulst, effektvoll und pathetisch oder auch in altmeisterlicher Manier gemalt, entsprachen der luxuriösen Lebenshaltung und dem Geschmack der ›Gründerzeitgeneration‹, so daß die Werke eines Lenbach, Makart oder Böcklin ebenso wie die der glatten Salonmalerei Frankreichs Anerkennung fanden und höchste Preise erlangten« (Sachs 1971, S. 159-60).

Die zu enormn Reichtum gelangten amerikanischen Sammler wollten ebenso wie die Gründerzeitgeneration in Deutschland »den gesellschaftlichen Aufstieg durch den Besitz von Kunst« dokumentieren, »den fehlenden Adel durch den Kauf ›adligen‹ Gutes« ersetzen (Sachs 1971, S. 171)[11].

Neuen Kunstströmungen stand diese Käuferschicht allerdings skeptisch gegenüber. Nur ganz wenige Kunstenthusiasten, die aus Passion sammelten, kauften z.B. die Arbeiten der Impressionisten Manet, Monet, Pissaro und Renoir. »Für van Gogh wurde der Arzt Dr. Gachet zum Freund, Auftraggeber und Sammler. Die Bedeutung Edvard Munchs erkannte der Lübecker Sammler Dr. Linde und verhalf diesem norwegischen Künstler in Deutschland zum Durchbruch. So wurden die meist nur mit geringen Mitteln noch unbekannte Werke kaufenden Sammler zu wirklichen Förderern und Mäzenen der zeitgenössischen Kunst« (Sachs 1971, S. 165).

Die Ära Wilhelm Bodes, der seit 1905 als Generaldirektor die Geschicke der Berliner Museen lenkte, brachte für das Kunstsammeln in Berlin einen enormen Aufschwung. »Denn er verstand es, die große Konkurrenz der sammelnden Industriellen und Großkaufleute (wie Hainauer, Thiem, Simon und von Beckerath) für seine Zwecke nutzbar zu machen. Als engster Berater half er ihnen beim Kauf und Aufbau ihrer Sammlungen mit der stets ganz freimütig zugegebenen Absicht, diese dadurch später als Geschenk für die Museen zu erlangen« (Sachs 1971, S. 166). Zwar erfüllten sich Bodes Hoffnungen in den meisten Fällen nicht, aber zumindest der Großkaufmann James Simon übergab schon 1905 – anläßlich der Eröffnung des neuerbauten Kaiser-Friedrich-Museums (des heutigen Bodemuseums) – ganze Teile seiner Sammlung der Öffentlichkeit.[12] »Zu Ehren des Stifters und als ansporndes Beispiel für andere Sammler fand alles zusammen im sogenannten ›Kabinett Simon‹ Aufstellung; die alten Fotos dieses Raumes von 1930 zeigen die unübersichtliche Fülle, die mehr den Reichtum der Privatsammlung dokumentierte, als dem Einzelkunstwerk gerecht wurde, doch blieb dabei immerhin das Aussehen eines Privatkabinetts der damaligen Zeit mit den vielfältigen Interessen seines Besitzers erhalten« (Sachs 1971, S. 167).

15. Kunsthandel und finanzkräftige Interessen aus Amerika

Vor allem der Pariser Kunsthändler Joseph Duveen (1870 – 1939) verstand es ausgezeichnet auch den hartgesottenensten amerikanischen Milliardären klarzumachen, »daß nicht ihre Milliarden Dollar, sondern nur der Besitz berühmter Werke der Kunst ihnen Ruhm und Ehre bringen und einen Sonderplatz in der Reihe der Besitzenden sichern könne« (Sachs 1971, S. 172).

Dabei übertrug er geschickt die skrupellosen Geschäftspraktiken seiner Klientel auf das Kunsthandelsgeschäft und verkaufte den preisgünstig erworbenen Kunstbesitz verarmter europäischer Aristokraten zu horrenden Preisen an amerikanische Multis, denen er glaubhaft versicherte, daß es auch eine Kunst sei, Bilder für eine Viertelmillion Dollar zu erwerben (vgl. Behrmann 1960). »Die Mehrzahl seiner Kunden konnte Duveen davon überzeugen, daß nur die Bilder der seit Jahrhunderten renommierten und anerkannten alten Meister eine sichere Kapitalanlage und ein wirkliches gesellschaftliches Prestige bedeuten, ja sogar Ruhm für die Ewigkeit brächten, wenn sie später an ein öffentliches Museum gegeben und mit dem Namen des Stifters verbunden blieben. Auf diese Weise konnten die Vereinigten Staaten innerhalb weniger

Jahrzehnte einen beachtlichen Museumsbesitz erlangen« (Sachs 1971, S. 172-73).

Der geschäftstüchtige Duveen schuf sich mit der Spezialisierung auf hochdotierte alte Meister eine Monopolstellung auf dem Kunstmarkt. Die in ihrer historisch-künstlerischen Einmaligkeit nicht wiederholbaren Kunstwerke erhielten den höchsten Wert in der Skala der Besitzgüter. Als Reflex auf den Konkurrenzkampf der Millionäre um diese auch aufgrund ihrer Seltenheit so begehrte Ware wurden die Preise auf dem Kunstmarkt in schwindelnde Höhen getrieben.

Der 1963 verstorbene Georges Wildenstein war ebenfalls ein Kunsthändler von weltweiter Bedeutung. Sein Vater, ein aus dem Elsaß stammender Tuchhändler, hatte Ende des 19. Jahrhunderts in Paris eine Kunsthandlung gegründet, die er nach dessen Tod übernahm. Der geschäftstüchtige und über ein fotografisches Bildgedächtnis verfügende Georges Wildenstein (vgl. Cabanne 1963, S. 276 ff.) baute sich in kürzester Zeit nicht nur ein weltweites Agentennetz auf, sondern richtete auch Dependancen in London und New York ein. Er handelte fast ausschließlich mit alten Meistern sowie Impressionisten und hätte mit den Kunstwerken aus seinem Depot mehrere Museen füllen können (vgl. Bongard 1966, S. 54 ff.).

Da auch die Kunstpreise durch Marktmechanismen bestimmt werden, führt eine Knappheit des Angebotes (z.B. »limitierte« Werke von nicht mehr lebenden Künstlern) mit gleichzeitig steigender Nachfrage zu hohen Preisen. Kunsthändler verletzen bei ihrer Arbeit zwar täglich ein Sakrileg, indem sie von den ideellen Werten der Kunstwerke abstrahieren, sie zur Ware deklarieren und dem Gesetz von Angebot und Nachfrage unterwerfen, aber zumindest Wildenstein kaufte »nur Bilder, die er liebte« (Cabanne 1963, S. 283). – Wie er seinen Liebeskummer nach dem Verkauf selbiger Werke kompensierte, ist nicht überliefert.

Eine weiterführende Untersuchung zu dem Problemfeld des »Warencharakters« von Kunst mit detaillierten Informationen zur Synergiewirkung von Kunsthändlern, Künstlern und Kunstwissenschaftlern bei der Etablierung von Marktwerten publizierte Weihe (1989).

16. Kunst, Künstler und Käufer im 20. Jahrhundert

Nach Kempers vollzieht sich im 20. Jahrhundert vor allem ein Rückgang der direkten Auftragsvergabe, die mehr als sechs Jahrhunderte einen prägenden Einfluß auf den Malerberuf gehabt hatte. Die modernen Industriestaaten, vermögende Unternehmer und kapitalkräftige Firmen verzichten weitgehend auf die traditionelle Vergabe von Aufträgen an bildende Künstler. Es gibt keine neuen gesellschaftlichen Gruppen und Institutionen, die das Renaissance-Mäzenatentum fortführen. Multinationale Industrieunternehmen in der Öl-, Chemie- oder Automobilbranche halten es in der Regel nicht für notwendig ihre gesellschaftliche Rolle durch große Aufträge für monumentale, allgemeinverständliche Kunstwerke veranschaulichen zu lassen. Ebenso braucht man keine Künstler, um die Tätigkeit der Banken oder die Funktion der Versicherungen bildlich darzustellen (vgl. Kempers 1989 S. 374 ff.). Dazu sind handliche und farbenfroh glänzende Unternehmensbroschüren und Geschäftsberichte viel besser geeignet[13].

Für die Vergabe von Aufträgen zeigt auch die Mehrzahl der Neureichen wenig Interesse, und erst allmählich beginnen Unternehmer und Firmen wieder mit dem Sammeln von zeitgenössischer Kunst. Auch Kempers stellt fest, daß das »Sammeln und Ausstellen zeitgenössischer Kunst ... wichtiger als die Vergabe von Aufträgen« geworden ist (Kempers 1989, S. 375). Ein Grund für die rückläufige Auftragsvergabe an Künstler ist sicher die mangelnde Kommunikationsfähigkeit zwischen Künstlern und Unternehmern. Bei Ankaufsverhandlungen und dem Aufbau von Sammlungen werden deshalb zunehmend Galeristen, Kunsthistoriker und Artconsultants als Vermittler zwischen Kunst und Wirtschaft eingeschaltet.

Die Auftragskunst stellte ganz andere Anforderungen an die Künstler, als eine Kunst die a priori für öffentliche oder private Sammlungen bestimmt ist (vgl. Kempers 1989, S. 376). Eine Folge ist die Neubewertung der künstlerischen Fähigkeiten unter Berücksichtigung der Stagnation des fachlichen Könnens der Künstler. Theoretische Erkenntnisse und technische Innovationen, die im Laufe der Zeit in allen anderen Berufen stetig an Bedeutung zugenommen haben, wurden von den Künstlern eher vernachlässigt. Dadurch ging ihr Einfluß auf die Architektur ebenso verloren wie ihre Rolle bei der Weitergabe visueller Informationen. Nach Kempers wurde diese Funktion »größtenteils durch neue Berufe übernommen: Fotografen, Filmemacher, Designer, Artdirektoren und Informatiker« (Kempers 1989, S. 377) vermitteln heute die gesellschaftlich relevanten Inhalte.

Dabei blieb paradoxerweise das historisch begründete Prestige der Kunst nicht nur unangetastet, es nahm sogar »durch das Wirken der Museen und der Kunstkritik noch zu« (Kempers 1989, S. 377). Diese Kombination von Funktionsverlust einerseits und Wahrung des Prestiges andererseits geht einher mit der Betonung des Genies des Einzelkünstlers und seiner »individuellen Mythologien«. Aus der ehemals postulierten Freiheit des Künstlers wurde ein künstlerisches Dogma, daß Abstraktion und persönliche Ikonografien evoziert. »Kriterien wie Originalität, Autonomie, künstlerische Qualität stellen die reine zeichnerische Fertigkeit, das reine handwerkliche Können und die Fähigkeit, Inhalte in verständlicher Form zu gestalten, in den Schatten« (Kempers 1989, S. 378). – Eine Folge davon ist, daß die Akzeptanz, das Interesse und Verständnis moderner Kunst in höchstem Maße Bildung und Kultur voraussetzt.

Eine weitere Funktion von Bildender Kunst am Ende des 20. Jahrhunderts, wo der »Zauber der Religion« immer weniger Menschen anspricht, definiert Kempers als »Sphäre für die Erfahrung höherer Ideale. (...) Wo der Zauber des Erhabenen und die Herausforderung des Unbekannten immer weniger in den Kirchen erlebt wird, erhält die museale Kunst selbst eine sakrale Bedeutung, die der sozialen Realität, dem Kampf um Ansehen, Reichtum und Macht weit entrückt zu sein scheint« (Kempers 1989, S. 379).[14]

Vor allem die heutige intellektuelle Elite scheint ein Interesse für die Kunst als Symbol für Freiheit, Erneuerung und Meditation zu entwickeln, während der primäre Ankaufimpuls für Unternehmen aus Industrie und Wirtschaft allerdings die oberflächliche Repräsentationsfunktion der Kunstwerke bleibt.

17. Resümeé

Im historischen Überblick zeigt sich, daß in allen Epochen ein wirtschaftlicher Aufstieg für das unternehmerische Kunstengagement konstitutiv war. Dabei wich die traditionelle Verknüpfung von Förderung mit Forderung erst im 15. Jahrhundert – allerdings mit immer wiederkehrenden Rückfällen – dem postulierten Ideal der Kunstautonomie.

Die primäre Objektivation des Kunstengagements, das primäre Interesse an Kunst ist heute wie vor über 2000 Jahren das Sammeln von Kunstwerken.

Diese Prämissen bilden die Basis für die weitere Diskussion der vielfältigen Möglichkeiten von unternehmerischem Kunstengagement zwischen Sponsoring und Mäzenatentum, dem Dualismus zwischen der Befriedigung reiner Repräsentationsbedürfnisse und unternehmerischer Forderung in Form von festgelegten Gegenleistungen, sowie andererseits der Förderung von Kunst und Künstlern mit gleichzeitiger Befriedigung von persönlichen Neigungen. Vor diesem Hintergrund werden nun die wesentlichen Tendenzen der historischen Studie in den für die weitere Untersuchung relevanten Kategorien zusammengefaßt.

A) Auftraggeber, Sammler, Förderer
Im Laufe der Jahrhunderte haben sich die Motive für unternehmerisches Kunstengagement geändert: Heute tauchen die Ausgaben für Bildende Kunst in den Bilanzen nicht mehr als Begleichung der Schulden an den höchsten Gläubiger auf, wie noch bei Cosimo de Medici, als durch Geldgeschäfte erworbener Reichtum gesellschaftlich sanktioniert wurde und das Armutsideal der Franziskaner die soziale Norm darstellte. – Heute sind die höchsten Gläubiger eher Aktionäre und Mitarbeiter, vor denen das unternehmerische Kunstengagement vertreten werden muß.

Aber einige Motive des Kunstengagements von Giovanni Rucellai haben bis heute nichts von ihrer Aktualität verloren: aus Gründen der »persönliche Befriedigung, zur Ehre der Stadt und zum eigenen Gedächtnis« handeln auch viele zeitgenössische Unternehmer. Nur die früher sehr dominanten religiösen Motive sind völlig in den Hintergrund getreten; statt dessen hat Kunst heute fast den Status einer Ersatzreligion.

Gesellschaftliche und politische Faktoren bestimmen den Wert von Kunst, wobei die Kunstwerke als Medium dienen, um sich durch humanistische Bildung und Kunstverständnis als der gesellschaftlich führenden Schicht angehörig zu präsentieren – auch jenseits ökonomischer Faktoren.

Die Kunstproduktion wird sogar heute noch von ihrer Klientel beeinflußt: Wie holländische Bürger im 17. Jahrhundert die Darstellung kostbarer Besitztümer auf Stilleben forderten, geben im 20. Jahrhundert die Bayerische Rück »Neuschwanstein« und Daimler-Benz »Cars« bei Andy Warhol in Auftrag.

B) Künstler
Der Ruhm des Künstlers verbindet sich mit dem des Auftraggebers. Die zeitgenössische Variante heißt »corporate art« – Kunst, die eng mit dem Unternehmensimage verknüpft ist.

Erfolgreiche Künstler existierten nie in Sphären fernab des Wirtschaftslebens; Pendants zur Geschäftstüchtigkeit von Giotto lassen sich z.B. bei Christo oder Anselm Kiefer entdecken. Große soziale Differenzen zwischen der kleinen Elite der wenigen hochbegabten und den unzähligen mittelmäßigen Künstlern bestehen bis heute.

Das »Genie des Künstlers« und seine Fähigkeit der Vermittlung von neuen Ideen wurde im 15. Jahrhundert entdeckt. Ab diesem Wendepunkt ist die künstlerische Gestaltungsfreiheit obligat, bei der Auftragsvergabe wird häufig nur noch die Person ausgesucht – von einigen »Rückfällen«, wie dem Status der Hofkünstler in Versailles abgesehen.

Heute ist aus der Freiheit des Künstlers ein künstlerisches Dogma geworden; der Funktionsverlust des Künstlers geschieht allerdings unter Wahrung des Prestiges.

C) Kunstberater
Artconsulting existierte schon im 15. Jahrhundert, als sich italienische Kaufleute als Kunsthändler betätigten.

Der Einfluß der Berater war zum Teil beachtlich: Joseph Duveen, einer der bedeutendsten Kunsthändler des beginnenden 20. Jahrhunderts, überzeugte seine Kunden davon, daß nur alte Meister eine sichere Kapitalanlage sind und wirkliches Prestige verschaffen. Auch heute noch stehen Sammler aus Prestigegründen neuen Kunstströmungen skeptisch gegenüber.

Geschickte Museumsdirektoren wie Wilhelm von Bode betätigen sich seit Anfang des 20. Jahrhunderts als Berater von kunstsammelnden Unternehmern und knüpfen lukrative Kontakte.

D) Kunstpräsentation
Aus den mittelalterlichen Schatzkammern entwickelten sich im 16. Jahrhundert die Kunst- und Wunderkammern mit allerlei Bemerkenswertem aus Technik, Geschichte, Natur, Handwerk und Kunst. Im 17. Jahrhundert entstanden die ersten Bildergalerien, wo dichtgedrängt Gemälde neben und über Gemälde hing. Auch noch im 18. Jahrhundert entsprach die repräsentative Schauwand mit Golddekorationen und glänzendem Marmorfußboden dem Zeitgeschmack, und selbst heute lassen sich in

den Galeriebereichen einiger internationaler Großbanken Reminiszenzen in Form von Perserteppichen auf Carrara-Marmor und Wandverkleidungen aus seltenen Urwaldhölzern finden.

Bei der dargestellten Entwicklung handelt es sich um eine dynamische Professionalisierung mit Abhängigkeiten zwischen Künstlern, Sammlern und Auftraggebern. Allerdings ist im 20. Jahrhundert ein Rückgang der direkten Auftragsvergabe zu verzeichnen, denn Künstler werden nicht mehr gebraucht, um die Funktion von Industrie- und Wirtschaftsunternehmen darzustellen. Der heutige Schwerpunkt des unternehmerischen Kunstengagements liegt in den Bereichen Sammeln und Ausstellen.

Parallelen zum heutigen Sponsoring existierten bereits in der Renaissance. Damals wurden für finanzielle Leistungen die Familienwappen, Abbildungen der Stifter und Familienheiligen anstatt der heute üblichen Fimensignets angebracht.

Anmerkungen

1 Vgl. mit den Beispielen in Paulys Real-Encyclopädie der klassischen Altertumswissenschaft, 27. Halbband, Stuttgart: J.B. Metzlersche Verlagsbuchhandlung, 1928, Spalte 218-20, wonach wesentliche inhaltliche Unterschiede zwischen den vor und nach dem Eintritt in den Maecenas-Literatenkreis entstandenen Werken der Dichter festzustellen sind.
2 Die Aeneis des Vergil und das IV. Odenbuch des Horaz sind ganz im Sinne der Herrschaft des Augustus gedichtet. Vgl. Daweke/Schneider 1986, S. 11.
3 Die heutigen Incentiv-Angebote zur Regenerierung für gestreßte Manager scheinen sich zum Teil wieder an dieser bewährten »Klausur-Praxis« zu orientieren.
4 Gombrich 1985 führt zu dem Aspekt des Mäzenatentums von Cosimo von Medici weiter aus, daß die Vermehrung des Reichtums Cosimo – da sein ganzer Lebensstil den ethischen Imperativen der Kirche widersprach – immer mehr zum Schuldner Gottes werden ließ. So gibt es genaue finanzielle Aufzeichnungen über die Ausgaben der Medici, die die Begleichung der Schulden an den höchsten Gläubiger zum Gegenstand hatten.
5 Die Kunstberater der italienischen Herrscherhäuser bestellten für sich, ihre Kunden und Freunde Gemälde in Flandern, die sie auf dem Land- oder Seeweg nach Italien schickten. Umgekehrt erzielten Kunstwerke aus Italien – zu Vasaris Zeit – in Frankreich 4x so hohe Preise. Vgl. Sachs 1971, S. 38.
Das verstärkte Interesse an niederländischen Gemälden beruhte nach Ansicht von Kempers vor allem auf den Auswirkungen einer maltechnischen Invention: »Die flämischen Maler benutzten statt Eigelb Öl als Bindemittel. Durch die Technik der Ölmalerei konnten sie hellere Farben verwenden und die Übergänge fließender gestalten. Blumen, Gesichter, Bauten oder Gewandungen ließen sich durch Ölfarbe mit größerer Präzision wiedergeben« (Kempers 1989, S. 209).
6 So schrieb der italienische Bildhauer Lorenzo Ghiberti (1381-1455) in seinen »Commentarii« nicht nur eine autobiographische Abhandlung, sondern eine theoretisch fundierte Geschichte der Kunst von der Antike bis zu seinen Lebzeiten. Leone Battista Alberti (1404-1472) veröffentlichte mehrere kleinere kunsttheoretische Schriften. Der »Vater der Kunstgeschichte« Giorgio Vasari (1511-1574) veröffentlichte 1550 ein wichtiges Quellenwerk mit Lebensbeschreibungen italienischer Künstler und kunsthistorischen Kommentaren.
7 In einem Inventarbuch läßt sich z.B. folgende Beschreibung finden: »Ein tefelein, olifarb auf holz, ist ein kruzifix mit einer landschaft, kost mich wol 36 fl., hab es gehalten von Albrecht Dürer hand, hat aber gemalt Andres Amberger (...) schecz ich auf fl. 16.« Zit. nach Sachs 1971, S. 48.
8 Der Chronist Anton Weck vermerkte in seiner 1680 publizierten Beschreibung Dresdens bezüglich der kurfürstlichen Sammlung folgendes: »In summa, es ist dieses Werk der Kunstkammer so weitläufig und mit einer solchen Menge Raritäten und Kunststücken angefüllet, daß solches mehr zu verwundern als zu beschreiben oder genugsam zu rühmen, gestalt sich darüber vielfältig sowohl große Herren als auch andere Standespersonen und reisende kluge kunsterfahrene Leute verwundert und bekannt, daß dergleichen in so trefflicher Menge weder in Deutschland, noch auch in anderen auswärtigen Kaisertumen, Königreichen und Provinzen nicht zu finden.« Zit. nach Sachs 1971, S. 73.

9 Der Ausdruck »Eremitage« (Einsiedelei) ist bezeichnend für diese Galerie, da außer der Zarin kaum jemand Zutritt hatte. Katharina soll dazu einmal folgendermaßen geäußert haben: »An all dem erfreuen sich die Mäuse und ich«. (Sachs 1971, S. 115)
10 Das große Auktionshaus Christie in London wurde 1765 eröffnet.
11 Die gleichen Mechanismen lassen sich Ende des 20. Jahrhunderts bei den Kunstankäufen der wirtschaftlich erstarkten Japaner beobachten: in einem japanischen Firmenmuseum befindet sich inzwischen die bedeutendste Impressionistensammlung der Welt.
12 Nach Sachs war Wilhelm von Bode der ständige Berater bei allen Kunstankäufen von James Simon. »Wie Bode selbst in seinen Lebenserinnerungen betont, ließ ihm Simon ziemlich freie Hand, so daß der erfahrene Museumsmann mit den fast unbegrenzt zur Verfügung stehenden Mitteln des Millionärs alles kaufen konnte, was für die Museen damals unerschwinglich war, und was Bode sich auf diesem Wege als spätere Stiftung zu erlangen hoffte« (Sachs 1971, S. 167).
13 Ausnahmeerscheinungen sind die Skulptur »Kontinuität« von Max Bill vor den Türmen der Deutschen Bank in Frankfurt und die »5 Kontinente Skulptur« von Walter de Maria bei Daimler-Benz in Stuttgart. Bei diesen Kunstwerken handelt es sich aber nicht um genuine Auftragsarbeiten, die durch direkte thematische oder formale Vorgaben der Unternehmen entstanden sind, sondern um Werke, die die Künstler schon vor geraumer Zeit geplant oder bereits in anderer Form realisiert hatten.
14 Auch der Leiter der Documenta IX in Kassel, Jan Hoet, bezeichnete einen seiner Ausstellungsräume, die neue documenta-Halle, als Kathedrale.

Kapitel 2
Aktuelles Kunstengagement von Unternehmen: State of Art

Die Informations- und Datenlage bezüglich des aktuellen unternehmerischen Engagements in dem Bereich der Bildenden Kunst ist unbefriedigend. Die Diskussion konzentriert sich – neben einigen Untersuchungen mit kultursoziologischem Schwerpunkt – hauptsächlich auf Arbeiten mit dezidiert wirtschaftswissenschaftlicher Perspektive der Sponsoring-Phänomene sowie einige historische Betrachtungen mit den Schwerpunkten Kunstsammlung und Mäzenatentum.

- *Hirschfeld* (1968):
  Untersuchung der Rolle des Mäzens als Auftraggeber während er letzten 2500 Jahre anhand ausgewählter Beispiele.
- *Sachs* (1971):
  Umfassende Darstellung der Entwicklung des Kunstsammelns von der Antike bis zur Gegenwart.
- *Daweke* und *Schneider* (1986):
  Untersuchung der Erscheinungsformen des privaten Mäzenatentums und der staatlichen Kunstförderung vom Kaiserreich bis in die 60er Jahre.
- *Duhme* (1986):
  Studie über die Beziehungen – gemeinsamen Ziele und Interessen – zwischen Kunst und Wirtschaft im Rahmen von Kunstförderung durch Unternehmen in der BRD.
- *Hummel* und *Berger* (1988):
  Bestandsaufnahme der volkswirtschaftlichen Bedeutung von Kunst- und Kulturfinanzierung durch Unternehmen; in dieser Umfrage steht

Bildende Kunst mit 43,4 % an dritter Stelle bei der unternehmerischen Kulturförderung.

- *Behnke* (1988):
Kultursoziologische Fallstudie der Entwicklung vom Mäzen zum Sponsor am Beispiel ausgewählter Hamburger Unternehmen.

- *Loock* (1988):
Vergleichende betriebswirtschaftliche Untersuchung der Kunstsponsoring-Praxis von Unternehmen in der BRD, USA, Großbritannien und Frankreich.

- *Fohrbeck* (1989):
Enzyklopädisches Standardwerk zur Interessenvielfalt der privaten Kulturfinanzierung, in dem wesentliche Gedanken und Fakten zur wachsenden Bedeutung von privaten Mäzenen und Sponsoren aus der Wirtschaft expliziert werden.

- *Roth* (1989):
Auf empirischem Forschungshintergrund beruhende und mit Beispielen illustrierte Darstellung der Chancen und Probleme des Kultursponsoring in Europa und den USA.

- *Bruhn* und *Dahlhoff* (1989):
Untersuchung der Entwicklungen und Tendenzen von Kulturförderung und Kultursponsoring aus den unterschiedlichen Perspektiven der Beteiligten.

- *Kempers* (1989):
Kunst- und kulturhistorische Studie über den sozialen Status der Künstler in der Renaissance, ihr Verhältnis zu den mächtigen Förderern und Auftraggebern sowie deren wechselseitige Abhängigkeit.

- *Fischer* (1989):
Umfassende empirische Bestandsaufnahme über Stellenwert und Umfang sowie Erscheinungsformen und Beweggründe der Kulturförderung durch Unternehmen in der Bundesrepublik Deutschland.

- *Lippert* (1990):
Dokumentation der »Corporate-Collecting«-Praxis ausgewählter internationaler Unternehmen.

- *Bruhn* (1991):
Untersuchung der unterschiedlichen Sponsoringformen in Abgrenzung

vom klassischen Mäzenatentum als integratives Element der Unternehmenskommunikation.

- *Sager* (1992):
  Analyse der Motive und Strategien zeitgenössischer Kunstsammler in Form von Fallstudien.

Selbst die Gesamtheit dieser Untersuchungen hat nur eine begrenzte Aussagekraft für das Spezialgebiet des Engagements von Unternehmen im Bereich der Bildenden Kunst.

Bei Betrachtungen des Teilaspektes Kunstsponsoring stehen betriebswirtschaftliche Aspekte im Vordergrund, und Kunsthistoriker widmen sich eher der Entstehungsgeschichte und ikonologischen Bedeutung der Kunstwerke selbst. Kultursoziologische Betrachtungen sind zu wenig spezifisch, um gültige Aussagen über die Komplexität des unternehmerischen Engagements auf dem Gebiet der Bildenden Kunst treffen zu können. Die punktuellen Vergleiche mit historischen Formen des unternehmerischen Kunstengagements bleiben in der Regel auf das obligatorische Zitieren von Gaius Cilnius Maecenas beschränkt.

Detaillierte und systematisierte Informationen über die Motive und Strategien des aktuellen unternehmerischen Kunstengagements existieren nicht. Daher ist eine eigene empirische Untersuchung in Verbindung mit einer interdisziplinären Synthese der Diskussionen in den Bereichen Kunstwissenschaft, Soziologie und Ökonomie die unumgängliche Voraussetzung, um valide Aussagen machen zu können.

Kapitel 3
Methodisches Vorgehen

Der Mangel an empirischem Datenmaterial zum Engagement von Unternehmen auf dem Gebiet der Bildenden Kunst zu Beginn der 90er Jahre war Veranlassung, eine eigene Befragung in den alten Bundesländern durchzuführen.

Um die Grundgesamtheit aller in diesem speziellen und eingeschränkten Kunst-Bereich tätigen Unternehmen möglichst genau zu bestimmen, wurden kunst-, sozial- und wirtschaftswissenschaftliche Publikationen ausgewertet (Konzentrationsverfahren). Bei der Auswertung von Diplomarbeiten und Dissertationen, Kunstzeitschriften, Ausstellungskatalogen sowie Wirtschaftszeitschriften und -zeitungen konnten fast 250 Unternehmen gefunden werden, die durch ihr Engagement auffielen. Bei der telefonischen Recherche des Ansprechpartners im jeweiligen Unternehmen – im Sinne eines mehrstufigen Auswahlverfahrens eine gleichzeitige Validitätsprüfung – mußte leider in einigen Fällen festgestellt werden, daß es sich bei dem Engagement entweder um temporär begrenzte Einzelaktivitäten handelte (wie bei der Hamburger Morgenpost), oder man nicht bereit war, diesbezügliche Auskünfte zu geben (z.B. Rodenstock, München und Hotel im Wasserturm, Köln). Nach diesem natürlichen Selektionsprozeß blieben noch 200 Unternehmen übrig.

Die Form der postalischen Befragung wurde aus finanziellen Erwägungen gewählt, und weil eine mündliche Befragung aller Unternehmen den vorgeschriebenen Zeitrahmen gesprengt hätte.

Als Titel der Untersuchung wurde, nach intensivem Literaturstudium, »Die Förderung Bildender Kunst durch Unternehmen in Deutschland« gewählt, da in den Publikationen Kunstförderung als Oberbegriff für Sponsoring und Mäzenatentum im Kunstbereich verwendet wird. Erst in den späteren Fallstudien und während der Expertengespräche stellte sich heraus, daß Kunstengagement die präzisere Bezeichnung ist, weil das Motiv der genuinen Kunst-»Förderung« nur für wenige Unternehmen zutrifft.

1. Fragebogenkonzeption

Eine Konzentration auf die wichtigsten Fragen war unerläßlich, da das Zeitbudget des hier angesprochenen Personenkreises äußerst knapp bemessen ist. Deshalb wurden auch nur 3 Fragen als offene Fragen konzipiert, alle übrigen konnten durch Markierung der vorgegebenen Antwortmöglichkeiten beantwortet werden. Trotzdem bestätigte sich die schon von Fischer (1989, S. 59) festgestellte »Übersättigung« der Unternehmen durch Befragungen, die dazu führt, an empirischen Untersuchungen nicht mehr teilzunehmen.

Die Heterogenität des Adressatenkreises – von Managern weltweit operierender Unternehmen bis zu Eigentümern kleiner Firmen mit nur lokaler Bedeutung – mußte bei der Konzeption des Fragebogens berücksichtigt werden, um bei den für alle Teilnehmer gültigen Fragen den größtmöglichen Informationsgewinn zu erzielen. Ein Pretest zur Überprüfung des Aufbaus und der Verständlichkeit wurde im Frühjahr 1991 bei einigen nordhessischen Unternehmen durchgeführt. Daraufhin wurde die Formulierung von zwei Fragen noch einmal überarbeitet und ein persönliches Anschreiben formuliert.

Da die Tatsache des Kunstengagements bei den befragten Unternehmen schon eine Voraussetzung ist, um an der Studie teilzunehmen, kann die Untersuchung gleich mit Fragen nach der Geschichte bzw. historischen Tradition des Engagements beginnen. Im zweiten Fragenkomplex werden Strukturvarianten wie Organisation, Auswahl und Motive der Kunst-Aktivitäten näher untersucht. Die Feststellung und Evaluierung von Werten, die dem Kunstengagement sowie seiner Bedeutung inhaltlich beigemessen werden, ist Thema eines weiteren Fragenkomplexes; dabei wird auch versucht, monetäre Werte zu taxieren. Im Anschluß daran zielen die Fragen detaillierter auf die Art und Weise der Aktivitäten, sowie die favorisierten Kunstgattungen und -landschaften, denen das jeweilige Engagement gilt. Am Ende der Untersuchung stehen Fragen nach statistischen Kennzahlen, die Umsatz, Zahl der Beschäftigten, und Branche zum Inhalt haben.

Bereich	Inhalt der Fragen
Geschichte	Tradition und Entwicklung des Kunstengagements
Struktur	Gründe für unregelmäßige Aktivitäten Organisation des Kunstengagements Auswahl der Kunstengagements Motive für das Kunstengagement
Wert	Bedeutung des Kunstengagements Erfolg der Aktivitäten Maß für den Erfolg des Engagements Höhe des jährlich für Kunst zur Verfügung stehenden Budgets Budget, aus dem das Kunstengagement finanziert wird
Kunst	Entstehungszeit der Kunstobjekte Kunstlandschaften Kunstgattungen Art und Weise des Kunstengagements
allgemeine Klassifizierungen	Umsatzvolumen Anzahl der Beschäftigten Branche

2. Durchführung der Befragung

Am 15. Mai 1991 wurden insgesamt 200 Fragebögen an die selektierten Unternehmen aus den alten Bundesländern versendet. In einem Begleitschreiben wies der Dekan des Fachbereichs auf die Bedeutung und Notwendigkeit der Untersuchung hin.

Der Rücklauf war mit 57 Fragebögen im Mai am stärksten, der letzte Fragebogen ging im Juli 1991 ein. Mit 124 zurückgesendeten Fragebögen lag der Rücklauf bei 62 %. Durch diese hohe Fallzahl wurde die Korrektheit der vorhergehenden Selektion und genauen Recherche des Ansprechpartners bestätigt. Unter den Rücksendungen befanden sich auch 28 begründete Verweigerungen, in denen angegeben wurde, daß sich die betreffenden Unternehmen nur noch in speziellen Einzelfällen für Bildende Kunst engagieren, oder sie dezidiert auf prinzipielles Nicht-Mehr-Ausfüllen von Fragebögen verwiesen.

Rücklaufquote

Versandte Fragebögen	200
Rücklauf	124 (= 62 %)
begründete Verweigerungen	28
auswertbar	96

In einer Nachfaßaktion wurden gegen Ende des zur Rücksendung angegebenen Zeitraumes einige, für die Untersuchung besonders wichtige Unternehmen – wie z.B. Lufthansa und Daimler-Benz – nochmals telefonisch um die Teilnahme an der Umfrage gebeten.

3. Präliminarien zur Auswertung

Für eine postalische Befragung hat diese Untersuchung mit einer Rücklaufquote von 62 % eine ungewöhnlich hohe Repräsentativität. Durch die vorhergehende Selektion weicht die getroffene Auswahl nur schwach von der Grundgesamtheit ab.

In der Untersuchung sind Daten von Unternehmen aller Grössenordnungen enthalten: vom kleinen Einzelhandelsunternehmen bis zum multinationalen Konzern. Dementsprechend variieren auch die Zahlen von Umsatz und Beschäftigten der befragten Firmen.

Da die qualitativen Momente des unternehmerischen Kunstengagements in Form einer postalischen Befragung nur unzureichend erfaßt werden können, schließen sich an diese Untersuchung Fallstudien in ausgewählten Unternehmen und Expertengespräche zur weitergehenden Informationsbeschaffung an. Sie werden der Darstellung der Untersuchungsergebnisse zum Teil als erläuternde Beispiele beigefügt.

Die Auskunftsverweigerungen beziehen sich häufig auf den monetären Aspekt des Engagements; hier scheint die »stille Übereinkunft« zu bestehen, daß über die genaue Höhe nur ungern oder gar keine Auskunft gegeben wird. Nach Ansicht von Fischer (1989, S. 67) und Meenaghan (1983, S. 11) könnte die unternehmerische Ausgangsposition durch eine Beantwortung – trotz Anonymität – bei zukünftigen Verhandlungen um

Sponsoring-Summen zu Ungunsten beeinflußt werden; ebenso könnte eine Verärgerung der Mitarbeiter und Aktionäre über die Höhe der Ausgaben denkbar sein.

In Unternehmen, die über keine zentrale Kunstabteilung verfügen, ist die Zusammenstellung der einzelnen Aktivitäten in der Regel problematisch und zeitaufwendig, da dort neben der Geschäftsleitung noch andere Abteilungen beteiligt sind und der Fragebogen nur von einer Person beantwortet wird. Durch die Adressierung der Fragebögen an den für Kunst zuständigen Mitarbeiter wurde aber sichergestellt, daß der Empfänger über ausreichende Kenntnisse zur Beantwortung der Fragen verfügt.

Angesichts dieser hier kurz skizzierten Schwierigkeiten darf der Hinweis nicht fehlen, daß es mit dieser empirischen Untersuchung allenfalls gelingen kann, etwas mehr Transparenz in den Bereich der unternehmerischen Aktivitäten im Bereich der Bildenden Kunst zu bringen. Die präzise Untersuchung einiger wesentlicher Details des unternehmerischen Kunstengagements in Deutschland sollte aber geeignet sein, wichtige Anhaltspunkte und Anregungen für die weitere Diskussion und zukünftige Forschung bereitzustellen.

Kapitel 4
Darstellung der Umfrageergebnisse: Unternehmerisches Kunstengagement in der Praxis

Im Mittelpunkt dieses Kapitels steht die Bestandsaufnahme des Engagements von Unternehmen in Deutschland im Bereich der Bildenden Kunst. Die Ergebnisse der empirischen Fragebogenuntersuchung werden dabei durch qualitative Einzelstudien und facettenartige Beispiele aus der Unternehmenspraxis und Literatur expliziert, kommentiert, komplementiert oder auch durch die vorgefundene Realität in Frage gestellt.

Eine Differenzierung der Ergebnisse nach Branchen oder Unternehmensgrößen wie von Fischer (1989, S. 70 ff.) vorgenommen, scheint für die Auswertung der Untersuchung des Kunstengagements wenig sinnvoll. Diese noch näher zu bestimmende Konstante ist weder branchen- noch bilanzabhängig, da sowohl Kreditinstitute, als auch Versicherungen und kleine, mittlere sowie große Unternehmen aus den Bereichen Handel, Chemie und Pharma schon bei der Stichprobenauswahl mit jeweils über 10 % vertreten sind. Allerdings sind Ausstellungen in Kundenhallen häufiger anzutreffen als die Präsentation von Kunstwerken in Produktionshallen, aber beides existiert.

Die für Kunst aufgewendeten Beträge können zwar – sofern überhaupt genaue Zahlen angegeben werden – mit dem vom Unternehmen erwirtschafteten Gewinn steigen, aber sie sind kein Maßstab für Kunstengagement. Deshalb zeugt auch der sechsstellige Betrag zur einmaligen Unterstützung einer Rembrandt-Ausstellung durch einen Großkonzern nicht unbedingt von größerem Kunstengagement als die 1.000 DM, die ein kleiner Handelsunternehmer pro Monat für Kunst aufwendet.

Vorab werden einige Sonderformen des unternehmerischen Kunstengagements thematisiert, die in der Untersuchung selbst keine weitere Berücksichtigung finden, deren Existenz aber für die unternehmerische »Kunst-Landschaft« von Bedeutung ist. So wird die nähere Betrachtung der von Unternehmen gegründeten selbständigen oder unselbständigen Stiftungen zur Förderung Bildender Kunst bzw. Kultur zu Gunsten anderer Organisationsformen des unternehmerischen Kunstengagements vernachlässigt. Nach Ansicht der Autorin ist der Anteil des genuinen unternehmerischen Kunstengagements, dem Gegenstand dieser Untersuchung, bei der Förderung von Kunst und Künstlern durch die Kapitalerträge aus dem Vermögen oder den Vermögenswerten der von Unternehmen gegründeten Stiftungen sehr gering. Darüberhinaus wird durch die Organisationsform der Stiftung das Kunstengagement vom Unternehmensalltag separiert und dem Stifter bleibt rein rechtlich nur wenig Einfluß auf die spätere Geschäftsführung, weil alle Tätigkeiten und Abläufe der staatlichen Stiftungsaufsicht unterliegen. Ebenfalls wird die stiftungsimanente Maxime der Gemeinnützigkeit für die in eher altruistischer, mäzenatischer Tradition stehenden Stiftungen oft mit der Spekulation auf Steuerprivilegien oder der Möglichkeit einer Apanage für bedürftige Angehörige des Stifters verquickt.

Allerdings muß in dieser Diskussion auch auf einen wichtigen Vorteil hingewiesen werden, den unternehmerische Kunstaktivitäten haben, die über eine Stiftung erfolgen: durch den Wegfall der direkten Anbindung an die Produkte oder Dienstleistungen des Unternehmens entfällt ebenfalls die von Unternehmensinteressen geleitete Auswahl der Aktivitäten und Inhalte. Auf diese Art und Weise ist es eher möglich, gerade junge, noch nicht etablierte Kunst zu fördern, die sonst einige Kratzer am Unternehmensimage hinterlassen könnte. Auch die oft von den Unternehmen geforderte thematische Einschränkung, die sich z.T. an den Grenzen des Produktrahmens orientiert (AEG: Ökologie), entfällt bei der Organisationsform durch Stiftungen, die die zeitgenössische Maxime der Kunstautonomie bei ihrer Mittelvergabe seltener untergraben.

Weitere Ausführungen zu diesem Kunstförderungsinstrument das z.B. bei der Kulturstiftung der Hypobank und der Jürgen-Ponto-Stiftung zur Förderung junger Künstler der Dresdner Bank Anwendung findet, lesen Sie bitte bei Duhme (1987, S. 73 ff.) und Fohrbeck (1989, S. 571).

Eine Sonderform der Verknüpfung einzelner unternehmerischer Interessen auf dem Gebiet der Bildenden Kunst erfolgt in dem 1951 gegründeten Kulturkreis im Bund der deutschen Industrie. Der Erkenntnis einiger kunstinteressierter und engagierter Unternehmer, daß im Nachkriegsdeutschland die finanzielle Situation der öffentlichen Institutionen nicht zur »Wahrung« des deutschen Kulturerbes und Sicherung der Weiterentwicklung der Kunst ausreichte, verdankt der Kulturkreis im BDI seine Existenz.

In der pathetischen Präambel zur Satzung heißt es: »Der Kulturkreis wird seine Aufgabe darin sehen, unter Ausschluß aller parteiischen Vorentscheidungen und engherzigen Einseitigkeiten jedem künstlerischen Bestreben zur Hilfe zu kommen, das nach dem Urteil der Berufenen der Förderung würdig ist. Sache der im industriellen Leben Führenden wird es sein, durch tätige Unterstützung der Arbeit des Kulturkreises den Beweis zu liefern, daß die deutsche Industrie gewillt ist, die durch die Entwicklung der Dinge ihr zugefallene Verantwortung auf sich zu nehmen. Um diese Aufgabe zu erfüllen und ihre Durchführung zu verwirklichen, gründen im Gebiet der Bundesrepublik Deutschland ansässige industrielle Unternehmer einen Verein unter der Bezeichnung: Kulturkreis im Bundesverband der Deutschen Industrie« (Kulturkreis im BDI E.V. 1987, S. 9).

Diese Zielsetzung wird von rund 500 Unternehmen und Persönlichkeiten der deutschen Wirtschaft, die Mitglieder des Kulturkreises sind, nicht nur materiell sondern auch ideell unterstützt. Neben den beträchtlichen finanziellen Mitteln die zur Verfügung gestellt werden, wird durch das persönliche Engagement der Einzelnen eine intensive Auseinandersetzung und Verständigung zwischen Künstlern und Unternehmern ermöglicht. Der Kulturkreis widmet sich neben jungen bildenden Künstlern auch Musikern, Schriftstellern und Architekten. Er vergibt Förderpreise und Stipendien, »veranstaltet Ausstellungen, Lesungen und Konzerte der von ihm ausgezeichneten Künstler und kauft Kunstwerke, die er als Dauerleihgaben Museen zur Verfügung stellt. Die Entscheidung, welcher Künstler und welche Projekte gefördert werden, treffen Fachgremien für das jeweilige Gebiet. In diesen Gremien arbeiten engagierte und kenntnisreiche Mitglieder mit anerkannten Fachleuten zusammen« (Kulturkreis im BDI E.V. 1987, S. 9).

Gleichwohl sind diese kollektiven und im Verband organisierten Kunstaktivitäten von Unternehmen nicht Gegenstand dieser Arbeit, deren Anliegen es vielmehr ist, die vielfältigen Motive und Objektivationen der Formen des Kunstengagements einzelner Unternehmen zu analysieren. Die jetzt über 40jährige Tradition der Künstlerförderung durch den BDI hat aber sicher einen wesentlichen Beitrag zum Status quo geleistet, indem sie frühzeitig Kontakte zwischen Unternehmern und Künstlern vermittelte und Verständnisbarrieren abbaute.

1. Struktur des unternehmerischen Kunstengagements

Die Strukturkomponenten Tradition, Organisation, Auswahl und Motivation des unternehmerischen Kunstengagements werden im folgenden Kapitel diskutiert und durch Beispiele erläutert.

1.1. Beginn des Kunstengagements

Abbildung 1

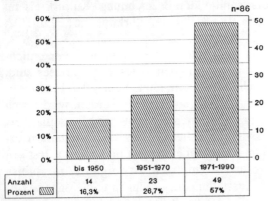

Entsprechend den empirischen Befunden können drei Zeiträume unterschieden werden, in denen die Aktivitäten der Unternehmen kontinuierlich zunehmen:

1. die Zeit vor 1950;
2. den Zeitraum von 1951 bis 1970;
3. die Zeitspanne von 1971 bis 1990.

Als Beginn für ihr Kunstengagement geben 16,3 % der Unternehmen ein Jahr vor 1950 an; ein im Versicherungswesen tätiger Unternehmer nennt sogar 1789, das Gründungsdatum des Unternehmens als Beginn für sein unternehmerisches Kunstengagement. Diese historische Dimension der unternehmerischen Kunstförderung, die als konstituierendes Element des Status quo wirksam ist, wurde bereits im zweiten Kapitel detailliert untersucht.

Zwischen 1951 und 1970 liegt bei 26,7 % der befragten Unternehmen der Beginn ihres Engagements in dem Bereich der Bildenden Kunst. Bei den 57 % der Unternehmen, die nach 1970 mit ihren Aktivitäten im Kunstbereich begonnen haben spielt sicherlich die Diskussion um »Kunst als Ausdruck von Unternehmenskultur« eine wichtige Rolle.

1.2. Organisation des Kunstengagements

Abbildung 2

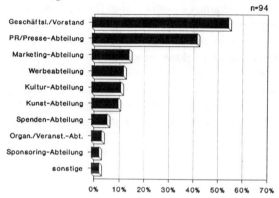

Die dargestellte Antwortverteilung zeigt deutlich, daß das Kunstengagement in den Unternehmen von zwei Abteilungen dominiert wird: die Organisation liegt in 55,3 % der Fälle bei der Geschäftsleitung, und bei 42,6 % ist es Aufgabe der PR-Abteilung, sich mit Kunst zu beschäftigen.

Da die Kunst-Aktivitäten der meisten Unternehmen noch »Chefsache« sind, ist unternehmerisches Kunstengagement auch heute noch am stärksten von den persönlichen Präferenzen einzelner abhängig, deren Stellenwert in der Unternehmenshierarchie sehr weit oben angesiedelt ist. Durch diese Personengebundenheit hat die Beschäftigung mit Kunst einen eher mäzenatischen Charakter, denn privates Interesse und persönliche Vorlieben sind keine genuinen Entscheidungskriterien für Sponsoringziele.

In 42,6 % der Unternehmen werden die Kunstaktivitäten von der Presse/PR-Abteilung betreut, und haben damit einen primär öffentlichkeitsorientierten Charakter. Die Vergabe des »Kunstpreises Ökologie« von der AEG Hausgeräte AG wird z.B. jeweils am 1. Messeabend der »Domotechnika« im Hotel Maritim in Köln organisiert; 1990 unter werbewirksamer Mitwirkung von Hannelore Kohl, Dr. Klaus Töpfer und

Max Greger. Wer an diesem Abend erwartete, vor oder nach den erlesenen Speisen die prämierten Kunstwerke zu sehen, wurde enttäuscht – und u.a. auf einen Domotechnika-Messestand, eine Freifläche im Berliner KDW sowie das Loos-Haus in Wien als Ausstellungsorte verwiesen. – Ob es sich dabei um ein für die Präsentation von Kunstwerken geeignetes Ambiente handelt, wird von zahlreichen Kritikern bezweifelt.

Von der Marketing- und Werbeabteilung wird das Kunstengagement in 14,9 % bzw. 12,8 % der befragten Unternehmen organisiert.

In 11,7 % der Unternehmen existiert – wie bei der Bayer AG – eine Kulturabteilung, die sich mit Kunst beschäftigt, und in 10,6 % der Unternehmen konnte sich bereits, wie in der Deutschen Bank AG und der Daimler-Benz AG – aufgrund des verstärkten Engagements –, eine eigene Kunstabteilung etablieren.

Da das Kunstengagement nur in 3,2 % der Fälle von der Sponsoring-Abteilung organisiert und betreut wird, scheint es gerechtfertigt, den Schwerpunkt der Untersuchung nicht in den Bereich Kunst-Sponsoring zu legen, dessen Relevanz eindeutig überschätzt wird.

1.3. Motive für Kunstengagement

Abbildung 3

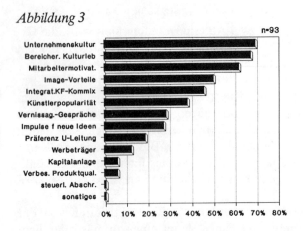

Aufbauend auf die Ergebnisse anderer explorativer Studien im Bereich der Motivationsrecherche (Duhme 1986, S. 50 ff. und Fischer 1989, S. 116 ff.) wurden 13 Antwortkategorien vorgegeben; die Nennung weiterer Gründe war ebenfalls möglich.

Im folgenden werden die einzelnen Beweggründe ausführlich dargestellt und durch Beispiele kommentiert; die Reihenfolge orientiert sich an der Häufigkeit der Nennung.

1.3.1. Kunstengagement als Teil von Unternehmenskultur

Daß das Kunstengagement Teil ihrer Unternehmenskultur ist, wird von 69,9 % der Unternehmen angegeben, und ist damit das am häufigsten genannte Motiv.

Die zahlreichen Forschungen auf dem Gebiet der Unternehmenskultur haben in den letzten Jahren allerdings zu einer Begriffsvielfalt geführt, deren unklare Definitionen eine inhaltliche Abgrenzung fast unmöglich machen[1]. Ein Grund dafür ist die undifferenzierte Übernahme der Kultur-Konzeptionen aus sozialanthropologischen Forschungen in den wirtschaftswissenschaftlichen Bereich: Denn dort existieren bereits eine Vielzahl von »Schulen«, die für ihre unterschiedlichen Kultur-Konzepte umfangreiche theoretische Instrumentarien entwickelt haben. Substantielles Unterscheidungskriterium ist die Definition des Begriffes »Kultur« – als eine Synkrise von rein geistigen Elementen wie Normen und Werten, oder darüberhinaus auch die Implikation von realen sozialen Erscheinungen wie Verhaltensweisen und Artefakten (vgl. Holleis 1987, S. 23 ff.).

Die Internalisierung von Unternehmenskultur-Werten durch die Beschäftigten wird in den meisten Untersuchungen auf eine Aneignung von »sozialer Wirklichkeit« im Sinne des Symbolischen Interaktionismus zurückgeführt[2]. Nach dieser Theorie entsteht »Unternehmenskultur« durch symbolisches Handeln von Individuen: im Handlungsprozeß werden gemeinsam definierte unternehmensrelevante Normen und Werte durch Symbole internalisiert. Demgegenüber hat die Entstehung von Unternehmenskultur nach der strukturell-funktionalistischen Theorie einen stark ideologisch geprägten Charakter: die Beschäftigten sollen die von den Führungskräften vorgegebenen Normen und Werte internalisieren, bis eine vollständige Identifikation mit dem Unternehmen stattgefunden hat.

Daß diese Begründung für unternehmerisches Kunstengagement am häufigsten genannt wurde, läßt sich auf die seit Mitte der 80er Jahre auch in Deutschland zunehmende Auswirkung der Unternehmenskulturdiskussion zurückführen. 1982 propagierten Peters/Watermann in ihrem Bestseller »In Search of Excellence« »corporate culture« und »organisations culture« als wichtige Faktoren für unternehmerischen Erfolg. Mit der Übersetzung von »Corporate Cultures – The Rites and Rituals of Corporate Life« von Deal/Kennedy begann Mitte der 80er Jahre auch in Deutschland die Diskussion über das neue Managementkonzept Unternehmenskultur als Erfolgsstrategie. Seit diesem Zeitpunkt werden unternehmerische Aktivitäten im Bereich der Bildenden Kunst oft als Objektivationen der Unternehmenskultur bezeichnet. So ist aus der Sicht von Sepp D. Heckmann, dem Vorstandsmitglied der Deutschen Messe AG, »Kunst nicht nur als öffentlich subventionierter Auftrag zu sehen, sondern auch als Teil praktizierter Unternehmenskultur, mit deutlich steigender Bedeutung für die Unternehmen selbst« (Deutsche Messe AG 1990, S. 4).

1.3.2. Bereicherung des Kulturlebens

Die Bereicherung des Kulturlebens ist mit 67,7 % das am zweithäufigsten genannte Motiv für unternehmerisches Kunstengagement.

Viele Unternehmer scheinen erkannt zu haben, daß bei der Personalbeschaffung für die Attraktivität eines Unternehmens auch Standortfaktoren wie die kulturellen Angebote der Stadt, Gemeinde oder Region entscheidend sind.

Nach Horst Avenarius, der die Presseabteilung von BMW leitet, kann man »nicht höhergestellte Entwickler in ein kulturell unterprivilegiertes Umfeld stecken« (Fischer 1987). Die Unterstützung von Kunst-Projekten zur Bereicherung des Kulturlebens am Unternehmensstandort ist also sicher nicht frei von »unternehmenseigennützigen« Beweggründen.

1.3.3. Mitarbeitermotivation

Als Motiv für das Kunstengagement wird – an dritter Stelle – von 62,4 % der Unternehmen die Erhöhung der Mitarbeitermotivation und Verbesserung des Arbeitsklimas durch mit Kunstwerken gestaltete Räume angegeben.

In der Praxis mangelt es auch nicht an humanitären und didaktischen Begründungen: Dr. Wolfgang Peinert, der Vorstandsvorsitzende der Gothaer Versicherungen, möchte die Menschen durch »die ständige Konfrontation mit Bildern« an die Kunst heranführen – sie soll »zu etwas Selbstverständlichem« werden (CH. V. 1991).

Daß dabei selbstverständlich nicht nur positive Affekte motiviert werden und unter den Mitarbeitern selten einhellige Kunst-Begeisterung herrscht, weil gerade zeitgenössische Kunstwerke bei vielen Menschen immer noch Ablehnung und Kritik hervorrufen, wird selten thematisiert. Auch in den bisherigen Untersuchungen von Loock (1988), Duhme (1986), Fischer (1989), Behnke (1988), Bruhn (1991) u.a. ist dieser zentrale Aspekt noch nie problematisiert worden.

Karl Feldmann, der ehemalige Personal- und Rechtsbürochef der Degussa AG in Frankfurt, sprach in einem Interview (Schmid, 1989) davon, daß »die Kritik im Hause bezüglich der von uns angekauften Arbeiten unüberhörbar« sei, denn dort hat »weder die Mehrheit im Vorstand, noch die Mehrheit der Degussa-Mitarbeiter mit der aktuellen Kunst etwas am Hut.« So ist es nicht verwunderlich, daß die Mitarbeiter die Buchstabenbilder von Heiner Blum als »Reklame für einen Augenarzt« bezeichnen, und man Trost und Versöhnung bei figürlicher Malerei sucht, deren Akzeptanz deutlich höher liegt.

Ingrid Mössinger, die Kunsthistorikerin, die diese Sammlung gemeinsam mit Karl Feldmann aufgebaut hat, erinnert sich in einem Interview an einen Vorstandsmanager, der sich von einem Bild in seiner Etage derart bedrängt fühlte, »daß er die Vertrauensfrage stellte: ›Entweder das Bild verschwindet, oder ich kündige‹« (Nicolaus 1990, S. 90). Durch das Verschwinden des Bildes aus der Abteilung konnte man die langjährige Führungskraft zum Bleiben motivieren.

Die in der Gesellschaft herrschende Vorstellung von »künstlerisch wertvoll«, die ebenfalls unsichtbarer Gradmesser für die allgemeine Kunstakzeptanz ist, reicht auch bei den meisten Managern nicht über die Alten Meister und die Malerei des 19. Jahrhunderts hinaus.

Wie in den Museen alles getan wird, um Kunstattentate zu vertuschen, empfiehlt auch der ungeschriebene Verhaltenskodex in den Unternehmen, bei eventuellen Handgreiflichkeiten zu schweigen. In seiner Untersuchung über Motive von Kunstzerstörung geht Pickshaus (1988, S. 12) darauf ein, »daß die Verletzlichkeit der Kunst eine ihrer Stärken ist, und künstlerische Phantasie deshalb ihre Entsprechung in der Sensibilität des Betrachters sucht.« Wenn sie diese nicht findet, kommt es zwar nicht unweigerlich zur Zerstörung von Kunstwerken, aber es etablieren sich Umgangsformen, die auch vor handgreiflicher Kritik und für die nachfolgenden Betrachter sichtbaren Kommentaren nicht zurückschrecken.

In dieser Form setzten sich einige der 1800 Degussa-Angestellten subversiv zur Wehr: »Sie nahmen beispielsweise das Objekt ›Will ergänzt werden‹ von Franz Erhard Walther beim Titel und bestückten es mit leeren Cola-Dosen« (Nicolaus 1990, S. 90).

Auch durch die Auswahl und das Vorgehen bei der Hängung der Exponate werden Mitarbeiter nicht ausschließlich positiv motiviert. Gerhard Eberstadt, Vorstandsmitglied der Dresdner Bank und für den Aufbau der hauseigenen Sammlung zuständig, fragte seine Mitarbeiter bei der Plazierung der Exponate nicht lange nach ihren Vorlieben, sondern »entschied mit psychologischer Autorität, welches Bild zu welcher Persönlichkeit paßt. So hörte eine Sekretärin im Personalbüro: ›Sie werden sich mit Bruno Bruni gut vertragen‹« (Nicolaus, 1990, S. 91). Daraufhin haben einige der Beschäftigten ihrer Karriereplanung neue Konturen verliehen, denn bei der getroffenen Auswahl war Einspruch zwecklos.

Dr. Herbert Zapp, Vorstandsmitglied der Deutschen Bank, räumt zumindest ein, daß es in Einzelfällen Vorbehalte gegenüber der Kunst gegeben hat (vgl. Gesterkamp 1991). Über den tatsächlichen alltäglichen Umgang der Mitarbeiter der Deutschen Bank in Frankfurt mit den dort plazierten Kunstwerken dringen allerdings kaum Informationen nach außen.

In den Zwillingstürmen aus verspiegeltem Glas an der Taunusanlage befinden sich über 1000 Werke aus der größten zeitgenössischen Kunstsammlung, die je ein Unternehmen in Deutschland aufgebaut hat: mehr als 2600 Arbeiten von über 180 Künstlern aus dem deutschsprachigen Raum. Vor dem Eingang steht – um bei den Superlativen zu bleiben – die größte Granitskulptur der Welt, die aber im Vergleich zu den Dimensionen der Türme eher unscheinbar wirkt. Max Bill, der Gestalter der Skulptur »Kontinuität«, riet den Bauherren auch anfangs, »den Platz vor der Bank leer zu lassen, ihn nicht durch dekorative Applikationen zu verschönern« aber letztlich hat doch das Werk – ein »monumentales Manifest Konkreter Kunst« für 2 Millionen DM – den Künstler überzeugt (Hecht 1986).

Für einen ähnlichen Betrag wurden Mitte der 80er Jahre – im Rahmen des als »Kunst am Arbeitsplatz« bezeichneten Projektes – 1500 Arbeiten auf Papier von zeitgenössischen Künstlern und Künstlerinnen aus dem deutschsprachigen Raum angekauft. »In sieben ganztägigen Sitzungen stimmte ein hochdotiertes Gremium in einer Düsseldorfer Galerie über aktuelle Kunst ab. Entschieden haben die Professoren und Museumsdirektoren Klaus Gallwitz (Frankfurt), Peter Beye (Stuttgart), das Vorstandsmitglied der Deutschen Bank, Herbert Zapp, und der Galerist Wolfgang Wittrock, der eine Vorauswahl der in Frage kommenden Bilder in seine Räume bestellt hatte« (Overath 1987). Waren sich diese Herrn der großen Verantwortung gegenüber der Kunst und den Mitarbeitern bewußt, als sie entschieden, mit welchen Arbeiten die Beschäftigten der Deutschen Bank zukünftig in 60 Etagen hautnah konfrontiert sein würden? Noch ahnungslos über die zukünftigen Ereignisse widmeten sie jedes Stockwerk einem Künstler, dessen Name sich nun neben dem entsprechenden Etagenknopf im Aufzug befindet.

Die vier Stockwerke hohe, imposante Eingangshalle mit dem rechteckigen Wasserbassin, das frappante Parallelen zum Firmen-Signet aufweist, entspricht nicht dem Ambiente in dem sich die Werke der »Etagenkünstler« gegen unzählige Widrigkeiten behaupten müssen. Die Kunstwerke haben im Dialog mit den Mitarbeitern eine denkbar schlechte Ausgangsposition: Sie befinden sich in langen, schmalen Korridoren auf feuerfestem braunen Eichenfurnier und ringen – von runden Kunstlichtlampen beleuchtet – neben Notausgangsbeschilderungen und Gleitzeituhrenkästen um Anerkennung. Die Arbeiten sollen – nach Dr. Herbert Zapp – »den 1900 Angestellten der Zentrale ›Anstöße für die tägliche Arbeit‹ geben« (Nicolaus, 1990). Manche Mitarbeiter finden die Kunstwerke ihrer Etage so anstößig, daß sie die Bilder kurzerhand zur Wand drehen, oder in Form von Hanuta-Klebebildern mit eindeutigen Kommentaren wie »Ich bin ein Genie!« versehen. Von den »zur Kunstliebhaberei gezwungen« Mitarbeitern fühlen sich einige angesichts der Werke »verarscht und für doof verkauft«. Bei ›Künstler-Gesprächen‹[3] klagen forsche Jung-Banker ebenso wie gutsituierte ältere Mitarbeiter über den »permanenten Zwang zum Heucheln von Kunstinteresse« und äußern vehement, daß »wir es nicht mehr sehen können«. Aber zumindest ein Erfolgserlebnis können die Beschäftigten bisher vorweisen: Sie haben erreicht – über die Methoden herrscht Stillschweigen – daß die Arbeiten der Hamburger Künstlerin Hanne Darboven aus der Rechnungsabteilung verschwinden.[4]

Nur in den höchsten Etagen der Türme ist »die Kunst vor handgreiflicher Kritik sicher. Hier residiert und konferiert der Vorstand; hier patrouillieren Wachmänner, die Pistole dezent unterm Jackett, durch die gediegene Eleganz der Räume; hier in der Sicherheitszone präsentiert die Deutsche Bank den kostbaren Fond ihrer Sammlung: Werke der klassischen Moderne« – auf weißlackierten Holzwänden (Nicolaus 1990).

Der ebenfalls in den Türmen vertretene Frankfurter Künstler Manfred Stumpf ist nicht der einzige, der öffentlich bekennt: »Wenn man sieht, wie die Kunst hängt, muß man sagen, das geht nicht, da ist was schiefgelaufen. Und das mit den Mitarbeitern funktioniert nie. Die Kunst verkommt zum Dekor« (Overath 1987).

Aber die Außenwirkung der Sammlung in den verspiegelten Monolithen ist enorm, weil nur die sie täglich sehen können, die sie eigentlich nicht mehr sehen wollen.

1.3.4. Imagevorteile

Über die Hälfte (50,5 %) der Unternehmen geben Image-Vorteile als Motiv für ihr Kunstengagement an.

Die positive Aura der Kunst soll durch Image-Transfer dem Aufbau einer eigenen Corporate Identity nützlich sein. Nach Gesterkamp läßt »der Glanz des Schönen, der kulturelle Ereignisse umgibt (...) auch ihre Förderer in besserem Licht erstrahlen« (1991a, S. 9). Den Firmenmitarbeitern und Kunden soll vermittelt werden, daß man sich in ihrem Unternehmen für mehr interessiert, als nur die eigene Bilanz.

Banken und Versicherungen, deren Produkte und Dienstleistungen abstrakt und nur schwer von einander zu unterscheiden sind, greifen gern zur Kunst-Strategie, um ihre Image-Probleme zu lösen.

»Kein anderes Unternehmen in der Welt finanziert in so starkem Maße Kunst und Kultur, wie der US-amerikanische Nahrungsmittelkonzern« Philip Morris (Elias 1992 S. 89).

Udo Wolff, der Manager für kulturelle Angelegenheiten des nicht unumstrittenen Groß-Sponsors, weist in einem Interview mit der Kunstzeitschrift Atelier darauf hin, daß es sich bei diesen Aktivitäten um Imagepflege, und nicht um Imageverbesserung handelt, die seiner Meinung nach durch Sponsoring nicht erreicht werden kann.

Im Bereich der Bildenden Kunst vergibt Philip Morris hauptsächlich Stipendien an junge Künstler, die von externen Experten einer unabhängigen Jury ausgewählt und auch betreut werden. Der Ablauf wird von einer Frankfurter Agentur organisiert, so daß im Unternehmen selbst keine unmittelbare Beschäftigung mit den Inhalten stattfindet. – Allerdings besteht eine Ähnlichkeit zwischen der Zigaretten-Zielgruppe, die mit »Geschmack einer neuen Generation« angesprochen werden soll, und den jungen Kunstsponsoring-Adressaten. Zudem wird den unterstützten Künstlern durch die Auflagen des Geldgebers – wie unübersehbare namentliche Präsenz auf allen Druckmitteln – das Gefühl vermittelt in der Abteilung ›Public Affairs‹ der Philip Morris GmbH gelandet zu sein, wo ein Teil ihrer künstlerischen Identität und Eigenständigkeit zum Bestandteil der Unternehmensphilosophie wird.

1.3.5. Integration in den Kommunikationsmix

Bei 46,2 % der Unternehmen ist das Kunstengagement fest in die Kommunikationsstrategie miteinbezogen. Dieses Motiv läßt sich von dem vorangegangenen allerdings nicht eindeutig unterscheiden, da es sich bei Imagepflege auch um ein Kommunikationsziel handelt.

Die Überlebens- und Konkurrenzfähigkeit von Unternehmen scheint zunehmend von »weichen« Faktoren statt von harten Produkten bestimmt zu werden: in den unternehmerischen Alltag werden – objektiviert in Kunstwerken – kulturelle Sinnstiftungen integriert, Phantasie und Kreativität als positive Werte begriffen.

Für Georg Weismann, den Chef von Philip Morris, hieß die Devise schon Ende der 60er Jahre »It takes art to make a company great«, und in den 80er Jahren entdeckten mehr und mehr Marketing-Manager ihr Interesse an Kunstengagement als Kommunikationsstrategie.

Peter Thonet, Ururenkel des berühmten Möbelmagnaten, nutzt seine design- und industriegeschichtliche Sammlung konsequent als Marketinginstrument. Das Museum in Kombination mit einer Werksbesichtigung soll schon viele Händler überzeugt haben (vgl. Nagel 1990).

Montblanc war das Firmenmuseum 1 Million DM wert. Nachdem anfänglich eigene Schreibgeräte ausgestellt wurden, präsentiert man inzwischen meist geliehene Exponate – von Bühnenskizzen von Robert Wilson bis zu Figurinen von Johannes Grützke –, die dem Besucher einen Eindruck vom Prozeß der künstlerischen Kreativität vermitteln sollen.

Hans-Gerhard Polenz, der im Unternehmen für Öffentlichkeitsarbeit zuständig ist, verweist darauf, »daß das Museum viel gezielter wirken könne, als zum Beispiel die Mediawerbung. Bedenkt man, daß die bisherigen Besucher (der Ausstellung »The Art of Writing«) meist wichtige Multiplikatoren waren, ist das Kapital hier ohne Streuverluste sehr sinnvoll eingesetzt, andauernder und manchmal wirkungsvoller als in noch so schön gestalteten Anzeigen.« Hier, wo nicht wie beim Sponsoring ein Scheck seinen Besitzer wechselt, wird künstlerisches Engagement als unmittelbare Ergänzung des Produktes verstanden. »Montblanc will selbst initiativ werden und anspruchsvolle Ausstellungen, die sich bewußt an ein Minderheitspublikum wenden, organisieren und in den eigenen Räumen präsentieren« (Nagel 1990, S. 116-118).

Um den Umsatz zu steigern, sind diese Museumsgründungen sicher nicht geeignet, aber als flankierende Maßnahmen zur Darstellung des Unternehmenserfolges verfehlen sie ihre Wirkung nicht.

1.3.6. Steigerung der Künstlerpopularität

38,7 % der befragten Unternehmen geben an, daß die Steigerung der Künstlerpopularität ein wesentliches Motiv für ihr Kunstengagement ist. Der selbstgefällige Altruismus dieser Antwort wird allerdings in den meisten Unternehmen nicht genügend reflektiert.

Sicher ist es richtig, daß z.B. viele Bankkunden die sich in den Schalterhallen plötzlich »im Dialog mit moderner Kunst« wiederfinden, nie eine Galerie betreten hätten, um die Arbeiten von Künstlern näher kennenzulernen.

Kunst braucht Öffentlichkeit. Aber es kann für eine Künstlerkarriere auch hinderlich sein, mit Arbeiten auf Stellwänden in einer schon durch Art-Deco-Elemente, Grünpflanzen und Hinweistafeln überladenen Bankfiliale vertreten zu sein, zumal auch Kunstankäufe in diesem Ambiente erfahrungsgemäß nur sehr selten stattfinden.

Demgegenüber scheint die Möglichkeit, einen Katalog durch Druckkostenunterstützung zu finanzieren und dem Künstler bzw. der Künstlerin auf diese Weise zu mehr Popularität zu verhelfen, sinnvoller.

1.3.7. Vernissagengespräche

Als Motiv für Kunstengagement wird von 29,0 % angegeben, daß die Ausstellungseröffnungen einen geeigneten Rahmen schaffen, um mit unternehmensrelevanten Personen in angenehmer Atmosphäre Gespräche zu führen.

Über mögliche »Simultan-Erfolge« von unternehmerischen und/oder künstlerischen Geschäftsabschlüssen bei Champagner nach Dienstschluß lassen sich leider keine genauen Angaben machen. Aber gewiß sind Ausstellungseröffnungen im eigenen Hause ein probates Mittel, um handverlesenen und hoffentlich kunstinteressierten Kunden hautnah zu demonstrieren, welche Werte abgesehen von der Bilanz unternehmensrelevant sind.

1.3.8. Impulse für neue Ideen

28,0 % versprechen sich von der Beschäftigung mit Bildender Kunst eine Transferierung von Impulsen für neue Ideen und innovative Ansatzpunkte in den unternehmerischen Alltag.

Dabei wird auf die »Seismographen«-Funktion von Künstlern rekurriert, die gesellschaftliche Veränderungen traditionell früher als andere wahrzunehmen scheinen. Diese »im kulturellen Bereich schon sehr früh sichtbar werdenden Trends prägen Einstellungen und Konsumverhalten wichtiger Zielgruppensegmente« (Mayer 1990, S. 14).

Nicht vergessen werden sollte auch die Erlebnisdimension von Kunstwerken: sie sprechen die Betrachter unmittelbar an – oder auch nicht.

Als Beispiele können Aktivitäten der Siemens AG angeführt werden: 1990 wurde der Ideenwettbewerb »Arbeitsräume heute und morgen« ausgeschrieben, bei dem dezidiert Künstler und Künstlerinnen angesprochen wurden, ihre Ideen zum Thema einzusenden.

Bei den ebenfalls von der Siemens AG durchgeführten Projekten »Künstler arbeiten vor Ort«, werden Künstler eingeladen, Arbeiten für Siemens-Standorte zu konzipieren. Dabei nehmen sie Bezug auf das reale Umfeld und setzen nach »geistiger Durchdringung des Vorgefundenen« in Kunstwerken materialisierte Kommentare. Der Betrachter hat die Möglichkeit, die künstlerische Sichtweise nachzuvollziehen, und wenn sich seine Wahrnehmung ändert, kann er seine Umgebung durch die Beschäftigung mit den Kunstwerken neu entdecken (vgl. Siemens AG 1990).

1.3.9. Präferenz der Unternehmensleitung

Nur 19,4 % der Unternehmen geben eine Präferenz der Unternehmensleitung für Bildende Kunst als Motiv für ihr Engagement an, während ein Ergebnis der qualitativen Einzelstudien (Deutsche Bank, Daimler-Benz, König Brauerei, Würth u.a.) ist, daß hauptsächlich das persönliche »Interesse an der Kunst an sich« von Vorständen, Geschäftsführern oder Direktoren die Prämisse für unternehmerisches Kunstengagement ist.

Diese Differenz wurde ebenfalls von Duhme (1986, S. 94) und Fischer (1989, S. 121 ff.) festgestellt. Eine Erklärung hierfür ist, daß die Leitungsfunktion der früheren Unternehmenseigentümer heute in die Hände von Top-Managern übergegangen ist, die zur Rechtfertigung und Begründung aller Ausgaben verpflichtet sind. »Mit dem Hinweis auf persönliches Kunstinteresse und Vorlieben wird der Manager die Kulturausgaben und damit letztlich auch Renditekürzungen vor Kapitalgebern und Mitarbeitern kaum vertreten können.« (Fischer 1989, S. 122; vgl. auch Sohl 1975, S. 12)

Dieses Kunstinteresse findet – wie erwartet – seinen primären Niederschlag in dem Aufbau von unternehmenseigenen Sammlungen.

1.3.10. Werbeträger

Als Werbeträger wird Bildende Kunst in 12,9 % der Unternehmen benutzt.

»Die Werbung«, sagt der Düsseldorfer Werber Michael Schirner, »hat heute die Funktion übernommen, die früher die Kunst hatte: die Vermittlung ästhetischer Inhalte ins tägliche Leben« (Simons 1991). Der Absolutheitsanspruch dieser subjektiven Position hält einer Verifizierung durch die Realität zwar nicht stand, aber sicher spielte die sich entwickelnde Werbeindustrie schon Anfang des 20. Jahrhunderts eine wichtige Rolle bei dem Vermittlungsprozeß zwischen Bildender Kunst und den visuellen Bedürfnissen der Rezipienten. Die Verwendung von Form- und Bilderfindungen von Künstlern als Vorlage für werbewirksame Produktgestaltung läßt sich bis zum Jugendstil zurückverfolgen.

In den letzten Jahren werden »auffallend häufig die Meister der klassischen Malerei als Illustratoren neumodischer Verführungskunst« ausgewählt (Reiche, 1991).

Um den Geschmack von edlen Genießern zu treffen wird z.B. der Cognac ›Monnet‹ mit Werken der polnischen Malerin Tamara de Lempicka kombiniert, oder aber es erscheint ein frisch gezapftes ›Pilsener Urquell‹ in der Hand des Selbstbildes von Albrecht Dürer.

Die Dornkaat-Werbung versucht mit Gemälden im Stil von Picasso, Renoir und Dali Exklusivität auf ihr Produkt zu transferieren, während sich der Strumpfhosenfabrikant Elbeo eher auf Toulouse-Lautrec spezialisiert hat.

Ob nun gerade die Lifestyle-Atmosphäre, die durch die Abbildung oder Imitation klassischer Meisterwerke suggeriert wird, Kunstliebhaber zum Kauf der Produkte veranlaßt, ist ungewiß.

Die Lufthansa AG versucht durch gesponsorte Kunstausstellungen, die von Werbemaßnahmen flankiert werden potentielle Konsumenten zielgruppengenau anzusprechen.

Obligatorische Gegenleistungen für die Ausstellungsmacher sind kostenlose Tickets für die Kuratoren und Kuriere sowie Frachtraum für die Exponate; bei Ausstellungen können sich diese Posten leicht zu einem sechsstelligen Betrag addieren. Das Unternehmen erwirbt im Gegenzug das Recht, die Ausstellung »für kommunikative Zwecke zu nutzen. (...) In den Zeitschriften des Unternehmens erscheinen Ausstellungsberichte und ein Videobeitrag informiert Langstreckenflieger« (Nagel 1991, S. 38) über die unterstützten Kunstprojekte. »Vor allem aber gestaltet und schal-

Abbildung 4

Marc Chagall: Die russischen Jahre

„Wiederentdeckte Ikonen der Kunst unseres Jahrhunderts"

Christoph Vitali, Direktor der Schirn Kunsthalle Frankfurt

Im Frühwerk Chagalls verbindet sich das jüdische Erbe des Russen mit der europäischen Moderne zu einem unverwechselbaren magisch-poetischen Expressionismus. Die legendären, monumentalen Wandmalereien Chagalls für das Jüdische Theater in Moskau und zahlreiche weitere Meisterwerke haben seit Jahrzehnten verfemt und vergessen in den Depots der sowjetischen Museen und Sammlungen geschlummert. Das einmalige Werkensemble ist jetzt erstmals in Westeuropa zu sehen. Dazu kommen wichtige Leihgaben der russischen Jahre aus den großen Sammlungen im Westen. Die Ausstellung in der Schirn Kunsthalle Frankfurt ist damit die erste umfassende Gesamtdarstellung von Marc Chagalls innovativster Schaffensperiode. Wir freuen uns, im Rahmen unserer Kulturförderung zum Zustandekommen dieses Ausstellungsereignisses beitragen zu können. Im Ausbau grenzüberschreitender Verbindungen sehen wir eine unserer schönsten Aufgaben.

Marc Chagall
Einführung in das Jüdische Theater
1920, Detail
Schirn Kunsthalle Frankfurt.
16.6. – 8.9. 1991. Täglich geöffnet.

Lufthansa-Werbung
Aus: FAZ, 14.06.1991, S. 27.

tet die Lufthansa etwa zehn ganzseitige Anzeigen in der überregionalen Presse, um auf die Ausstellung hinzuweisen« (Nagel 1991, S. 38). Nach den bisherigen Erfahrungen von Lutz Laemmerhold, dem Leiter der Sponsoring-Abteilung, »muß man noch einmal das Doppelte des Förderbetrages in die Kommunikation hineinstecken, um den gewünschten Marketingerfolg zu erzielen« (Nagel 1991, S. 38). Und plötzlich ist für jeden FAZ-Leser ganzseitig ersichtlich, daß die Chagall-Ausstellung in der Schirn Kunsthalle Frankfurt durch das Engagement der Lufthansa zustandegekommen ist.

Der Text in der Anzeigenkampagne (auf Seite 27 der FAZ vom 14. Juni 1991) zur Ausstellung von Marc Chagalls Arbeiten der »russischen Jahre« in der Frankfurter Schirn betont und begründet das Einmalige und Unvergleichliche dieser Ausstellung ebenso wie die Motivation des Sponsors: »Im Frühwerk Chagalls verbindet sich das jüdische Erbe des Russen mit der europäischen Moderne zu einem unverwechselbaren magisch-poetischen Expressionismus. (...) Das einmalige Werkensemble ist jetzt erstmals in Westeuropa zu sehen. (...) Wir freuen uns, im Rahmen unserer Kulturförderung zum Zustandekommen dieses Ausstellungsereignisses beitragen zu können. Im Ausbau grenzüberschreitender Verbindungen sehen wir eine unserer schönsten Aufgaben.«

Michael Schirners Ansatz geht noch weiter – für ihn ist Werbung Kunst. Die von ihm 1988 – anläßlich einer kommerziellen Kampagne für Düsseldorf als Kulturstadt – im Stil berühmter Künstler gemalten »Signaturen« sind als Kunstwerke werbewirksame Zitate aus dem historischen Fundus (vgl. Reck 1989). Aber auch in der Werbebranche besteht kein Konsens darüber, ob Kunst im Unternehmen gebraucht wird, und welche Funktion man ihr zuweist. So ist für Konstantin Jacoby (von Springer und Jacoby) die Gleichsetzung von Kunst und Werbung »eine der größten Peinlichkeiten überhaupt«, und nur unter dem Aspekt zu tolerieren, daß einige Werbeleute unter dem Prosaischen ihres Berufes – »nämlich Verkaufsförderer zu sein« – existentiell leiden. Jürgen Scholz (von Scholz und Friends) stellt in seiner Agentur Bilder aus, weil er ebenfalls »klarmachen will, daß Werbung keine Kunst ist« (Lippert 1990, S. 182).

1.3.11. Kapitalanlage

Die Ausgaben für Bildende Kunst werden von 6,5 % der Unternehmen mit dem Motiv der Kapitalanlage begründet; nach diesem Ergebnis ist

der Aspekt, daß Kunstwerke, wenn sie angekauft wurden, per se eine Form von Kapitalanlage darstellen, für Unternehmen von geringem Interesse. Dies wird auch in den Studien von Duhme (1986, S. 95) und Fischer (1989, S. 125) deutlich, die zu einem ähnlichen Ergebnis führten.
Frey und Pommerehne (1985) kommen ebenfalls zu dem Resultat, daß sich Kunst als Wertanlage kaum lohnt. Sie untersuchten 1200 Bildankäufe und -verkäufe der letzten 200 Jahre, und errechneten durchschnittliche Wertzuwachsraten unter 4 %. – Es hat sich nicht viel geändert, seit der amerikanische Kunsthändler Duveen seine Kunden Anfang dieses Jahrhunderts warnte: »Kunstwerke steigen nicht wie Roheisen, Kupferblech oder Zinngruben. Sie haben einen Wert – mehr kann ich Ihnen nicht sagen« (Sachs 1971).
Darüberhinaus weht ab 1991 ein kalter Wind durch den Kunstmarkt: nach dem Boom zwischen 1986 und 1990 sind die Preise um 20 bis 40 % gefallen (Karcher 1991). Die großen Auktionshäuser beklagen zur Jahreswende 1991/92 eine immer noch anhaltende Zurückhaltung privater Kapitalanleger – die Umsatzeinbrüche bei Christie's und Sotheby's lagen 1991 bei 50 %. Besonders der Markt für Impressionisten und zeitgenössische Kunst hat – durch die internationale Rezession und die Auswirkungen des Golfkrieges – schwere Umsatzeinbußen erlitten. Viele Händler und Galeristen in Soho sind hochverschuldet und müssen aufgeben.
Trotzdem richtet die Frankfurter Bank Grunelius Privatbankiers 1991 einen speziellen Kunstberatungsdienst ein, in der sich Isabella von Bethmann Hollweg persönlich um Investoren kümmert, die sich für Kunst als Alternativanlage interessieren. Sie verweist dabei u.a. auf die deutschen Expressionisten, »in die es sich zu investieren lohnt« und hat als langjährige Mitarbeiterin des Auktionshauses Christie's genügend Praxiserfahrung, um das ästhetische Vergnügen ihrer Klientel an den Kunstwerken durch Werterhalt absichern zu können. Die Dienstleistungen, die für einen Tagessatz von 2500 DM offeriert werden, unterscheiden sich – abgesehen von einer speziellen Erbschafts- und Vermögenssteuerberatung – nur unwesentlich von den Angeboten der Artconsultants (O. Verfasser 1991a/b).
Wer allerdings ohne viel Zeit und Kunstkenntnis zu investieren einen nennenswerten zukünftigen Wertzuwachs seiner Kunstobjekte erhofft, kann sein Geld in den Kunstfonds der Banque Nationale de Paris einzahlen. 1989 hat die Kunstabteilung der Bank mit namhaften Experten eine Sammlung französischer Kunst des siebzehnten bis neunzehnten Jahrhunderts zusammengestellt, von der für mindestens 500.000 Francs Anteile erworben werden können. Der Kunde bekommt zwar keinen Renoir

für sein Eigenheim, sondern nur einen Katalog, in dem »etwa ein Drittel der Sammlung reproduziert« ist, aber er hat die Ehre an einem vielleicht einmaligen Experiment teilzunehmen. Er wird Miteigentümer von Kunstwerken, die ohne Zweifel unter vorzüglichen klimatischen und sicherheitstechnischen Bedingungen verwahrt werden: im Banktresor. Eine gelegentliche Besichtigung ist dabei nicht ausgeschlossen.

1998, wenn die Sammlung wieder versteigert wird, hat die Bank durch die Kommission von 20 % ihr Risiko bei diesem »Warentermingeschäft« längst gedeckt. Nur die Anleger tragen – wie sonst auch – das Risiko des Verlustgeschäftes (vgl. Heinick 1991).

Gerade bei der dargestellten unsicheren Entwicklung des Kunstmarktes ist immer noch der Kunstkäufer am sichersten dran, »der Gemälde oder Skulpturen erwirbt, weil er sie ganz einfach schön findet, oder weil sie ihm wichtig erscheinen. Dann hat er, falls die erhoffte Wertsteigerung ausbleibt, doch wenigstens die immaterielle Rendite« (Crüwell-Dörtenbach 1990).

1.3.12. Verbesserung der Produktqualität

Ebenfalls 6,5 % der Unternehmen geben eine Verbesserung der Produktqualität als Motiv für ihr Kunstengagement an.

Peter Littmann, der Geschäftsführer von Vorwerk, möchte »die Kunst auf den Teppich bringen« und läßt in seiner Fabrik nach alten Entwürfen von van de Velde und Olbrich Jugendstilmotive auf die Teppiche der Serie ›Vorweck Classic‹ drucken. Schon vor einigen Jahren konnte er seine Verkaufszahlen mit der Serie ›Dialog‹ potenzieren. Damals kamen die qualitätssteigernden Entwürfe u.a. von Roy Lichtenstein, David Hockney, und Gerhard Richter (vgl. Wirth 1990).

Die Firma Rosenthal in Selb, deren Zusammenarbeit mit Künstlern bei der Produktgestaltung bis in die 60er Jahre zurückreicht, ließ 1990 12 Espresso-Sammeltassen von international bekannten Künstlern und Designern gestalten. Paolo Bianchi schrieb zu diesem traditionellen Kunstengagement folgendes: »Mitte der 60er Jahre betrat Rosenthal ein Gebiet neu, daß für die europäische Porzellanindustrie längst außerhalb ihres Interesses lag. Arnold Bode, der Begründer der documenta, zwang quasi Philip Rosenthal mit der ihm eigenen Überzeugungsfähigkeit, die Zusammenarbeit mit international bedeutenden Malern und Bildhauern als eine Herausforderung zu begreifen, die dem alten Werkstoff Porzellan zu neuer Bedeutung verhelfen konnte« (Bianchi 1989, S. 232).

1.3.13. Steuerliche Abschreibung

Für nur 1,1 % ist die Möglichkeit der steuerlichen Abschreibung ein relevantes Motiv für ihr Kunstengagement und steht damit an letzter Stelle.

Allerdings ermutigt das zum Jahresanfang 1991 in Kraft getretene Kunst- und Stiftungsfördergesetz auch unternehmerisches Kunstengagement. Seitdem können Großspenden und Stiftungsdotationen von mindestens 50.000 DM für wissenschaftliche und kulturelle Zwecke bei der Einkommen- und Körperschaftsteuer auf acht Jahre verteilt werden. Von der Vermögensteuer wird freigestellt, wer seine Kunstschätze mindestens fünf Jahre lang unentgeltlich für Ausstellungen in öffentlichen Einrichtungen zur Verfügung stellt.

Für weitere Ausführungen zur steuerlichen Behandlung der unterschiedlichen Formen des Kunstengagements sei auf den Beitrag von Petra Heist in Kulturförderung / Kultursponsoring: Zukunftsperspektiven der Unternehmenskommunikation (Bruhn/Dahlhoff 1991) verwiesen.

1.4. Externe Berater

Abbildung 5

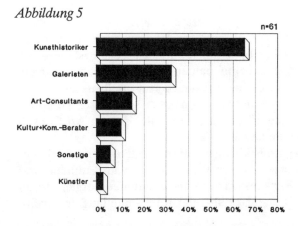

65,5 % der befragten Unternehmen arbeiten bei ihrem Engagement in dem Bereich der Bildenden Kunst mit externen Beratern zusammen. Die überwiegende Mehrheit scheint unabhängige, qualifizierte Berater zur Überwindung der Kommunikationsprobleme und Vermittlung zwischen

Managern und Künstlern zu brauchen, die in Verhandlungen oft als ungleiche Partner aufeinandertreffen. »Sie denken nicht nur in anderen Kategorien, sie sprechen auch verschiedene Sprachen« (Mayer/Kohtes 1990, S. 16).

Bei den übrigen 34,5 % handelt es sich meist um Unternehmenseigentümer, die selbst entscheiden. Sie haben sich – wie Johannes Clerico, Karl Ludwig Schweisfurth und Peter Hansen – schon länger mit Bildender Kunst beschäftigt, und dadurch persönliche Kenntnisse gewonnen, um über Kunstqualität entscheiden zu können. Im Gegensatz zu der Behauptung von Duhme (1986, S. 120), daß »dort wo echtes persönliches Interesse ausschlaggebend ist (...) i.d.R. eher Kunstsachverständige in Entscheidungsprozesse einbezogen« werden, ist das Ergebnis dieser Untersuchung, daß gerade in solchen Fällen aufgrund des hohen Kenntnisstandes kein Beratungsbedarf besteht.

Gespräche mit Kunsthistorikern und Galeristen finden in diesen Unternehmen zwar statt, aber eher in der Form eines interessierten Gedankenaustausches auf der Basis symmetrischer Kommunikation, und nicht als Beratungsgespräch (vgl. Fallstudie Daimler-Benz, S. 128).

Bei den – von Unternehmen mit 67,2 % – favorisierten Kunstberatern handelt es sich um klassische Kunsthistoriker oder Kunstprofessoren, die beim Aufbau einer Sammlung, bei der Veranstaltung von Wettbewerben und Preisvergaben – meist in Jurys – beratend tätig sind. Auf Anfrage erstellen sie Echtheitsexpertisen, sie sind bei der Provenienz-Recherche, Restaurierungsfragen oder der Inventarisierung des Kunstbestandes behilflich. Den monetären Aspekt sollte man ebenfalls nicht unterschätzen: bei Kunsthistorikern handelt es sich oft um nahezu »selbstlose« Experten, die aus Interesse an den Kunstwerken handeln, und deren Honorarforderungen – wenn sie gestellt werden – weit unter den im Art-Consulting-Bereich üblichen Preisen liegen.

1901 katalogisierte der Kunsthistoriker Max Friedländer die holländischen und flämischen Kunstwerke von Prof. Richard von Kaufmann aus Berlin – 1991 erstellt die Kunsthistorikerin und Ausstellungsorganisatorin Dr. Karin von Maur den Bestandskatalog der Kunstsammlung der Daimler-Benz AG.

Wilhelm von Bode – Kunsthistoriker und Direktor des Kaiser-Friedrich-Museum in Berlin – war schon um die Jahrhundertwende ein aufmerksamer und sachverständiger Berater der Sammler. Er leitete sie an und zeigte ihnen Wege, die sie weiter brachten; gleichzeitig knüpfte er auf diese Art und Weise Kontakte, um »sein« Museum (später wurde es in Bode-Museum umbenannt) um einige Schenkungen aus Privatsammlungen zu bereichern (vgl. Donath 1911).

Auf Galeristen, die traditionellen Berater der Sammler, greifen hingegen nur 34,4 % der Unternehmen zurück. Wolfgang Wittrock war Mitglied der Expertenkommision, die über die Ankäufe der Deutschen Bank AG entschied; Hans Mayer vermittelte einen Großauftrag zwischen Andy Warhol und der Daimler-Benz AG und ist auch sonst für dieses Unternehmen ein wichtiger Ansprechpartner in Kunst-Fragen.

Hingegen wird ein Art-Consultant, den man als Kunstberater des Käufers bezeichnet (im Gegensatz zum Galeristen, dem Verkaufsagenten des Künstlers), nur von 16,4 % der Unternehmen zur Beratung herangezogen. Nach der aktuellen Medienberichterstattung in Kunst- und Wirtschaftszeitschriften wäre ein anderes Ergebnis zu erwarten gewesen, aber dieser Consulting-Bereich scheint sich bis jetzt am Markt noch nicht durchgesetzt zu haben.

Helge Achenbach, der Gründer von Achenbach Artconsulting, und seit Mitte der 70er Jahre tätiger Pionier der deutschen Kunstberatungsszene bietet sich als »Orientierungshelfer« für Menschen an, die aufgrund ihres Engagements im Unternehmen oder der fehlenden persönlichen Neigungen dem großen Kunstmarktangebot hilflos gegenüber stehen. Nach eigenen Angaben gehören IBM, Victoria Versicherung und die Bayrische Hypobank zu seiner Klientel (vgl. O. Verfasser 1990). Weitere Ausführungen zu den speziellen Dienstleistungen von Artconsultants lesen sie bitte ab Seite 157.

Der Berliner Galerist Dieter Brusberg ist allerdings der Auffassung, daß dieses neue Berufsfeld überflüssig sei: »Art-consulting ist bei uns Kunsthändlern am besten aufgehoben, denn wir bürgen nicht nur mit unserem Wissen, sondern auch mit unserem Geld« (Stepken 1989, S. 55).

Hinzuweisen wäre in diesem Zusammenhang auch auf den sich abzeichnenden Trend, daß sich Art-Consulting verstärkt zu einem Betätigungsfeld von unausgelasteten Ehefrauen entwickelt. Diese gutsituierten Gattinnen verfügen meist über ein paar Jahre Kunstvereinserfahrung und finden es »chic«, die Geschäftsfreunde ihres Mannes in Sachen Kunst zu beraten (vgl. O. Verfasser 1990, S. 21).

Beratungsagenturen für Kultur und Kommunikation werden von 11,5 % der Unternehmen auch in Kunst-Fragen angesprochen und nur 3,3 % wenden sich direkt an die Produzenten selbst, die Künstler. Dabei sind es doch in erster Linie die Künstler und Künstlerinnen, die über das meiste Wissen und den sensibelsten Umgang mit Kunst verfügen. Die Deutsche Bank AG und die Daimler-Benz AG haben sich zumindest temporär von Max Bill beraten lassen, der allerdings als Mitbegründer der in der Bauhaus-Tradition stehenden Ulmer Hochschule für Gestaltung von jeher eine engere Beziehung zu Industrie und Wirtschaft hatte.

2. Wert des Kunstengagements

Der Wert, der dem Kunstengagement im Unternehmen beigemessen wird, kann – abgesehen von der exakten Höhe des monetären Faktors – in unterschiedlichen Dimensionen erscheinen und evaluiert werden: Existiert ein eigenes Budget für die Kunst, oder unter welchen Bereich werden die Ausgaben für das Kunstengagement subsumiert? Welches sind die messbaren individuellen Objektivationen des Erfolges von unternehmerischem Kunstengagement?

2.1. Budget für Kunstengagement

Abbildung 6

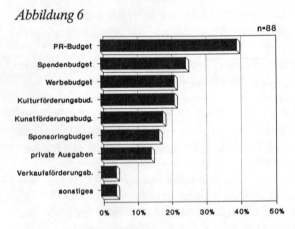

Diese Verteilung unterscheidet sich wesentlich von dem Ergebnis der Frage nach den zuständigen Abteilungen (S. 67 ff.), da nicht jede über ein eigenes Budget verfügt. In der folgenden Auswertung werden die beiden Ergebnisse gegenübergestellt.

Das PR-Budget wird durch das Kunstengagement am stärksten belastet: 39,8 % der Unternehmen finanzieren ihre Kunstausgaben aus diesem Budget. In diesen Fällen dominiert ein öffentlichkeitsorientierter Aspekt die unternehmerischen Kunstaktivitäten, die dann zur internen und externen Legitimation oft als »eine Fortsetzung der Werbung mit anderen Mitteln«[5] bezeichnet werden. – Bei der Organisation des Kunstengagements liegt die PR-Abteilung mit 42,6 % an zweiter Stelle.

In 25,0 % der Fälle finanzieren Unternehmen ihr Kunstengagement aus dem traditionellen Spendenbudget – aber in nur 6,4 % werden die Aktivitäten auch von der Spendenabteilung betreut.

Ein spezielles Budget für die Ausgaben im Bereich der Bildenden Kunst existiert bereits in 18,2 % der befragten Unternehmen, während bis dato nur 10,6 % der Unternehmen eine eigene Kunstabteilung haben. – Bei der Institutionalisierung des Kunstengagements im Unternehmen scheint, wie durch die Fallstudie bei der Daimler-Benz AG empirisch bestätigt werden konnte, das Bereitstellen eines speziellen Budgets für Kunst vor der Etablierung einer genuinen Kunstabteilung stattzufinden.

Das Sponsoring-Budget ist zu 17,0 % an der Finanzierung des Kunstengagements beteiligt, aber die Organisation wird nur in 3,2 % der Unternehmen direkt von einer speziellen Sponsoring-Abteilung geleitet.

Um rein private Ausgaben der Unternehmensleitung handelt es sich in 14,8 % der Unternehmen, während die Organisation der Kunstaktivitäten aber in den meisten Fällen – bei 55,3 % der Unternehmen – in den Händen der Geschäftsleitung bzw. beim Vorstand liegt.

2.2. Höhe des Budgets

Abbildung 7

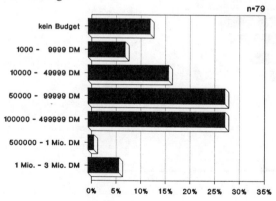

Die Frage nach der Höhe des Budgets wird von Unternehmen selbst bei der Zusicherung von absoluter Anonymität und Diskretion nur ungern beantwortet (n = 79). Darüberhinaus ist eine genaue Bestimmung der ausschließlich für Bildende Kunst im Unternehmen aufgewendeten Ausgaben meist mit großem rechnerischen Aufwand verbunden, weil bei der Finanzierung nicht immer zwischen Kunst, Bildender Kunst und Kultur differenziert wird und in der Regel mehrere Abteilungen (Geschäftsleitung, PR-Abteilung, Spendenabteilung) an diesen Transaktionen beteiligt sind (vgl. auch Duhme 1986, S. 108 ff. und Fischer 1989, S. 81 ff.).

Zwar geben 12,7 % an, daß sie über kein festes Budget verfügen, aber mehr als die Hälfte der Unternehmen (55,6 %) investieren zwischen 50.000 und 500.000 DM pro Jahr in Bildende Kunst. Bei der Gegenüberstellung mit den Ankaufetats von Museen (Neue Galerie Kassel: 140.000 DM, Museum für Moderne Kunst Frankfurt: 400.000 DM) erweisen sich diese Beträge als durchaus konkurrenzfähig.

6,3 % der Unternehmen wenden für ihr Kunstengagement sogar zwischen 1 und 3 Millionen DM jährlich auf. – Zum Vergleich wurde die DOCUMENTA IX (Gesamtetat fast 20 Millionen DM) mit rund 5 Millionen DM von Industrie- und Wirtschaftsunternehmen gefördert bzw. gesponsert.

2.3. Maß für Erfolg

Abbildung 8

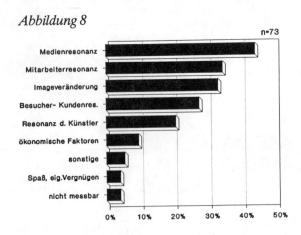

Analog zu den bisherigen Ergebnissen der Untersuchung ist für 43,8 % der Unternehmen die Resonanz in den Medien das wichtigste Maß für den Erfolg ihres Kunstengagements. Diese Verteilung korrespondiert mit dem Ergebnis der Organisation des Kunstengagements, bei dem die PR-Abteilung, bzw. das PR-Budget an erster bzw. zweiter Stelle stehen.

Als interner PR-Erfolg ist die Mitarbeiterresonanz mit 34,2 % – dicht gefolgt von Imageveränderung mit 32,9 % – ein entscheidendes Kriterium für erfolgreiches Kunstengagement.

Die Resonanz bei Besuchern, Kunden und Künstlern spielt mit 27,4 und 20,5 % keine besonders wichtige Rolle.

Ein noch geringer eingeschätzter Wertmaßstab für den Erfolg des unternehmerischen Kunstengagements orientiert sich an ökonomischen Faktoren, wie z.B. der Anzahl der verkauften Kataloge oder Kunstwerke.

Das eigene Vergnügen und der Spaß an der Sache selbst wird nur von 4,1 % der Unternehmen als Maßstab für erfolgreiches Kunstengagement angegeben. Bei diesem Personenkreis handelt es sich ausschließlich um Unternehmenseigentümer, für die sich der Erfolg zum Teil auch in den »glücklichen Gesichtern der Mitarbeiter« und »den wieder zurückgekehrten Schmetterlingen im Bauch«[6] manifestiert.

3. Die Kunst, der Gegenstand des Engagements

Dieser Teil der Untersuchung beschäftigt sich mit den konkreten Inhalten des unternehmerischen Kunstengagements: ausgehend von den Objektivationen der Aktivitäten werden die unterschiedlichen Formen des jeweiligen Engagements sowie die einzelnen favorisierten Kunstgattungen, -landschaften und Stilrichtungen diskutiert.

3.1. Formen des Kunstengagements

Abbildung 9

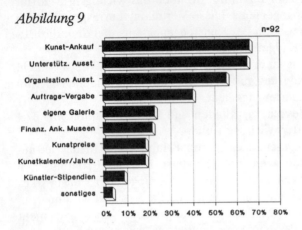

Insgesamt wird zwischen neun verschiedenen Arten des unternehmerischen Kunstengagements differenziert. Nach der Häufigkeit ihrer Nennungen geordnet werden sie untersucht, durch Beispiele illustriert und hinsichtlich ihrer Bedeutung und Eignung evaluiert.

3.1.1. Ankauf von Kunstwerken zum Aufbau einer Sammlung

Das mit Abstand am häufigsten genannte Engagement ist der Ankauf von Kunstwerken: in 67,4 % der Unternehmen entstehen eigene Kunstsammlungen.

Im Gegensatz zu Fischer (1989, S. 106) wird in dieser Untersuchung Wert auf eine Differenzierung zwischen den eigenen Ankäufen der Unternehmen, und der Finanzierung von Ankäufen für Museen gelegt. Denn das Sammeln von Kunstwerken um mit den Gemälden, Zeichnungen, Grafiken, Plastiken ect. zu leben und zu arbeiten – einer der ältesten Formen der Beschäftigung mit Bildender Kunst – hat, wie die Statistik zeigt, auch bei zeitgenössischen Unternehmern nichts von der traditionellen Priorität und Relevanz eingebüßt. Bei den für Kunstkäufe verantwortlichen Mitarbeitern, Direktoren und Geschäftsführern handelt es sich in vielen Fällen um genuine Kunstliebhaber, deren Kunstkenntnis nicht auf einem wissenschaftlichen Studium, sondern auf einer persönlichen und emotionalen Beziehung zu den Kunstwerken basiert.

Da zwischen den einzelnen Unternehmen Motive und Konzepte zum

Aufbau und zur Präsentation der Kunstsammlung stark differieren, werden unterschiedliche Strategien in einer umfassenden Fallstudie und drei detaillierten Firmenmonografien im 6. Kapitel gesondert untersucht.

3.1.2. Unterstützung von Ausstellungen

Die mit 66,3 % am zweithäufigsten genutzte Möglichkeit, sich als Unternehmen im Bereich der Bildenden Kunst zu engagieren, ist die Unterstützung von Ausstellungen. Diese Form der Unterstützung geht von der Schenkung dringend benötigter Sachmittel sowie der kostenlosen Ausführung der vom Unternehmen angebotenen Dienstleistungen für den Ausstellungsorganisator bis zu traditionellen Geldspenden und dem sich seit Beginn der 80er Jahre verstärkt etablierenden, vertraglich abgesicherten Sponsoring.

Bei den Herstellern von Farben, Papier und anderen Malerbedarfsartikeln handelt es sich um »erfahrene« Sachspender, während die Produkte und Dienstleistungen von den in der Metallverarbeitung, Elektroindustrie oder Bauwirtschaft tätigen Unternehmen erst in jüngster Zeit für Ausstellungsorganisatoren bedeutsam werden. Großvolumige Skulpturen werden bei Ausstellungen wie der Kasseler documenta auch mit Hilfe ortsansässiger Firmen hergestellt.

Die ideengeschichtlich in mäzenatischer Tradition stehende Geldspende, nach deren Eingang das Unternehmen höchstens eine Spendenquittung erhält und keine weiteren Gegenleistungen vereinbart werden, wird zunehmend von der Sponsoring-Praxis verdrängt: Seit Mitte der 80er Jahre wird insbesondere die finanzielle Unterstützung von Ausstellungen stark vom Sponsoring dominiert, dem ein auf Leistung und Gegenleistung beruhender Vertrag zu Grunde liegt (vgl. Bruhn 1987, S. 22).

Die häufigsten Gegenleistungen für den Erhalt finanzieller Mittel sind:

- die Erwähnung des Sponsors auf allen Druckmitteln der Ausstellung (Einladung, Plakat, Katalog) und
- die direkte Einbeziehung der geförderten Ausstellung in die Eigenwerbung des Sponsors (Anzeigen).

Inzwischen läßt sich kaum noch ein Ausstellungskatalog entdecken, in dem sich auf den ersten Seiten kein Firmensignet oder Namenszug eines Unternehmens finden läßt, das einen wesentlichen Beitrag zur Realisierung des Projektes geleistet hat.

Abbildung 10

A. Modigliani: Karyatide, um 1911/12

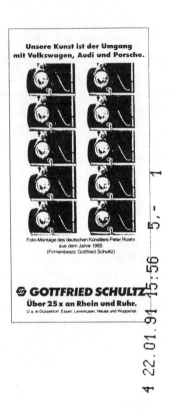

Unsere Kunst ist der Umgang mit Volkswagen, Audi und Porsche.

Foto-Montage des deutschen Künstlers Peter Roehr aus dem Jahre 1965
(Firmenbesitz Gottfried Schultz)

GOTTFRIED SCHULTZ
Über 25 x an Rhein und Ruhr.
U.a. in Düsseldorf, Essen, Leverkusen, Neuss und Wuppertal.

Eintrittskarte

KUNSTSAMMLUNG
NORDRHEIN-WESTFALEN

Gottfried-Schultz-Werbung
auf der Rückseite der Eintrittskarte zur Modigliani-Ausstellung
in der Kunstsammlung Nordrhein-Westfalen, Januar 1991

So unterstützt die »über 25 & an Rhein und Ruhr« vertretene Firma Gottfried Schultz, deren Geschäftsführer Norbert Rademacher ein äußerst aktives Mitglied im »Freundeskreis der Kunstsammlung Nordrhein-Westfalen« ist, 1991 die in diesem Museum präsentierte Modigliani-Ausstellung. – Auf der Rückseite der Eintrittskarte befindet sich Firmenwerbung, die mit dem Satz: »Unsere Kunst ist der Umgang mit Volkswagen, Audi und Porsche« beginnt.

Besonders hervorzuheben ist das Engagement der Lufthansa, durch das schon viele Ausstellungen realisiert werden konnten. Zum einen besteht es bei spektakulären Großausstellungen aus der nicht unerheblichen finanziellen Unterstützung, und zum anderen – und dies ebenfalls bei kleineren Ausstellungen von nur lokaler Bedeutung – in dem kostenlosen Transport der Exponate. Auch die unentgeltliche Abgabe von Flugtickets an die Ausstellungsorganisatoren ist eine häufige und gern gesehene Praxis. Als Gegenleistung darf dann von der Lufthansa – vorwiegend in auflagenstarken und überregionalen Tageszeitungen – in Form von ganzseitigen Anzeigen, deren Mitte jeweils von einer oder mehrerer Abbildung(en) der ausgestellten Kunstwerke dominiert wird, geworben werden.

In diesem besonderen Fall ist die Firmenwerbung idealerweise gleichzeitig mit einer Werbung für die Ausstellungen verbunden. Das ist sehr sinnvoll, denn der Etat, der Museumsdirektoren bei Wechselausstellungen für Werbung und Öffentlichkeitsarbeit zur Verfügung steht ist sehr gering. Nicht selten werden die geplanten Anzeigen in Zeitungen und Zeitschriften sowie die Plakatierung in anderen Städten aufgrund »finanzieller Kalamitäten« – wie 1991 bei der Picasso-Ausstellung in Bielefeld – einige Wochen vor Ausstellungseröffnung wieder vom Kostenplan gestrichen (vgl. Nagel 1991).

Sonderführungen werden als interne PR-Maßnahmen von der Lufthansa angeboten, um die Mitarbeiter zu interessieren und zu motivieren, die selbstverständlich freien Eintritt in alle geförderten Ausstellungen haben.

American Express steigert diese Form der gleichzeitigen Unternehmens- und Ausstellungswerbung sogar noch um ein weiteres: Sie kündigen ebenfalls in Form von ganzseitigen Anzeigen an, daß die von ihnen gesponserte und in Berlin stattfindende Rembrandt-Ausstellung jeden Mittwochabend von 19.00 bis 22.00 Uhr exklusiv für American-Express-Karten-Inhaber geöffnet ist.

Allerdings zeugt schon die Headline der Anzeige »American Express präsentiert: 160 Meisterwerke. Ab 12.9.1991 in Berlin« von dem Mangel an Understatement und Respekt vor den Organisatoren der Ausstellung. Mit derselben Penetranz und Ignoranz tritt American Express übrigens auch bei gesponserten Veranstaltungen in anderen Kulturbereichen auf.

Abbildung 11

Wir pflegen zahlreiche Verbindungen, die nicht in unserem Flugplan stehen.

„Max Ernst – Graphik und Bücher. Sammlung Lufthansa"
Leipzig, Museum der bildenden Künste, 31.8. – 27.10.91

„Picassos Surrealismus"
Bielefeld, Kunsthalle Bielefeld, 15.9. – 15.12.91

„Lyonel Feininger – Die Halle-Bilder"
Halle, Staatliche Galerie Moritzburg Halle, 30.8. – 3.11.91

„Vom Expressionismus zum Widerstand – Deutsche Kunst 1909 – 1936.
Die Sammlung Marvin und Janet Fishman"
New York, Jewish Museum, 21.11.91 – 25.1.92

Lufthansa fördert mit mehr als 1.600 Verbindungen alleine in Europa jede Woche zahlreiche private und geschäftliche Kontakte. Aber wir bemühen uns auch in anderer Weise darum, über die Grenzen hinweg Begegnungen zu vermitteln: durch konstantes Engagement im kulturellen Bereich. So freuen wir uns, im letzten Quartal des Jahres 1991 zum Zustandekommen mehrerer bedeutender Ausstellungen beizutragen, bei denen Werke von Künstlern unseres Jahrhunderts im Mittelpunkt stehen.
Wir wünschen allen, die Gelegenheit zum Besuch dieser Veranstaltungen haben, ein Kunst-Erlebnis von bleibender Erinnerung.

c VG Bild-Kunst, Bonn, 1991
c Otto Dix Stiftung, Vaduz, 1991

Lufthansa-Werbung
Aus: Zeitmagazin, 09.08.1991, S. 135.

Abbildung 12

American Express präsentiert:
160 Meisterwerke. Ab 12.9.1991 in Berlin.

Die Rembrandt-Ausstellung.
Jeden Mittwoch abend exklusiv für die
Mitglieder von American Express.

Erstmals in der Kunstgeschichte werden 120 authentische Gemälde, Zeichnungen und Radierungen von Rembrandt van Rijn 40 weiteren Werken seiner Schüler und anderer Meister gegenübergestellt. Diese wohl umfangreichste Aufarbeitung der Rembrandt-Forschung wird Ihnen die einmalige Chance geben, sich selbst ein Bild von Original und Fälschung zu machen, selbst zu entscheiden, was ein Rembrandt und was kein Rembrandt ist. Gezeigt wird diese einzigartige Ausstellung im Alten Museum in Berlin. Gesponsert von der American Express Foundation. Ab 12. September werden Kunstliebhaber aus aller Welt nach Berlin reisen, um dieses Ereignis mitzuerleben. Viele werden fasziniert vor dem „Staalmeesters", dem „Vorstehern der Tuchmachergilde" oder den Selbstbildnissen des großen Niederländers stehen. Manche dagegen werden vergebens um die limitierte Anzahl von Tageskarten anstehen.

Nicht so die Mitglieder von American Express. Sie reservieren unter der Telefon-Nummer 0/69-7 15 x9 99 die speziell von American Express International Inc. eingerichtet worden ist. Sie erhalten Ihre Eintrittskarte dann am jeweiligen Ausstellungstag direkt am American Express Stand vor dem Museum. Und noch etwas ist ebenso einzigartig wie die Ausstellung selbst. Jeden Mittwoch abend zwischen 19.00 und 22.00 Uhr ist Rembrandt nur für unsere Mitglieder geöffnet. Exklusiv Ihre American Express Karte ist Ihre Eintrittskarte. Übrigens: Falls Sie noch nicht Mitglied sein sollten, können Sie unter der Telefon-Nummer 01 30-37 50 heute noch die American Express Karte problemlos beantragen.

Die American Express Karte
Bezahlen Sie einfach mit Ihrem guten Namen.

American-Express-Werbung
Aus: Die Zeit, 09.08.1991.

3.1.3. Organisation von Ausstellungen

56,5 % der im Kunstbereich engagierten Unternehmen organisieren inzwischen sogar selbst Ausstellungen. Oft handelt es sich dabei um Wechselausstellungen in den für diesen Zweck nur bedingt geeigneten Foyers von Banken und Versicherungen mit regem Publikumsverkehr.

Besonders positiv hervorzuheben ist daher das Engagement der Bayerischen Hypotheken- und Wechsel-Bank AG, die 1983 die Hypo-Kulturstiftung gründete; sie unterstützt nicht nur kulturelle Projekte und Einrichtungen, sondern ist auch Trägerin einer eigenen Kunsthalle in München. In einer 600 qm großen, umgebauten Schalterhalle in der Theatinerstraße (mitten in der Fußgängerzone der City) werden in eigener Regie und mit Unterstützung eines Fachbeirates publikumswirksame Ausstellungen präsentiert, deren Themenspektrum von den Gemälden der deutschen Romantiker bis zu den raumgreifenden Maschinenphantasien von Jean Tinguely geht.

Dr. Wolfgang Heilmann, der Vorsitzende der Geschäftsleitung der Integrata GmbH – einem in der Software- und Unternehmensberatungsbranche tätigen Unternehmen – stellt schon seit 1980 jungen Künstlern Geschäftsräume zur temporären Präsentation ihrer Arbeiten zur Verfügung, um »die Integration von Rationalität und Kreativität« (Integrata GmbH 1989, S. 121) zu visualisieren.

Auch in der Empfangshalle der Deutschen Bank in der Frankfurter Taunusanlage finden – abgesehen von der permanenten Sammlung in den beiden Türmen – temporäre Ausstellungen statt: 1989 wurden dort z.B. Arbeiten der Frankfurter Künstlerin Charlotte Posenenske gezeigt.

Das allgemein zu beklagende Defizit bei diesen Präsentationen ist, daß die hierfür zur Verfügung stehenden Räumlichkeiten nur in den seltensten Fällen aktuellen ausstellungstechnischen Standards genügen und deshalb sehr viel von der Wirkung der Kunstwerke verlorengeht.

3.1.4. Vergabe von Aufträgen an Künstler

41,3 % der Unternehmen nutzen zumindest gelegentlich die in klassischmäzenatischer Tradition stehende direkte Vergabe von Aufträgen an Künstler. Besonderer Wert muß hierbei vor allem auf die Relevanz des zeitgenössischen Ideals der Autonomie der Kunst und des Künstlers gelegt werden, denn sonst kann der Übergang zum funktionalen Design fließend sein.

Im 15. Jahrhundert konnten sich nur schon zu Lebzeiten ruhmreiche Künstler wie Michelangelo Buonarroti oder Leonardo da Vinci künstlerische Freiheiten bei der Auftragsgestaltung erlauben, und auch heute noch bewegt sich das Spektrum der von den Unternehmen gestellten Vorgaben häufig von rein formalen bis zu inhaltlichen Kriterien. – Es liegt immer noch an den Künstlern selbst, diesen Forderungen zu entsprechen – oder zur Wahrung der Kunstautonomie vehement zu widersprechen.

Für die künstlerische Gestaltung der Hypo-Bank-Filiale in der Düsseldorfer Innenstadt – realisiert in Zusammenarbeit mit Achenbach Art Consulting – wurden Gerhard Richter und Sol LeWitt nominiert, die ihre Entwürfe zusammen mit dem Architekten Mathias Ungers ausarbeiteten. Bei diesem Projekt waren die Vorgaben gering: »Man schilderte notwendige Funktionen, skizzierte Erwartungshaltungen, charakterisierte zukünftige Benutzer, (...) doch den Charakter der Häuser zu definieren blieb Architekten und Künstlern überlassen« (Hegewisch 1991).

Demgegenüber existieren auch heute noch »archaische« Formen der Zusammenarbeit von Unternehmen und Künstlern, wie z.B. bei der Realisierung der »Kunst im Bau« der Allianz Versicherungs AG in Stuttgart. In den Bereichen vor den Aufzugschächten wurden im Unternehmen gegenständliche Bilder von sechs realistischen Malern als Orientierungs- und Identifikationshilfen für die Mitarbeiter plaziert. Bourdieu beschreibt die dieser Auswahl zu Grunde liegende Geisteshaltung wie folgt: »die ungebildetsten Betrachter unserer Gesellschaft (neigen) so sehr dazu, eine ›realistische Darstellung‹ zu fordern, da sie über keine spezifischen Wahrnehmungskategorien verfügen und daher auf die tradierten Kunstwerke keinen anderen Schlüssel anwenden können, mit dessen Hilfe sie die Gegenstände ihres täglichen Umgangs als sinnvoll begreifen. Das minimale, anscheinend unmittelbare Verständnis, wie es sich einem Blick erschließt, der gewissermaßen über keinerlei Rüstzeug verfügt, ein Verständnis, das diesem Blick beispielsweise ein Haus oder einen Baum zu erkennen gestattet, setzt zum Teil immer noch eine Übereinkunft hinsichtlich der Kategorien voraus, die die Gestaltung des Wirklichen bestimmen, wie eine historische Gesellschaft sie für ›realistisch‹ hält« (Bourdieu 1991a, S. 162-63).

Die mit der Gestaltung der Wandgemälde beauftragten Künstler (Moritz Baumgartl, Lude Döring, Otto Engbarth, Ernst Marow, Peter Nagel und Günther Thumer) bekamen als Vorgabe ein ebenso klares, wie eng umrissenes Thema: entweder die Darstellung von Birnbäumen,

Apfelbäumen, Kirschbäumen, Ulmen, Fichten, Pappeln oder Eichen an den Wänden der Aufzugsvorplätze in jeweils vier Stockwerken. Naheliegenderweise variierten die meisten der Künstler das Thema in den vier Jahreszeiten.

Die fließenden Übergänge von der »freien« Kunst zum »angewandten« Design bei der Allianz werden für den erstaunten Betrachter ebenfalls in der Gestaltung der Namensschilder der Mitarbeiter auf den Fluren evident: in den Birnbaum-Bereichen ziert eine große Birne die Abteilungs- und Namensschilder der Mitarbeiter, in dem Gebiet der Kirschbäume eine Kirsche, usw. – Im Selbstverständnis des Unternehmens wird diese Vorgehensweise darüberhinaus sogar als nachahmenswert empfohlen: »Die Frage stellt sich, ob der Kunst-Nachfrager nicht mit der Zeit eine verlorengegangene Aufgabe, ein preisgegebenes Vorrecht zurückgewinnen könnte: die Entscheidung über Inhalte« (Allianz Versicherungs AG 1990, S. 31). In dieser, ausschließlich an pragmatischen Gesichtspunkten orientierten unternehmerischen Vorstellung wird der moderne Künstler wieder zum ausführenden Handwerker des späten Mittelalters degradiert.

3.1.5. Einrichtung einer eigenen Galerie oder Artothek

In 23,9 % der Unternehmen existiert bereits eine eigene Galerie oder Artothek.

Die Einrichtung einer Galerie ist eng mit dem Ankauf von Kunstwerken verbunden, da diese später meist in halböffentlicher Form – für Mitarbeiter und Gäste des Unternehmens zugänglich – präsentiert werden. Besonders häufig werden Galerien im Zusammenhang mit Neubauprojekten eingerichtet, wie bei der Deutschen Bank, der Daimler-Benz oder der Bayerischen Rück.

Seit Ende der 70er Jahre die ersten Arto- bzw. Graphotheken eröffneten, entdeckten auch einige Unternehmer, daß ihre Mitarbeiter Interesse an einer Ausleihmöglichkeit aus dem Kunstbestand haben. So wurden u.a. in der Deutschen Bank in Frankfurt, bei Siemens in München, in der König-Brauerei in Düsseldorf sowie der Würth GmbH in Künzelsau Artotheken eingerichtet, in denen die Beschäftigten Kunstwerke (meist bis zu einem Wert von 1.000 DM) für das Büro oder auch für zu Hause ausleihen können.

3.1.6. Finanzierungsbeihilfen für Ankäufe durch Museen

Von den 22,8 % der Unternehmen, deren Engagement in der Finanzierung von Ankäufen für Museen besteht, sind einige sicher schon seit Jahrzehnten auf diesem Gebiet tätig, da diese Form des Engagements eine langjährig-mäzenatische Tradition hat. In den meisten Museen erinnern kleine Schilder neben den Titelbezeichnungen an das Unternehmen, das den finanziellen Rahmen für den Ankauf sicherte.

Allerdings war die Diskrepanz zwischen den stetig steigenden Kunstmarktpreisen und den stagnierenden Ankaufsmitteln der Museen selten so groß wie heute. Bei näherer Betrachtung der wirtschaftlichen Situation der öffentlichen Museen wird deutlich, daß die meisten ihren Sammlungsauftrag aufgrund zu geringer Ankaufsbudgets ohne private Kunstförderung nicht mehr erfüllen können.

3.1.7. Verleihung von Kunstpreisen

19,6 % der befragten Unternehmen geben an, Kunstpreise zu verleihen. Die Präsenz des Unternehmens in der Öffentlichkeit bei der medienwirksamen Preisvergabe in Kombination mit den dazugehörenden Publikationen und Ausstellungen ist sicherlich in vielen Unternehmen, bei denen das Kunstengagement von der PR-Abteilung organisiert wird, ein nicht zu unterschätzendes Argument für die Entscheidung gerade in diesem Bereich tätig zu werden.

Fohrbeck (1985) stellt bei einem quantitativen Vergleich von unternehmerischer und staatlicher Preisvergabe fest, daß die Anzahl der im Untersuchungszeitraum von 1978 bis 1985 vergebenen Preise weitgehend konstant geblieben ist; allerdings wurden die meisten durch die öffentliche Hand, und nur in 13 % durch Unternehmen vergeben.

Ein herausragendes Beispiel für die Einbindung der Preisvergabe in unternehmerische Marketing-, Werbe- und Kommunikationsstrategien ist die von der Abteilung für Öffentlichkeitsarbeit der AEG Hausgeräte AG in Nürnberg organisierte, und seit 1988 jährlich stattfindende Ausschreibung des »Kunstpreis Ökologie«. Teilnahmeberechtigt sind Kunststudenten aus der Bundesrepublik Deutschland, Österreich und der Schweiz. Der erste Preis ist mit DM 20.000,- dotiert, für den zweiten stehen DM 10.000,- zur Verfügung und weitere DM 5.000,- für den dritten Preis. Die Jury, deren Zusammensetzung in ein- bzw. zweijährigem Turnus wechselt, besteht aus ausgewählten Fachleuten der beteiligten Länder. 1991 war Prof. Kasper König von der Staatlichen Hochschule für Bildende Künste in Frankfurt der Vorsitzende des Auswahlgremiums.

Ausgangspunkt für diese Initiative ist das schon vor rund zehn Jahren von der AEG beschlossene Konzept, ökologisch und ökonomisch optimierte Produkte herzustellen. Kommunikationsstrategisch sollen flankierende Maßnahmen dazu beitragen, dieses wichtige Thema innerhalb und außerhalb des Betriebes zu lancieren. Da die Kunst als Medium der gesellschaftlichen Kommunikation ein höheres Sozialprestige als die Werbung genießt, liegt die Vergabe eines Kunstpreises mit dem thematischen Schwerpunkt »Ökologie« nahe. »Zudem gilt die künstlerische Darstellung als Garant für Intensität und Dauer der Auseinandersetzung, als ein besonderes Medium, das seine Themen sowohl nobilitieren, als auch dauerhaft im gesellschaftlichen Bewußtsein verankern kann« (Grasskamp 1991a, S. 7). Eine eindeutig positive Entscheidung für die moralische Vertretbarkeit, genuin zweckfreie Kunstwerke und innovative künstlerische Kreativität zur Propagierung eines ökologischen Produktes zu funktionalisieren, treffen neben führenden AEG-Managern auch die Künstler und Künstlerinnen selbst, die sich in jährlich steigender Zahl für diesen Preis bewerben.

Bei der Preisvergabe im Kölner Hotel Maritim steht allerdings der betriebene Aufwand in keiner Relation zu der in der Ausschreibung von den Künstlern geforderten Ökonomie der Mittel: die Prämiierung der besten künstlerischen Illustrationen der »beiden heiligsten Worte unseres postmodernen fin de siecle« (Grasskamp 1991a, S. 10), Kunst und Ökologie, hat den Charakter eines Show-Spektakels – mit ViP-Gästen wie Willy Millowitsch und Hannelore Kohl –, deren monetärer Aspekt die Summe der Preisgelder bei weitem überschreitet.

Zusammenfassend ist die Tatsache der Vergabe von relativ hoch dotierten Preisen an junge, noch studierende Künstler ein begrüßenswertes Vorgehen. Auch der Mut, sich als traditionelles Unternehmen freiwillig in einen persönlichen und öffentlichen Diskurs mit noch nicht am Markt etablierten Künstlern und deren Arbeiten zu begeben, ist abgesehen von der Überwindung der unternehmensinternen Logistik- und Akzeptanzprobleme bemerkenswert. Aber die meisten Tendenzen der Gegenwartskunst taugen nicht zur Illustration der thematischen Vorgabe »Ökologie« und finden deshalb keine Berücksichtigung. Daneben wird der Statistencharakter der Künstler und der Kunstwerke bei dem eigentlichen Akt der Preisübergabe nur allzu deutlich: sie werden dem Motiv, das dem Engagement zu Grunde liegt subsumiert – der »Werbung mit anderen Mitteln«.

Das Medium zum Thema macht die SüdwestLB, die den »Druckgrafik Kunstpreis« seit 1981 alle zwei Jahre an junge europäische Künstler, die mit diesem Medium arbeiten, verleiht. Die Bank reagiert damit auf den zu beobachtenden Wertverfall gerade bei den alten druckgrafischen Techniken, und die Tendenz des Kunstmarktes, das »Original« zu bevorzugen. Der erste Preis ist mit DM 20.000,- dotiert, der zweite Preis mit DM 3.000,- und der dritte Preis mit 2.000 DM. Die wechselnde Jury besteht aus unabhängigen Kunstexperten und Mitgliedern der Kunstkommission der Landesbank. Hinsichtlich des Themas gibt es keinerlei Beschränkungen. Eine Vorauswahl der Arbeiten wird, im Gegensatz zur Verleihung des »Kunstpreis Ökologie« anhand von Dias getroffen; erst danach werden die Künstler, deren Arbeiten ausgewählt wurden, gebeten selbige einzusenden. Nach den Ausschreibungsunterlagen verfolgt die SüdwestLB mit der Preisvergabe mehrere Ziele: »Die Förderung der Druckgrafischen Kunst und insbesondere der jungen Künstler, das Eingehen auf das wachsende Kunstinteresse bei den Kunden und Mitarbeitern sowie die Präsentation eines europäischen Querschnitts von Druckgrafik, ihrer Techniken und Qualität in der Südwest LB und 1992 bei den baden-württembergischen Sparkassen« (Südwestdeutsche Landesbank 1991).

Gerade aber bei der Präsentation der Arbeiten der Preisträger wird deutlich, daß die Kundenhallen der Banken nur unzureichend den Anforderungen an eine kunstgerechte Präsentation der Exponate entsprechen, und die prämierten Werke an den Stellwänden neben Hydrokulturen viel von ihrer Wirkung verlieren. – Nach den geltenden Maximen zeitgenössischer Ausstellungstechnik werden Gemälde, Skulpturen oder Grafiken nicht länger als Applikation des sie umgebenden Raumes begriffen, sondern als Kunstwerke, die ihre Wesenhafigkeit erst im Dialog mit den räumlichen Richtkräften entfalten. Und für diesen Dialog sollten symmetrische Kommunikationsebenen vorhanden sein.

3.1.8. Herausgabe eines Kunstkalenders bzw. -jahrbuchs

Fast jedes im Kunstbereich engagierte Unternehmen verleiht wie die Citibank dem Geschäftsbericht, oder die König-Brauerei den Weihnachts- und Neujahrsgrüßen mit Reproduktionen unternehmensrelevanter Kunstwerke eine besondere Note. Darüberhinaus geben 19,6 % der Unternehmen einen Kunstkalender oder ein Kunstjahrbuch heraus.

Ein Kalender mit Abbildungen der vom Unternehmen erworbenen

Arbeiten von Ben Willikens wurde von der Daimler-Benz AG 1992 herausgegeben.

3.1.9. Vergabe von Stipendien an Künstler

Mit nur 9,8 % liegt die Vergabe von Stipendien in der Förderungsgunst der Unternehmen an letzter Stelle.

Daran, daß Stipendien überwiegend vom Staat vergeben werden, scheint auch die vom BDI-Kulturkreis angeregte Vergabe von Arbeitsstipendien für Künstler in Unternehmen nichts geändert zu haben (vgl. Fohrbeck 1989, S. 218 ff.).

Besonders erwähnenswert ist deshalb das Engagement von Dr. Peter Hansen, dem Geschäftsführer der in der Bau- und Wohnwirtschaft tätigen Unternehmensgruppe Gundlach und ehemaligen Vorstandsmitglied des Kunstvereins Hannover. Der von ihm ins Leben gerufene »Villa-Minimo-Preis« bietet jeweils 3 jungen Künstlern bzw. Künstlerinnen ein zweijähriges miet-, neben- und verbrauchskostenfreies Leben in einer Atelierwohnung sowie z.Zt. monatlich 750,00 DM. Der Name dieses Preises entstand seinerzeit »in bierseeligem Understatement bei Vernachlässigung der italienischen Grammatik« (Gundlach o.J., S. 115) in Anlehnung an die Villa Massimo in Rom, deren Preis jährlich an bildende Künstler, Schriftsteller und Musiker vergeben wird.

Peter Hansen, ein erfolgreicher Unternehmer, gelernter Maurer und promovierter Betriebswirt, der »selbst gern Künstler geworden« wäre, sieht seine »Aufgabe darin, Räume zu schaffen – auch im weitesten Sinne« (Mayer 1988, S. 47). Dabei ist die »Villa Minimo« nur eine Facette seines Wirkens im sozialen und künstlerischen Bereich, wo er »das unterstützt, was andere nicht fördern, weil es ihnen zu unbequem ist« (Mayer 1988, S. 48). Er ist an der Organisation von Ausstellungen beteiligt, kauft Kunstwerke an, übernimmt Bürgschaften für Künstler-Darlehen, stellt Material, Geräte und Dienstleistungen seines Unternehmens sowie persönliche Kontakte zu Verfügung und ist an der Finanzierung von Katalogen beteiligt. Seine liebste Rolle bei diesen Aktivitäten ist die des Mäzens im Hintergrund, da Dankbarkeit nach seinen Angaben auch etwas sehr Belastendes sein kann. Er selbst versteht sein Engagement als Hilfe zur Selbsthilfe, und versucht immer wieder auch andere Unternehmer davon zu überzeugen, in ihren Geschäftsbereichen auf ähnliche Weise tätig zu werden. So könnten seiner Ansicht nach Banken günstige Darlehen für ansonsten eher kreditunwürdige Künstler vergeben, oder eben Bauunternehmer Räume für Kunst und Künstler schaffen.

Der »Villa-Minimo-Preis« wurde erstmalig 1982 anläßlich des 150-jährigen Jubiläums des Kunstvereins Hannover für Künstler und Künstlerinnen aus Niedersachsen und Bremen ausgeschrieben. Die Jury der Herbstausstellung des Kunstvereins – bestehend aus 2 Vorständen, 3 Beiräten, der Direktorin sowie 2 auswärtigen Künstlern, Hochschullehrern oder Museumsdirektoren – entscheidet seitdem über die Preisträger. Die »Villa Minimo« selbst ist ein 32 m langes und 6 m breites Gebäude in einem begrünten Innenhof in Hannover-List. Dort wurden auf einer Grundfläche von ca. 300 qm in sich abgeschlossene Wohnateliers mit spartanischer Grundausstattung geschaffen, in denen Künstler allein oder mit ihren Familien gut arbeiten und leben können. Durch die Wohnsituation in dieser kleinen Künstlerkolonie entwickelt sich aus dem Zusammenleben nicht selten auch ein Zusammenarbeiten.

Gedacht ist der Preis als Förderung für noch nicht etablierte junge Künstler, die freischaffend tätig sind. Bei der Auswahl der Preisträger besitzt der Stifter selbst kein Stimmrecht, er behält es sich aber vor ein viertes sogenanntes »Hausmeister-Stipendium« – seit 1986 an Christian Kuschel – selbst zu vergeben. Peter Hansen legt in mäzenatischer Tradition keinen Wert auf das Herausstellen seines Engagements in der Öffentlichkeit, ist »aber für persönliche Kontaktmöglichkeiten zu den ausgewählten Künstlern nach deren Einzug in die Räume dankbar« (Gundlach 1982).

Nachahmenswert ist die Entscheidung für eine relativ lange, d.h. zweijährige Förderungsdauer, die ein kontinuierliches Arbeiten ermöglicht. Dies ist für junge Künstler nach Abschluß ihres Studiums ebenso wichtig wie der erste eigene Katalog am Ende der Förderungsdauer. Seit 1991 wird den Stipendiaten ebenfalls eine Abschluß-Ausstellung im Kunstverein ermöglicht.

3.2. Bevorzugte Kunstrichtungen

Abbildung 13

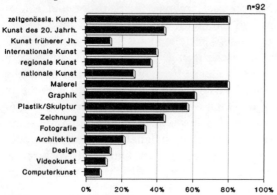

Sowohl bei dem Aufbau unternehmenseigener Sammlungen, als auch bei den geförderten Ausstellungen lassen sich bezüglich der kunstwissenschaftlichen Einordnung der Kunstwerke eindeutige Prioritäten feststellen.

Die Sammlung als Ganzes, die unterstützte Ausstellung und auch das einzelne Kunstwerk eignet sich als Medium, um spezifische Werte und Bedeutungen der jeweils relevanten Unternehmenskultur in die Unternehmenspraxis zu transportieren und ein Handeln danach anzuregen. Dabei läßt allerdings erst »das Wissen des Betrachters, welche Botschaft ein Objekt veranschaulichen soll, und das Gefühl in der Interpretation mit seinen Kollegen übereinzustimmen, (...) aus dem Kunstwerk ein unternehmenskulturelles Medium werden« (Lippert 1990, S. 58). Welche Kunstwerke werden von Unternehmen als stimulierender Anlaß interner Kommunikation bevorzugt?

Die befragten Unternehmen favorisieren mit 80,4 % eindeutig die zeitgenössische Kunst, denn nur zeitgenössische Künstler können die als Auslöser für unternehmerisches Kunstengagement wesentlichen Inhalte – wie frühzeitiges Erkennen neuer gesellschaftlicher Strömungen oder Darstellung aktueller und unternehmensrelevanter Themen mit künstlerischen Mitteln – transferieren.

Wenn Unternehmen zeitgenössische Kunst erwerben oder primär Ausstellungen zur Gegenwartskunst unterstützen, betreiben sie auch eine indirekte Künstlerförderung, da sie Mittel in den Kreislauf einbringen, von dem auch die Künstler selbst leben. Darüberhinaus werden auch heute noch manche künstlerische Innovationen erst durch wirtschaftliche Unterstützung ermöglicht.[7] Die gelungene Verbindung des Innovationspotentials von zeitgenössischen Kunstwerken – die eine andere, radikale Sichtweise auf Realität dokumentieren – mit den Aufgaben und Zielsetzungen eines Unternehmens, das nach ökonomischen Kriterien funktioniert, ist dann erreicht, wenn das visuelle Erscheinungsbild die Umsetzung von Unternehmenskulturwerten beinhaltet.

Durch Kunst des 20. Jahrhunderts vermitteln 44,6 % der Unternehmen ihr modernes Selbstverständnis. Dezidiert für junge Künstler, Studenten oder Absolventen von Kunsthochschulen bzw. Akademien setzen sich Unternehmen wie BASF, BP, Deutsche Aerospace, Gundlach, Kölnische Rück, Mannesmann und die Vereins- und Westbank ein.

Die ebenfalls zur Kunst des 20. Jahrhunderts gehörenden Werke der Klassischen Moderne haben im Vergleich zu den Arbeiten von jungen zeitgenössischen Künstlern in den vergangenen Jahren eine enorme Preis- und Wertsteigerung erfahren.

Bei qualitätvollen Kunstwerken früherer Jahrhunderte – für die sich 14,1 % interessieren – handelt es sich um reine Prestigeobjekte in Millionenhöhe, deren Kunstmarktpreise die meisten Ankaufbudgets der Unternehmen um ein wesentliches überschreiten. Für die Unterstützung von Ausstellungen Alter Meister, wie z.B. die Präsentation von Rembrandts Druckgraphiken in der Hamburger Kunsthalle ist Philips bekannt. Allerdings ist die Akzeptanz dieser Arbeiten als genuine »Kunstwerke« bei den Mitarbeitern sehr hoch, da Werke früherer Jahrhunderte oft über zahlreiche Nennungen in kunsthistorischer Fachliteratur, sowie über die »Museumsweihe« (zumindest während bedeutender Ausstellungen) und nicht zuletzt über eine meist am Gegenständlichen orientierte Darstellungsweise verfügen. – Dies sind wichtige Faktoren für die Etablierung im gesellschaftlichen Kunstverständnis.

Aber die mittelalterliche Tafelmalerei mit ihren vorwiegend religiösen Sujets visualisiert nur selten Elemente der Unternehmenskultur, und deshalb kann hier der Brückenschlag zwischen den Haltungen der Künstler und den Haltungen des Managements nicht gelingen. So leben diese »blue Chips« vorwiegend in Vorstands- und Direktionsbereichen als wertvolle Dekoration ihr eigenes Leben, wie auch Lippert (1990, S. 48) bemerkt: »teure Kunst bekommt ihren majestätischen Platz, aber ist mental und sozial weit entfernt von eigentlichen Kulturprozessen«.

Internationale Kunst wird mit 40,2 % gegenüber regionaler (37,0 %)

und nationaler Kunst (27,2 %) bevorzugt. Aber selbst ein weltweit tätiges Unternehmen wie der Daimler-Benz-Konzern engagiert sich vornehmlich im regional begrenzten Raum: Der Sammlungsschwerpunkt dieses Unternehmens liegt bei Kunstwerken und Künstlern aus dem Südwesten Deutschlands. Das sich die Deutsche Bank primär für Kunst aus dem deutschsprachigen Raum engagiert, versteht man als »notwendige Konzentration« (vgl. Deutsche Bank AG 1987), die stark von dem Unternehmensimage geprägt ist.

Bei den bevorzugten Kunstgattungen wird von 80,4 % der Unternehmen eindeutig die Malerei genannt. Dieses Ergebnis überrascht nicht, da der Malerei seit dem späten Mittelalter im Vergleich zu den übrigen Gattungen eine Vormachtstellung zukommt. So wird auch das Interesse der Unternehmen an Bildender Kunst durch den Umfang und die Bedeutung der vorhandenen Kunstobjekte geprägt.

Die von den Unternehmen vorgenommene Einschränkung auf Graphik (62,0 %) oder Zeichnung (44,6 %) erfolgt z.T. aufgrund monetärer Aspekte, da Arbeiten auf Papier wesentlich preisgünstiger zu erwerben sind. Die unternehmensinternen Artotheken von Boehringer in Ingelheim und der König Brauerei in Duisburg werden in der Regel mit Zeichnungen und Graphiken bestückt. Durch zahlreiche Ausstellungen bekannt ist die graphische Sammlung der Lufthansa mit Werken von Max Ernst. Aufgrund der kleineren Formate dieser Arbeiten ist für die Hängung im Unternehmen selbst zwar weniger Wandfläche erforderlich, aber durch die besondere Lichtempfindlichkeit werden erhöhte Anforderungen an den Präsentationsort gestellt.

Das Interesse von Unternehmen, sich auf dem Gebiet der Plastik oder Skulptur zu engagieren, liegt mit 57,6 % an dritter Stelle. Skulpturen können sowohl außen als auch innen präsentiert werden, und ihre Größendimension kann die der Gemälde bei weitem übertreffen. Durch diese wesentlichen Besonderheiten können gerade Skulpturen dazu beitragen, Elemente der Unternehmensphilosophie nach außen hin zu dokumentieren. Beispiele hierfür sind die Granitskulptur »Kontinuität« von Max Bill vor der Deutschen Bank in Frankfurt und die »5 Kontinente Skulptur« von Walter de Maria, die sich im Empfangsgebäude der Konzernzentrale von Daimler-Benz in Stuttgart befindet.

Im Bereich der Fotografie engagieren sich nur 33,7 % der Unternehmen – was auch auf die mangelnde Akzeptanz des künstlerischen Wertes dieses inzwischen schon über 150 Jahre alten Mediums in der Öffentlichkeit zurückzuführen ist. Ausnahmen sind Projekte zur Förderung der deutschen Fotografie, wie sie im Rahmen des Siemens Kulturprogrammes von 1987 – 1990 organisiert wurden. Vornehmlich angesprochen wurden dabei Fotografen und Fotografinnen, die sich in ihren Arbeiten thematisch mit industriellen Arbeits- und Lebensumfeldern auseinandersetzen. Desweiteren vergeben die Deutsche Leasing in Bad Homburg und die Landesgirokasse in Stuttgart Preise an Fotografen und organisieren Ausstellungen mit den prämierten Fotografien.

Unumstritten ist der Kunstcharakter der Fotografie bei Werken von Bernd und Hilla Becher, die inzwischen z.B. im Museum für Moderne Kunst in Frankfurt oder im Museum Weserburg in Bremen ebenso zahlreich wie in Unternehmen (Deutsche Bank, Frankfurt; Capital, Köln und Hamburg; Haftpflichtverband der Deutschen Industrie, Hannover) vertreten sind. Das Fotografen-Ehepaar wurde durch seine, mit einer schweren Plattenkamera aufgenommenen »Portraitfotos« von Architekturen der zu Ende gehenden industriellen Epoche bekannt und berühmt. Aber nicht nur die Thematik der industriellen Archäologie, mit der sie vergängliche Architektur unsterblich werden lassen und technische Anlagen durch die Kamera zu Monumenten stilisieren, ist allein ausschlaggebend für ihren Erfolg; er ist z.T. auch durch die Zusammenstellung und Präsentation der Arbeiten begründet. Sie stellen die Motive zu »Typologien« zusammen, wobei jede einzelne Bildtafel aus bis zu einem Dutzend Fotografien bestehen kann, deren Anordnung strengen bildkompositorischen Richtlinien folgt. Die kühle Ästhetik, verbunden mit der seriellen Präsentation und dem direkten Rekurs auf Phänomene des Industriezeitalters hat sicherlich – neben dem geringen Abstraktionsgrad und hohen Wiedererkennungswert der Arbeiten – wesentlich zum Erfolg von Bernd und Hilla Becher bei Unternehmen aus Industrie und Wirtschaft beigetragen.

Gemäß dem Anstieg der Neubauprojekte von Industrie- und Wirtschaftsunternehmen in den letzten Jahren geben auch 21,7 % der befragten Unternehmen an, daß ihr Kunstengagement den Bereich der Architektur miteinbezieht. Das ist eine Erklärung dafür, daß einige der Bauvorhaben sogar von renommierten Museumsarchitekten wie James Stirling (B. Braun AG, Melsungen), Renzo Piano (Daimler-Benz AG, Berlin), Richard Meier (Max Weishaupt GmbH, Schwendi) und Oswald Mathias Ungers (Hypobank AG, Düsseldorf) realisiert werden. Diese Architekten sind schon fast ein Garant dafür, daß die in den von ihnen geplanten Gebäuden anwachsenden unternehmerischen Kunstsammlungen unter nahezu optimalen Bedingungen präsentiert werden.

Auf den Gebieten Design (14,1 %), Video- und Computerkunst (12,0 bzw. 8,7 %) engagieren sich die wenigsten Unternehmen. Selbst der Computergigant IBM sammelt – wie der Berater der Geschäftsleitung zum Kunstkonzept ausführt – hauptsächlich zeitgenössische Grafik, Skulptur und Fotografie (vgl. Schäfer 1991, S. 5), obwohl die mit zahlreichen »Computerkunstwerken« illustrierte Unternehmensbroschüre »IBM-Nachrichten« einen anderen Ansatz vermuten läßt.

Hingegen fördert Siemens seit 1985 experimentelle Veranstaltungen und Projekte aus dem Bereich der elektronischen Kunst und den neuen Medien. Beispiel für dieses Engagement ist sowohl die finanzielle Unterstützung des »Videofestes«, das im Juli 1990 im Frankfurter Portikus stattfand, als auch die Präsentation von Kunstwerken, deren Medien elektronischen Ursprungs sind, in der Ausstellung »artware« auf der CEBIT in Hannover. Ein wichtiges Projekt ist ebenfalls die Ausschreibung des »Prix Ars Electronica«, der für Computergrafik, Computeranimation, interaktive Kunst und elektronische Musik auf der gleichnamigen Messe im österreichischen Linz vergeben wird.

Im Rahmen der jährlichen Kunstausstellung von SEL werden Computergrafiken und Kunstwerke, die in Verbindung mit Nachrichtentechnik-Know-how entstanden sind u.a. in Niederlassungen in Stuttgart, Mannheim und Berlin präsentiert. Auch BMW unterstützt und organisiert Ausstellungen zum Thema »Computerkunst«.

Neue Kunstformen, die sich an fortgeschrittenen Technologien orientieren, erfreuen sich – wie diese seltenen Beispiele zeigen – bei Unternehmen keiner großen Akzeptanz. Nur wenige engagieren sich für noch nicht etablierte Kunst und Künstler, die außerdem noch mit neuen Medien arbeiten, obwohl für die Unternehmen selbst eine Orientierung an den innovativen Ergebnissen aus Forschung und Entwicklung schon allein aus wettbewerbsstrategischen Gesichtspunkten überlebensnotwendig ist.

So findet man vor allem bei Großunternehmen vorwiegend Werke aus dem Mainstream etablierter Spitzenkunst, häufig Arbeiten mit geringem Provokationspotential von Max Bill, Heinz Mack oder Ulrich Rückriem, die das moderne Selbstverständnis und das Bewußtsein der Konzerne dokumentieren sollen.

4. Multivariate Subgruppenanalyse: Die Dependenz bzw. Independenz signifikanter Variablen

Mit einem Anteil von 67,4 % ist der Ankauf von Kunstwerken zum Aufbau einer Sammlung die am häufigsten praktizierte Form des unternehmerischen Kunstengagements. Diese Variable repräsentiert somit de facto die signifikanteste Objektivation des Engagements von Unternehmen im Bereich der Bildenden Kunst.

Im folgenden Teil wird die Dependenz bzw. Independenz des Ankaufs von Kunstwerken von anderen Variablen mit Hilfe bivariater Kreuztabellen untersucht. Neben der Diskussion der Häufigkeitsverteilung erscheint es sinnvoll, diese nominal skalierte Variable mit anderen Variablen zu kreuzen, deren Abhängigkeit für das Ergebnis der Untersuchung relevant sein könnte. Existiert ein Zusammenhang zwischen dieser traditionellen, persönlichen und sehr ernsthaften Art der Beschäftigung mit Bildender Kunst und Strukturmerkmalen wie Umsatz und Branchenzugehörigkeit der Unternehmen? Oder hat der Ankauf von Kunstwerken vielleicht Einfluß auf die Bedeutung des Kunstengagements im Unternehmen?

Auf dem niedrigen Nominal-Skalenniveau ist vor allem der Chiquadrat-Test geeignet, um etwaige Dependenzen zu überprüfen. Mit ihm prüft man ob die Nullhypothese, daß die beiden Variablen unabhängig voneinander sind zu verwerfen ist oder nicht. Wenn der Wert von Chiquadrat größer als 0 ist, besteht immer ein prinzipieller Zusammenhang zwischen den Variablen. Aus einem großen Wert für Chiquadrat, kann man aber nicht unmittelbar auf die Strenge des Zusammenhangs der Variablen schliessen, da z.B. bei gegebenem Zusammenhang von Variablen in der Grundgesamtheit die Größe von Chiquadrat ebenfalls mit der Stichprobengröße steigt.

Wenn das Signifikanzniveau (Irrtumswahrscheinlichkeit), das auch von der Zahl der Freiheitsgrade abhängt, größer als 0,05 ist – in einer »stillschweigenden« Übereinkunft wurde dieser Grenzwert festgelegt – besteht wahrscheinlich kein Einfluß von einer Variablen auf die andere. Prinzipiell gilt: Je geringer die Irrtumswahrscheinlichkeit ist, desto gesicherter ist der Zusammenhang der Variablen.

Allerdings ist bei der Wertigkeit von Signifikanztests immer zu beachten, daß sie niemals eine 100prozentige Sicherheit bieten können.

4.1. Kunstankauf und Jahresumsatz

Abbildung 14

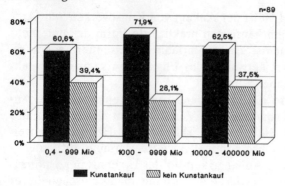

In anderen Publikationen wie z.B. bei Fischer (1989, S. 92 und 133) wird immer wieder ein starker Einfluß des Umsatzes, der Prämieneinnahmen und der Bilanzsumme auf das Kunst- bzw. Kulturengagement der Unternehmen festgestellt. Das Ergebnis dieser Untersuchung ist allerdings, daß der Ankauf von Kunstwerken zum Aufbau einer Sammlung von diesen Faktoren unabhängig ist.

Aus der Graphik ist ersichtlich, daß eine Parallelität von Anstieg des Jahresumsatzes (incl. Bilanzsumme und Prämieneinnahmen) und Anstieg des Kunstankaufes nicht existiert. Die Anzahl der Unternehmen, die Kunstwerke ankaufen nimmt bei einem Anstieg von 0,4 Millionen DM auf über 10 Milliarden DM Jahresumsatz nur um 2 % zu und bleibt damit weitgehend konstant. 60,6 % der Unternehmen mit einem Jahresumsatz bis zu 999 Millionen DM kaufen Kunst an, ebenso wie vergleichbare 62,5 % mit einem Umsatz über 10 Milliarden DM.

Die Unternehmen, die mit 71,9 % am meisten Kunstwerke ankaufen, haben einen mittleren Jahresumsatz: zwischen 1 und 10 Milliarden DM. In dieser Gruppe befinden sich ebenfalls die wenigsten Unternehmen, die Kunst nicht ankaufen.

Es kann somit festgestellt werden, daß zwischen den Variablen Kunstankauf und Jahresumsatz kein Zusammenhang besteht.

4.2. Kunstankauf und Branche

Abbildung 15

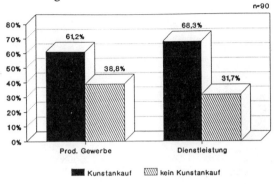

In Untersuchungen über Unternehmen, die sich im Kunst- und Kulturbereich engagieren werden bei der Differenzierung nach Wirtschaftsbereichen branchenspezifische Unterschiede festgestellt: Das Engagement von Dienstleistungsunternehmen im gesamten Kunst- und Kulturbereich ist größer als das von Unternehmen des Produzierenden Gewerbes (vgl. Hummel 1992, S. 7 ff.). Wenn aber die singuläre Variable »Ankauf von Kunstwerken« betrachtet wird, ergeben sich zwischen den einzelnen Wirtschaftsbereichen keine signifikanten Unterschiede; die Häufigkeitsverteilung ist bei dem Produzierenden Gewerbe und auf dem Dienstleistungssektor annähernd identisch. Im Produzierenden Gewerbe kaufen 61,2 % der Unternehmen Kunstwerke an – ebenso wie vergleichbare 68,3 % der Dienstleistungsunternehmen.

Auch die Anzahl der Unternehmen aus den verschiedenen Wirtschaftsbereichen, die keine Kunstwerke ankaufen, unterscheidet sich nur unwesentlich: 38,8 % aus dem Produzierenden Gewerbe gegenüber 31,7 % aus dem Dienstleistungsbereich.

Als ein weiteres wichtiges Ergebnis dieser Untersuchung kann festgestellt werden, daß zwischen der Branchenzugehörigkeit und dem Ankauf von Kunstwerken kein Zusammenhang besteht.

4.3. Kunstankauf und Bedeutung des Engagements

Abbildung 16

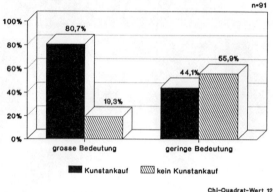

Die Bedeutung des Kunstengagements im Unternehmen steigt mit dem Ankauf von Kunstwerken zum Aufbau einer Sammlung. Das Vorhandensein von Gemälden, Plastiken, Zeichnungen und anderen Kunstwerken in den Unternehmen läßt auf eine eher große Bedeutung des Kunstengagements schließen.

80,7 % der Unternehmen, die Kunst ankaufen, messen der Bedeutung ihres Engagements einen großen Wert bei – ebenso wie 19,3 % der Unternehmen, die zwar keine Kunstwerke ankaufen, sich aber in anderen Bereichen engagieren.

Der mit 55,9 % größte Anteil der Unternehmen, die ihrem Kunstengagement nur eine geringe Bedeutung beimessen, kauft keine Kunstwerke an. In 44,1 % der Unternehmen werden zwar Kunstwerke angekauft, aber die Bedeutung des Kunstengagements ist trotzdem gering. Dort scheinen die Werke den Status einer beliebigen Wanddekoration zu haben.

Da diese Resultate eine weitergehende und genauere Untersuchung der Motive und Dependenzen des Ankaufes von Kunstwerken durch Unternehmen fordern, werden in Unternehmen, die Kunstsammlungen aufbauen, vertiefende qualitative Studien durchgeführt.

5. Resümee

Aus dem vielschichtigen Gesamtbild der Umfrage lassen sich folgende wesentliche Ergebnisse zusammenfassen.

Die Organisation des unternehmerischen Kunstengagements liegt primär in den Händen der Geschäftsleitung, eines Vorstandsmitgliedes oder Direktors, was auf dessen persönliches Kunstinteresse schließen läßt. Bei der Frage nach den Motiven geben allerdings nur 19,4 % eine Präferenz der Unternehmensleitung an. Diese Diskrepanz ist darauf zurückzuführen, daß Manager Ausgaben im Bereich der Bildenden Kunst nicht durch ihre persönliche Vorliebe legitimieren können. Das Eingeständnis von persönlichem Kunstinteresse können sich nur Unternehmenseigentümer erlauben, die sich nicht vor Aktionären zu rechtfertigen brauchen; sie können als Maß für Erfolg auch das eigene Vergnügen und den Spaß an der Kunstförderung angeben. Eine vor diesem Hintergrund wichtige Konsequenz ist, daß die Professionalisierung und Spezialisierung des Kunstengagements von Unternehmen stark von dem persönlichen Einsatz der dafür zuständigen Personen abhängt und daher keine Handlungsmaximen festgelegt werden können.

Nach den empirischen Befunden wird das Kunstengagement von den meisten Unternehmen – entsprechend der Diskussion über neue Managementstrategien – als Teil der Unternehmenskultur betrachtet.

Das an dritter Stelle genannte Motiv der Mitarbeitermotivation durch Kunstwerke erweist sich in der Realität als problematisch. Im Arbeitsalltag ist die Akzeptanz von moderner Kunst sehr gering und die Mitarbeiter schrecken auch nicht vor handgreiflicher Kritik zurück. Den Kunstwerken im Unternehmen fehlt die nobilitierende und protegierende museale Aura, sie sind wie im öffentlichen Raum Kritik schutzlos ausgeliefert.

Das Motiv der Kapitalanlage ist nach Auskunft der Firmen nahezu bedeutungslos für ihr Kunstengagement, da die Wertzuwachsraten zu gering sind und die Kunstmarktentwicklung zu unsicher ist. Auch als Maß für Erfolg sind ökonomische Faktoren kaum relevant.

Über die Hälfte der Unternehmen arbeiten mit externen Beratern zusammen, wobei eindeutig Kunsthistoriker bevorzugt werden. Wenn sich allerdings durch langjähriges Kunstengagement ein hoher Kenntnisstand bei den Entscheidungsträgern im Unternehmen entwickelt hat, nimmt der Beratungsbedarf ab. Ein spezielles Budget für Bildende Kunst und die Etablierung einer eigenen Kunstabteilung sind daran anschließende interne Professionalisierungsstrategien.

Die Befragungsergebnisse haben deutlich gemacht, daß sich die Dienstleistungen der Artconsultants am Markt noch nicht durchgesetzt haben und als Kunstberater weiterhin Kunsthistoriker, Galeristen und Kunsthändler präferiert werden.

Finanziell belastet das Kunstengagement hauptsächlich das PR-Budget, aber schon in 18,2 % der Unternehmen existiert ein eigenes Budget für Bildende Kunst. In mehr als der Hälfte der Unternehmen steht ein jährlicher Betrag zwischen 50.000 und 500.000 DM für Bildende Kunst zur Verfügung.

Der Ankauf von Kunstwerken zum Aufbau einer Sammlung dominiert bei den Formen des unternehmerischen Kunstengagements. Die unterschiedlichen Motive und Strategien werden im nächsten Kapitel in detaillierten Fallstudien qualitativ untersucht.

Bei der – wegen stagnierender oder gekürzter Kulturetats – existentiell notwendigen Unterstützung von Ausstellungen durch Unternehmen konkurriert Sponsoring mit der traditionellen Spendenvergabe. Bevorzugt werden populäre Ausstellungen, die hohe Besucherzahlen garantieren und sich wegen der hohen gesellschaftlichen Akzeptanz auch gut für begleitende Werbemaßnahmen der PR-Abteilung eignen.

Zu den Professionalisierungsstrategien des unternehmerischen Kunstengagements zählt ebenfalls die Organisation von eigenen Ausstellungen – mit allerdings oftmals problematischen Präsentationsformen.

Nach Auskunft der Firmen werden nur selten Aufträge vergeben. In einigen Fällen kommt es durch mangelnde Fachkenntnis auf unternehmerischer Seite zu Verwechslungen von Kunst und Design, wenn Forderungen gestellt oder Vorgaben gemacht werden, die das zeitgenössische Ideal der Kunstautonomie in Frage stellen.

Die Vergabe von Stipendien, eine traditionelle Maßnahme zur Künstlerförderung wird leider nur noch von sehr wenigen Unternehmen genutzt.

Wenn das Engagement für Bildende Kunst zu einem unternehmenskulturellen Transfermedium wird, setzen die Unternehmen bei den Kunstrichtungen deutliche Prioritäten und bevorzugen zu 80,4 % zeitgenössische Kunst. Kunstwerke aus Mittelalter, Renaissance oder Barock verfügen zwar über eine höhere gesellschaftliche Akzeptanz, sie sind aber – abgesehen von den fast unbezahlbaren Preisen – von den aktuellen Kulturprozessen sehr weit entfernt, und daher interessieren sich auch nur 14,4 % der Unternehmen für Kunstwerke früherer Jahrhunderte.

Bevorzugt wird generell internationale Kunst und Malerei, obwohl sich selbst weltweit tätige Unternehmen spezialisieren – als notwendige Konzentration, um dem riesigen Kunstangebot nicht orientierungslos gegenüberzustehen. Große plastische Arbeiten wie die »5 Kontinente Skulptur« (Daimler-Benz, Stuttgart) und die Granitskulptur »Kontinuität« (Deutsche Bank, Frankfurt) eignen sich insbesondere zur Visualisierung der Unternehmensphilosophie.

Als weitere Tendenz läßt sich feststellen, daß kunstinteressierte Unternehmen bei ihren Neubauten in zunehmender Weise »Museumsarchitekten« wie James Stirling, Renzo Piano, Richard Meier und Oswald Mathias Ungers favorisieren, die besonders qualifiziert sind, um das ideale Ambiente für die Kunstsammlungen zu schaffen.

An neuen Kunstformen, die durch Nutzung innovativer Technologien entstehen, wie Video- oder Computerkunst, besteht nur geringes Interesse. Die Unternehmen engagieren sich hauptsächlich für Kunstwerke aus dem Mainstream etablierter Spitzenkunst, für Arbeiten mit geringem Provokationspotential und scheuen Experimente.

Die Untersuchung hat ergeben, daß es sich bei der wichtigsten Ausprägung des unternehmerischen Kunstengagements um den Ankauf von zeitgenössischen Gemälden zum Aufbau einer Sammlung handelt. Im Gegensatz zu den Ergebnissen von Untersuchungen über Kulturförderung oder allgemeines unternehmerisches Kunstengagement kristallisierte sich heraus, daß der Aufbau von unternehmerischen Kunstsammlungen weder von Jahresumsatz noch von der Branchenzugehörigkeit abhängig ist. Allerdings ist der Ankauf von Kunstwerken ein Indiz für die große Bedeutung, die der Kunst im Unternehmen selbst beigemessen wird.

Anmerkungen

1 Die Deutsche Gesellschaft für Personalführung definiert (DGFP, o.O., o.J.) Unternehmenskultur als »die Summe der gemeinsam von Unternehmensleitung, Führungskräften und Mitarbeitern getragenen Regeln, Normen und Wertvorstellungen, die die betriebliche Wirklichkeit prägen«, und Deal/Kennedy (1983, S. 503) verstehen darunter eine »stabile Sammlung von Werten, Symbolen, Helden, Ritualen und Geschichten, die unterhalb der Oberfläche wirken und mächtigen Einfluß auf das Verhalten am Arbeitsplatz hat«.
2 Der Ansatz des Symbolischen Interaktionismus ist vor allem von den Soziologen Mead (1968), Krappmann (1972) und Berger/Luckmann (1980) geprägt worden.
3 Bei diesen etwa drei bis vier mal jährlich stattfindenden Veranstaltungen werden einzelne Künstler – meist im Rahmen eines Ankaufes von neueren Arbeiten – in »ihre« Abteilung eingeladen. Dort müssen sie nach Dienstschluß und unter Zuhilfenahme von Sekt und Petit Fours mit den Mitarbeitern z.T. auch ziemlich heftig und auf niedrigem Niveau diskutieren.
4 Hanne Darboven verwendet in ihren Arbeiten meist von ihr neu entwickelte Zahlensysteme, die sie aus der Abstraktion von Tages- und Jahresdaten erhält. Dabei können z.B. die Quersummen der Zahlen abnehmende oder ansteigende Reihen bilden, die an musiktheoretische Variationen eines Themas erinnern. Die Reaktionen der Mitarbeiter der Deutschen Bank lassen darauf schliessen, daß ihre Toleranz für andere Zahlensysteme, und damit auch für andere Sichtweisen von Wirklichkeit nur sehr gering ist.
5 Aus einem Gespräch mit Klaus-Peter Axmann (Abt. Öffentlichkeitsarbeit AEG Hausgeräte AG, Nürnberg). Weitere Ausführungen lesen Sie bitte in dem Kapitel über den von der AEG verliehenen ›Kunstpreis Ökologie‹ auf der Seite 95 ff.
6 Diese Antworten stammen von einem für sein Kunstengagement sehr bekannten Unternehmer aus der Lebensmittelindustrie.
7 Als Walter de Maria noch ein relativ unbekannter junger Künstler war, war sein wertvollster Besitz ein kleiner Zettelkasten mit Skizzen für mögliche Projekte. Heute sind mit Hilfe finanzkräftiger Auftraggeber aus diesen Notizzetteln schon viele monumentale Kunstwerke entstanden.

Kapitel 5
Kunstsammlungen im sozialen Umfeld der Unternehmen

Der Wunsch nach Kunstbesitz ist die ernsthafteste Form der Identifikation mit einem Künstler und seinem Werk; dies gilt für die privaten Sammler ebenso wie für die im Unternehmen. So ist auch der Ankauf von Kunstwerken zum Aufbau einer eigenen Sammlung die favorisierte Form des Kunstengagements für die meisten Unternehmen, die sich auf dem Gebiet der Bildenden Kunst engagierten.

Zur Einführung in den für diese Arbeit zentralen Bereich folgt ein kurzer Abriß über die Entwicklungsgeschichte des Kunstsammelns.

Die Kunstsammelleidenschaft kann epigenetisch als ein Relikt aus der frühmenschlichen Jäger- und Sammlerphase bezeichnet werden, als ein heute belangloses Rudiment des ursprünglich lebensnotwendigen Erforschens und Strukturierens der Umwelt. Häufiger allerdings wird das Entstehen von europäischen Kunstsammlungen in Bezug zu der Bewußtseinsänderung im Humanismus gesetzt: Ein Kennzeichen dieser geistesgeschichtlich so wichtigen Epoche, die den Übergang vom Mittelalter zur Neuzeit markiert, ist das wiederentdeckte Wissen der Antike und der Versuch dieses durch planmäßiges Sammeln zu erhalten. Das sich aus dem neuen Bewußtsein von der Bedeutung des Zeitfaktors im menschlichen Leben entwickelnde Geschichtsbewußtsein war der Ansatz zu den ersten Bemühungen, die die großen Kunstsammlungen entstehen ließen.

Aber bei Sammlern zeitgenössischer Kunst – und auf diesem Gebiet sind alle Unternehmen tätig, deren Aktivitäten im nachfolgenden Teil dokumentiert werden – kommen, wie der Kunstsammler Erich Marx ausführt, noch andere Aspekte hinzu: Für den Sammler von Gegenwartskunst sind diese Werke »eine sich immer wieder erneuernde Quelle der Reflektion der eigenen Wesenhaftigkeit und die Widerspiegelung der realen Gegenwart in einer lebendigen, vollkommenen und einmaligen

Form. Die spürbare und erkennbare Einbindung eines Kunstwerkes in seine Zeit und als Ausdruck dieser Zeit, die darin enthaltene authentische Wiedergabe von Erfahrungen einer Epoche, vermittelt das Gefühl, die unverstandene und manchmal unverständliche rätselhafte Realität besser zu verstehen. Kunst ist dann mehr als Reflexion der Gegenwart, sie ist Bewußtseinsbildung, Herausforderung und Antwort, Ablehnung und Übereinstimmung, Betroffenheit und Entsprechung zugleich« (Bastian 1982, S. 7).

Die an dieser Stelle ebenfalls nicht zu vernachlässigende elementare Freude an schönen und wertvollen Dingen, geht bei dem Sammler einher mit persönlicher Ergriffenheit und der Begierde ein Kunstwerk zu besitzen, um den Anblick in aeternum wiederholen zu können. Der leidenschaftliche Kunstbetrachter wird in einem für ihn interessanten Werk immer etwas von seiner eigenen Psyche finden, das ihn nicht nur oberflächlich, sondern in der menschlichen Substanz anspricht und anzieht. In diesem Sinn konstatierte schon Donath einen »Trieb zum Kunstsammeln«, der in Menschen die leidenschaftliche Begierde nach Kunstbesitz wecken und sie in eine »Welt der Extase« versetzen kann, die – wie bereits die Wortwahl nahelegt – oft mit einer Sublimierung von Sexualität und Erotik einhergeht (1911, S. 11 ff.).

Am Anfang jeder Sammeltätigkeit folgt nach dem Gefallen das Suchen nach der Konzeption, nach der Verdichtung des Interesses das Suchen nach den Werken, die nicht einfach nur repräsentativ, sondern wesentlich für die Aussage eines Künstlers und sein Gesamtwerk sind. – Darin unterscheidet sich ein Sammler im Unternehmen nicht von einem Privatsammler.

Im folgenden Teil werden unterschiedliche Konzepte vorgestellt, nach denen in vier bekannten deutschen Unternehmen qualitätvolle Kunstwerke kritisch ausgewählt, präsentiert und in den Arbeitsalltag der Mitarbeiter integriert werden. Die Abteilung »Kunstbesitz« der Daimler-Benz AG wird mit ihren internen und externen Verflechtungen in einer umfassenden Fallstudie zu Beginn des Kapitels analysiert und mit einer detaillierten Untersuchung der wichtigsten Kunstwerke in ihrem unternehmenskulturellen und architektonischen Umfeld verbunden.

1. Fallstudie Daimler-Benz AG: Die Kunst unter dem Stern – Eine singuläre Wirkungsgemeinschaft (Stand: 01.01.92)

Abbildung 17

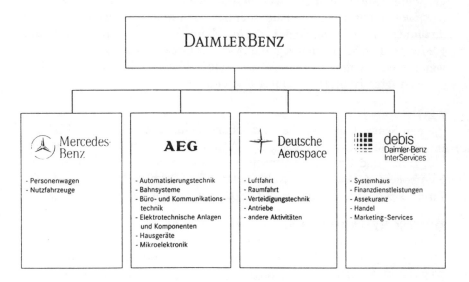

1.1. Unternehmensprofil der Daimler-Benz AG

Das größte deutsche Industrieunternehmen – mit einem Konzernumsatz von über 85,5 Mrd. DM im Geschäftsjahr 1990 und weltweit 377.000 Mitarbeitern – hat sich in den letzten sechs Jahren von einem traditionsbewußten schwäbischen Automobilhersteller zum integrierten Technologiekonzern entwickelt, der »in den Bereichen Elektrotechnik, Automatisierung, Bahnsysteme, Mikroelektronik, Luft- und Raumfahrt sowie auf dem Dienstleistungssektor tätig ist« (Daimler-Benz 1991, S. 8). Der Firmensitz der geschäftsführenden Holding Daimler-Benz AG ist gleichzeitig die Konzernzentrale und befindet sich in Stuttgart-Möhringen, wo 2.700 Mitarbeiter beschäftigt sind.

Unter dem Dach der Holding sind die folgenden vier rechtlich selbständigen Unternehmensbereiche in Form von Aktiengesellschaften vereint:

Mercedes-Benz
»Das gesamte Automobilgeschäft wurde zum 01. Juli 1989 in der neugegründeten Mercedes-Benz AG zusammengefaßt« (Daimler-Benz 1991, S. 8) wobei dieser Unternehmensbereich auch weiterhin das »Herzstück« des integrierten Technologiekonzerns bleibt. Zur Zeit werden durch die Mercedes-Benz-Personenwagen und -Nutzfahrzeuge knapp 70 % der Gewinne erwirtschaftet. Firmensitz des Automobilunternehmens mit 231.000 Beschäftigten ist Stuttgart-Untertürkheim.

AEG
Zu den Schwerpunktaktivitäten des Unternehmensbereiches für Elektrotechnik und Elektronik gehören »Automatisierungstechnik, Bahnsysteme, Büro- und Kommunikationstechnik, Elektrotechnische Anlagen und Komponenten, Hausgeräte, Mikroelektronik« (Daimler-Benz 1991a, S. 80). Firmensitz des Unternehmens mit 77.000 Beschäftigten ist Frankfurt a.M..

DEUTSCHE AEROSPACE
In der DASA wird seit 1989 das bundesdeutsche Luft-, Raumfahrt- und Verteidigungstechnik-Know-how der Firmen Dornier, Messerschmitt-Bölkow-Blohm (MBB), Motoren- und Turbinen-Union (MTU) sowie Telefunken-Systemtechnik (TST) zu einem vernetzten Konzern gebündelt. Der Firmensitz des Unternehmens mit 61.000 Mitarbeitern ist München.

DEBIS
Das Dienstleistungsunternehmen Daimler-Benz InterServices AG wurde offiziell am 1. Juli 1990 gegründet. Der leitende Gedanke war, daß »Markterfolge von Industrieerzeugnissen ... nur noch in Verbindung mit qualitativ hochwertigen Dienstleistungen denkbar« (Daimler-Benz 1991, S. 109) sind; diese werden primär den einzelnen Unternehmen des Konzerns, aber auch nach außen im Markt angeboten. Die Geschäftstätigkeit des Unternehmens mit 5.000 Mitarbeitern konzentriert sich auf die fünf Bereiche Systemhaus, Finanzdienstleistungen, Versicherungen, Handel und Marketing Services. Zur Zeit ist die debis mit Hauptsitz in Berlin in angemieteten Räumen tätig, da die Hauptverwaltung am Potsdamer Platz bislang nur in der Planung vorliegt.

1.2. Unternehmenskultur

Durch den Zusammenschluß vieler Unternehmen mit eigenständigen, z.T. in langen Jahren gewachsenen Unternehmenskulturen zum Daimler-Benz Konzern, wird der Prozeß der gemeinsamen Identitätsentwicklung noch lange nicht abgeschlossen sein. In der Hauptverwaltung in Stuttgart-Möhringen nimmt man nicht – wie in Banken und Versicherungen in der letzten Zeit oft zu beobachten – die Kunst in die Pflicht, um zwischen den einzelnen Unternehmens- und Geschäftsbereichen zu differenzieren oder selbige zu homogenisieren, sondern rekurriert auf einzelne, herausragende Persönlichkeiten aus der Konzerngeschichte. Diese Herren und auch eine Dame fungieren als Namensgeber der Gebäude, denen außerdem auch noch die obligatorischen Zahlen zugeordnet werden: von Gottlieb Daimler, Karl und Bertha Benz zu Emil und Walther Rathenau, den AEG-Pionieren, und von dem berühmten Luftschiff-Kapitän Ferdinand Graf Zeppelin bis zu den Flugzeugkonstrukteuren Claude Dornier und Hugo Junkers sind insgesamt zehn Personen vertreten. Ihre jeweils im Erdgeschoß an eine Wand projizierten kleinen Portraits stehen als personifizierte Symbole für die gemeinsame Tradition der Innovation in den zusammenwachsenden »Erfinder-Firmen«.[1]

Der hohe Stellenwert, den Bildende Kunst bei Daimler-Benz hat, kommt eher darin zum Ausduck, daß man beim Bau der Konzernverwaltung der Daimler-Benz AG in Stuttgart-Möhringen bereits in der Planungsphase Künstler miteinbezog. So wurden innerhalb des weitläufigen, 12 Hektar großen Areals eigene Räume für Kunstwerke geschaffen.

Nach dem ausgeschriebenen Wettbewerb begannen 1986 unter der Architektengemeinschaft Beucker, Haider, Langhammer und Maschlanka die Ausschachtungsarbeiten. Drei Jahre später waren die Bautätigkeiten an der »kleinen Stadt« mit ihren 4-6 geschossigen Bürohäusern abgeschlossen. Diese Zeit wurde auch genutzt, um mit Hilfe von Künstlern wie Max Bill, Heinz Mack, George Rickey, Norbert Kricke, Ulrich Rückriem und Walter de Maria in und um den Verwaltungsneubau ästhetische Akzente zu setzen. Analog zu dem von Daimler-Benz auch für werbliche Zwecke genutzten Zitat von Jean Anouilh »Aufgabe der Kunst ist es, dem Leben eine Form zu geben«[2] geben die Kunstwerke auch den Mitarbeitern, die noch immer vor Museumsbesuchen zurückschrecken, die Möglichkeit eines selbstverständlichen Umgangs mit der Kunst. Die Kunstwerke, die sich in für Daimler-Benz Mitarbeiter jederzeit zugänglichen Räumen befinden, sind oftmals schon allein wegen ihrer Größe nicht zu übersehen und stehen als tägliche Herausforderung für eine neue Sicht der Dinge mitten im Arbeitsalltag der Beschäftigten. Daß Edzard Reuter in diesem Zusammenhang den Begriff des »Einübens von Kunst« (Eglau 1991, S. 258) gebraucht, mag allerdings nachdenklich stimmen, da eine Form der Vertrautheit gerade mit moderner Kunst einen sensiblen und langwierigen Prozeß der Aneignung von ästhetischen Prinzipien voraussetzt; sonst entwickelt sich aus versuchsweiser Aneignung schnell generelle Abneigung. Die mit zeitgenössischer Kunst quantitativ und qualitativ überforderten Mitarbeiter der Deutschen Bank in Frankfurt können dies jederzeit bestätigen[3].

1.3. Kulturförderung

Seit Mitte der 50er Jahre unterstützt Daimler-Benz Kulturprojekte, Theater, Musiker, Ausstellungen und war auch dem einen oder anderen Museum beim Ankauf einer Neuerwerbung behilflich. Dies geschah in stiller mäzenatischer Tradition, ohne eigentliches Konzept und ohne in der Öffentlichkeit damit aufzutreten.

Anfang der 80er Jahre wurde der »Arbeitskreis Kultur« ins Leben gerufen, in dem Hans J. Baumgart (damals noch Leiter des Hauptsekretariates), der Leiter der Spendenabteilung sowie der Chef für Öffentlichkeitsarbeit und Werbung über die z.T. generöse Förderung von Projekten aus dem kulturellen Bereich beraten.

Seit Mitte 1989 werden alle von Daimler-Benz unterstützten Kultur-Projekte – ausgenommen solche, die in das Spezialgebiet »Bildende Kunst« fallen – in dem Referat für Kulturförderung innerhalb der Direktion »Öffentlichkeitsarbeit und Wirtschaftspolitik« bearbeitet. Der Leiter dieses Referates, Dr. Uli Kostenbader, hat dafür ein präzises, an Daimler-Image und -Identity orientiertes Konzept erarbeitet. Im Gegensatz zu dem Arbeitskreis, der in erster Linie über von außen an Daimler-Benz herangetragene Projekte berät, versucht Dr. Kostenbader Imagekomponenten durch gezielte Kunstförderung zu verstärken.

Daimler-Benz ist ein High-Tech-Unternehmen
⇨ Daimler-Benz fördert Zeitgenössische Kunst

Daimler-Benz ist ein Unternehmen mit Tradition
⇨ Daimler-Benz unterstützt Kunsthistorische Ausstellungen und Archäologische Projekte

Die Produkte von Daimler-Benz stehen für Qualität
⇨ Der Maßstab für die von Daimler-Benz geförderten Projekte ist ebenfalls Qualität

Daimler-Benz ist ein internationaler Konzern
⇨ Die von Daimler-Benz unterstützten Projekte haben Botschafterfunktion und dienen dem Kulturaustausch

Daimler-Benz: Big is Beautiful
⇨ Daimler-Benz realisiert auch eigene Projekte in Zusammenarbeit mit Institutionen und im Dialog mit Künstlern

Der passive Charakter des Sponsoring in Form von »nur Geld geben« wird von Daimler-Benz zugunsten einer aktiven Förderung mit interessierter Teilnahme an den jeweiligen Projekten aufgegeben.

Dies geschieht nicht nur im kulturellen Bereich, denn neben dem Referat für Kulturförderung existiert auch jeweils eines für Sport, Soziales und Umwelt. So kann es auch vorkommen, daß sich der Direktor für Öffentlichkeitsarbeit, Michael Kleinert, auf die sicherlich ebenso beschwerliche wie werbewirksame Reise ins Amazonasdelta zu dem Bretterhüttendorf Novo Paraiso begibt, wo Daimler-Benz das Projekt »Armut und Umwelt in Amazonien« unterstützt (vgl. Schwielen 1992).

Für das Engagement von Daimler-Benz auf dem Bereich der Bildenden Kunst wurde allerdings sogar ein eigenständiger Direktionsbereich konstituiert: die Abteilung Kunstbesitz.

1.4. Abteilung Kunstbesitz

1.4.1. Personalstruktur

Die Abteilung Kunstbesitz wurde am 01.07.1990 gegründet; der Leiter der Abteilung und Kurator der Kunstsammlung ist Direktor Hans J. Baumgart. In der Unternehmenshierarchie ist diese Abteilung, gemäß dem Stellenwert, den Bildende Kunst bei Daimler-Benz einnimmt, entsprechend hoch angesiedelt: als einer der 13 Direktionsbereiche direkt unterhalb des Vorstandes[4]. Die weitere personelle Ausstattung ist mit nur noch zwei Sekretärinnen eher bescheiden. Daneben werden einige Kunsthistoriker[5] sowohl als freie Mitarbeiter engagiert, als auch auf der Basis von Werkverträgen für besonders arbeitsintensive Kunstprojekte, wie zum Beispiel die Erstellung des Bestandskataloges der Kunstsammlung.

1.4.2. Entstehungsgeschichte und Gründungsmotive

Hans J. Baumgart, ein langjähriger Mitarbeiter des Unternehmens, leitete bis zur Gründung der Abteilung Kunstbesitz das Hauptsekretariat. In dieser ebenso vielseitigen wie einflußreichen Vertrauensstellung hatte er, bedingt durch sein breites Aufgabenspektrum einen genauen Einblick in Korrespondenz und Entscheidungsprozesse des Vorstandes, des Aufsichtsrates sowie der Großaktionäre. Dadurch konnte er das Unternehmen in seiner ganzen Breite sowie den Geist und Stil des Hauses sehr genau kennenlernen. Von dieser hauptberuflichen Tätigkeit abgesehen, hat die Beschäfigung und der Umgang mit Bildender Kunst für Hans J. Baumgart von jeher einen sehr hohen Stellenwert und eine lange Tradition: er wuchs in Kassel auf, wo seine Familie mit dem documenta-Gründer Arnold Bode verkehrte; eine seiner Schwestern, deren künstlerischen Werdegang er mitverfolgte, ist eine bekannte Grafikerin und Plakatgestalterin.

Nach Bourdieu besteht die Kompetenz des Kunstkenners aus einer unbewußten Beherrschung der Aneignungsmittel, die aus einem langen, vertrauten Umgang mit den Kunstwerken hervorgeht (vgl. Bourdieu 1991a). Die Werke existieren als Kunstwerke nämlich erst, wenn sie entschlüsselt und als solche wahrgenommen werden. Sie sind somit in ihrer Totalität nur für Eingeweihte sichtbar bzw. erfahrbar. Der »Genuß, der sich aus dieser Wahrnehmung ergibt – mag es sich um den eigentümlichen ästhetischen Genuß oder um indirekte Privilegien wie den Hauch von Exklusivität, den er verschafft, handeln – (wird) nur denjenigen zuteil, die in der Lage sind, sich die Werke anzueignen« (Bourdieu 1991b, S. 181).

Mit dieser privaten und sehr persönlich gefärbten Zusatzqualifikation stieß Hans J. Baumgart bald auf großes Interesse bei dem gleichgesinnten »Kunstfreak« Edzard Reuter (vgl. Eglau 1992), der Ende der 70er Jahre als Vorstandsmitglied für Unternehmensplanung tätig war. Der heutige Vorstandsvorsitzende interessierte sich schon als Jugendlicher für »die Ideen des Bauhauses, zu denen auch seine Eltern eine große Affinität hatten« (Eglau 1992, S. 257). Die von den Mitgliedern des Bauhauses propagierte Einheit von Kunst und Technik sowie die Kombination von Funktionalität und Ästhetik mit dem Menschen als Mittelpunkt bewegen sein Denken und Empfinden bis heute.

Aber »für den Nachkriegs-Daimler (...) war Kunst kein Gebiet, mit dem ›man‹ sich beschäftigt«, und so konnte Edzard Reuter seine Vorstandskollegen erst Ende der 70er Jahre davon überzeugen, »daß erlesene Blumensträuße, die bis dahin von den kahlen Wänden im Verwaltungsgebäude in Untertürkheim ablenkten, kein Ersatz für fehlende Bilder seien« (Baumgart 1991, S. 4). Der von ihm formulierte neue Denkansatz, nach welchem sich ein Unternehmen, das sich allen Fragen der Zeit stellt, auch mit moderner Kunst auseinandersetzen muß, geht auf die eben beschriebenen Bauhaus-Traditionen zurück, nach denen »Kunst und Technik aus der gleichen Quelle schöpfen« (Reuter 1989, S. 5).

Bis Mitte der 70er Jahre »war Daimler-Benz was die Kunst betrifft, noch ein ziemlich unbeschriebenes Blatt. Außer einigen deutschen und niederländischen Landschaftsbildern in den höheren Etagen gab es kaum Beachtenswertes – abgesehen vielleicht von einem großvolumigen Revolutionsgemälde, das der sowjetische KP-Generalsekretär Leonid Breschnew Vorstandschef Zahn geschenkt hatte« (Eglau 1992, S. 260). Das änderte sich 1978, als Edzard Reuter in enger Zusammenarbeit mit Hans J. Baumgart begann, das eine oder andere Kunstwerk für das Unternehmen zu erwerben.

1.4.3. Aufgabenfelder und interne Verflechtungen[4]

Heute ist Hans J. Baumgart fast ausschließlich in Sachen Bildende Kunst für Daimler-Benz unterwegs. Der Leiter des Direktionsbereiches Kunstbesitz betreut und erweitert nicht nur ständig die Kunstsammlung, sondern beschäftigt sich gleichzeitig mit der Auswahl und Betreuung von Kunstausstellungen, die von Daimler-Benz unterstützt werden. Sein Aufgabengebiet umfaßt ebenfalls die Mitarbeit bei der Realisierung von Architekturprojekten. Das an diesen Aktivitäten auch noch andere Abteilungen im Hause beteiligt sind, ist selbstverständlich und hat im ehemaligen »Arbeitskreis Kultur« eine lange Tradition.

Edzard Reuter, der Vorstandsvorsitzende, in dessen Geschäftsbereich der Daimler-Benz Kunstbesitz fällt, ist ein wichtiger Kommunikationspartner – nicht zuletzt, weil alle Kunstankäufe vom Vorstandsvorsitzenden abgezeichnet werden müssen. Die Zusammenarbeit dieser »singulären Wirkungsgemeinschaft« ist in der Regel eine Form des sich gegenseitig »Aufmerksammachens« auf möglicherweise wichtige und interessante Arbeiten. Selbige schaut man sich dann gemeinsam oder nacheinander an und entscheidet regelmäßig in bestem Einvernehmen für Daimler-Benz.

Bei der Finanzierung von großen Kunstausstellungen sind Absprachen und Übereinkünfte mit den Abteilungen für Finanzen und Steuern, Öffentlichkeitsarbeit, Unternehmensdarstellung und Kulturförderung notwendig; einige Förderungsbeträge werden auch ganz traditionell gespendet. Diese Kooperation in einem unternehmensinternen »Kunst-Netzwerk« führt selbst in konjunkturschwachen Zeiten zu einer Ausfallbürgschaft über 500.000,- DM für die Cezanne-Ausstellung, die im Frühjahr 1993 in der Kunsthalle Tübingen präsentiert wurde, oder einer zeitlich befristeten Ausfallbürgschaft für die von der Kunsthalle der Stadt Mannheim projektierten, aber finanziell nicht 100%ig abgesicherten Ausstellungen.

Abbildung 18
Internes Kunst-Netzwerk der Daimler-Benz AG, Stuttgart 1992

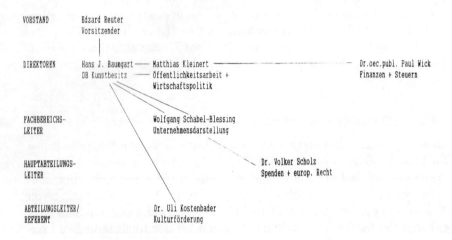

Im Verwaltungsneubau Stuttgart-Möhringen ist Hans J. Baumgart aufgrund der Reiseintensität seines Arbeitsgebietes nicht oft anzutreffen. Neben seinen »künstlerischen« Aufgaben und deren Koordination bzw. Distribution ist er ebenfalls in das allgemeine Unternehmensgeschehen miteinbezogen; dazu gehören die obligatorische »Direktorenrunde« und die Vorstandsgespräche. Außerdem ist er Mitglied im Verwaltungsrat der Deutschen Automobilgesellschaft mbH, die 1967 von Daimler-Benz und VW als Forschungsfirma gegründet wurde und sich heute Pilotaufgaben wie dem Autorecycling, der Verkehrsforschung und der Fahrzeugelektronik widmet. Sein Aufgabenfeld im Bereich der Bildenden Kunst läßt sich im Auswahlmonat Oktober 1991 inhaltlich in drei Schwerpunkte einteilen:

Bereich	Kontakte	Häufigkeit
Sammlung	intern	2 Termine
	extern	9 Termine
Architektur	intern	5 Termine
	extern	11 Termine
Ausstellung	intern	3 Termine
	extern	3 Termine

Sammlung
Die die Sammlung betreffenden Kontakte sind hauptsächlich extern; dazu gehören Atelierbesuche ebenso wie Gespräche mit Künstlern, Galerie-, Ausstellungs- und Messebesuche. Manche Abende sind mit Ausstellungseröffnungen verplant, und auch auf Auktionen geht Hans J. Baumgart meist persönlich.

Architektur
Im Arbeitsfeld Architektur überwiegen ebenfalls die externen Termine, die aufgrund des Potsdamer-Platz-Projektes hauptsächlich in Berlin stattfinden; aber auch auf der Architekturbiennale in Venedig ist Hans J. Baumgart anzutreffen. Die internen Kontakte, die Architektur-Projekte betreffen, nehmen ungefähr ein Drittel der Zeit im Vergleich zu den externen ein.

Ausstellung (Sponsoring)
Kontakte, die die Unterstützung von Ausstellungen betreffen, finden im Untersuchungsmonat eher selten statt und sind intern/extern äquivalent verteilt, wobei die externen wegen der geplanten Habsburg-Ausstellung in Madrid stattfinden.

Zusammenfassend konzentriert sich das Kunst-Engagement der Daimler-Benz AG – von der Betreuung eigener Architekturprojekte abgesehen – auf die Bereiche

Unterstützung von Ausstellungen sowie
Ankauf von Kunstwerken und
Vergabe von Aufträgen zum Aufbau einer Sammlung.

1.4.4. Unterstützung von Ausstellungen

Wie schon eingangs in dem Kapitel über Kulturförderung erwähnt, entwickelte sich das Engagement von Daimler-Benz auf diesem Gebiet von einem eher passiven, »stillen« Sponsoring zu einer Form der finanziellen Förderung mit aktiver Teilnahme und Identifikation auf Seiten des Unternehmens. Dabei geht die interne Zusammenarbeit vom Vorstandsvorsitzenden über den Leiter des Bereichs Kunstbesitz fallweise bis zu den Leitern der Bereiche Öffentlichkeitsarbeit, Unternehmensdarstellung, Kulturförderung, Finanzen und Spenden.

Bei der Auswahl der zu unterstützenden Kunst-Ausstellungen wird neben der Umsetzung der im Kapitel »Kulturförderung« beschriebenen Imagefaktoren besonderer Wert auf die völkerverbindende Botschafterfunktion, sowie die Einmaligkeit und Originalität der Exposition gelegt.

Hans J. Baumgart war an den Gesprächen, die zur Unterstützung der 1991 in Stuttgart und Paris stattfindenden Max-Ernst-Retrospektive führten, beteiligt; als »Gegenleistung« für die finanzielle Hilfe wurde Edzard Reuter – nach Angaben von Prof. Dr. Peter Beye (Direktor der Stuttgarter Staatsgalerie) – von den Organisatoren gebeten, ein Vorwort im Katalog zu schreiben. – Und so prangte über dieser Ausstellung, wenn auch nicht auf dem Dach des Ausstellungsgebäudes sichtbar – wie kulturpessimistische Apologeten gerne prophezeien – der Mercedesstern.

Eine erfolgreiche Zusammenarbeit mit Götz Adriani fand im Rahmen der Ausstellung »Andy Warhol: Cars. Die letzten Bilder« aus der Sammlung Daimler-Benz statt, die 1988 in der Tübinger Kunsthalle präsentiert wurde.

Im Dialog mit den Organisatoren entstehen auch innovative Finanzierungsmodelle: Statt durch Sponsoringmaßnahmen können von Künstlern selbst organisierte Ausstellungen z.B. durch eine Ankaufsgarantie für ein oder mehrere Exponate ermöglicht werden; und nach der Ausstellung finden die Kunstwerke ihren Platz in der Kunstsammlung der Daimler-Benz AG.

1.4.5. Die Kunstsammlung

Der Bestand der Kunstsammlung umfaßte im Oktober 1991 250 Gemälde, Zeichnungen, Graphiken, Skulpturen und Plastiken; die Drucklegung eines ersten Bestandskataloges war für Anfang 1992 projektiert.

A) Konzeption und Auswahl
Die Sammlung ist zeitgenössischen Künstlern aus dem südwestdeutschen Raum oder Werken, die dort entstanden sind, gewidmet und damit primär geografisch begrenzt. Diese regionale Spezialisierung hat nach Angaben von Edzard Reuter »ein wenig ›Feigenblatt-Funktion‹ erfüllt, weil sich das ehrgeizige Projekt einer eigenen Kunstsammlung als Beitrag bodenständiger Kulturpflege hausintern besser ›verkaufen‹ ließ« (Eglau 1992, S. 261). So konnte man auch wenig kunstsinnige[6] Aktionäre und Vorstandsmitglieder davon überzeugen, daß es im südwestdeutschen Raum nicht nur eine stattliche Anzahl von Erfindern im technischen Bereich gab, sondern auch eine ebensogroße Anzahl von »Erfindern« und Wegbereitern der modernen Kunst, und das es keineswegs Geldverschwendung sei, auch Objektivationen dieses Know-hows in das Unternehmen zu transferieren.

Als weiteres Ankaufskriterium ist die Qualität des einzelnen Kunstwerkes ausschlaggebend. Eine objektive Definition von Qualität existiert jedoch nicht – und wenn es hierfür eine Formel gäbe, würde wohl jeder Künstler nach selbiger arbeiten. Für Heinrich Wölfflin (1864 – 1945), den Wegbereiter der neueren Kunstwissenschaft, war das Qualitäts-Problem das höchste von allen. Bis heute versuchen sich Kunsthistoriker immer wieder vergeblich an der wissenschaftlichen Erklärbarkeit von künstlerischer Qualität. – Woran kann man nun Qualität erkennen? Dr. Werner Schmalenbach, als ehemaliger Leiter der Kunstsammlungen Nordrheinwestfalen im Ankauf von qualitätvollen Kunstwerken praxiserprobt, macht einen »Geburtsfehler«, eine angeborene ästhetische Disposition, gepaart mit lebenslanger Erfahrung für das Erkennen von künstlerischen Werten verantwortlich.[7]

Ein Maßstab, um Qualitätsunterschiede festzustellen, ist für Edzard Reuter und Hans J. Baumgart sicher das konkrete Kunstwerk selbst – im Vergleich mit ähnlichen Arbeiten. Diese sich im Aufbau befindende Sammlung ist also auch, wie jede andere Sammlung, ein Zeugnis persönlicher Präferenzen und würde bei gleichem Konzept, jedoch mit anderen Entscheidungsträgern, sicherlich anders aussehen.

Oberflächlich betrachtet scheint diese »bodenständige« Konzeption für ein weltweit operierendes Unternehmen zu eng. Bei genauerer Betrachtung wird jedoch evident, daß es sich bei dem Kernbereich der Sammlung um die Stuttgarter Avantgarde um Adolf Hölzel, den eher noch unterschätzten Maler und Akademieprofessor, und um seine prominenten Schüler handelt, deren Wirken weit über die geografischen

Grenzen hinausging. »Zum Zeitpunkt seiner Berufung nach Stuttgart (1905) vollzog der 52-jährige mit dem Gemälde »Komposition in Rot« die Wende zur Abstraktion – (...) lange vor Kandinsky« (Maur 1991, S. 2). Zu seinen Schülern zählten Oskar Schlemmer, Willi Baumeister, Max Ackermann, Adolf Fleischmann sowie Johannes Itten, deren Werke einen Sammlungsschwerpunkt bilden und von denen ein direkter Bezug zum Bauhaus besteht. Ein weiterer Kernbereich umfaßt Arbeiten der »Züricher Konkreten« Camille Graeser, Richard Paul Lohse, Anton Stankowski sowie ihres berühmtesten Vertreters Max Bill. Der inzwischen über 80jährige Architekt, Designer, Maler und Plastiker, der noch am Bauhaus studierte und die Ulmer Hochschule für Gestaltung mitbegründete, war ebenfalls künstlerischer Berater im Anfangsstadium des Bauprojektes in Stuttgart-Möhringen. Daneben berücksichtigt man bei Ankäufen selbstverständlich auch die zur »Stuttgarter Schule« zählenden Künstler Otto Herbert Hajek, Karl Georg Pfahler, Thomas Lenk und Lothar Quinte, die zu Beginn der 60er Jahre in der Abkehr vom Informell eine großflächige und kontrastreiche Bildsprache mit architekturbezogenen Gestaltungselementen entwickelten. Werke des sogenannten »schwäbischen Picassos« HAP Grieshaber, der als Akademieprofessor in Karlsruhe und Reutlingen lehrte, dürfen in dieser Sammlung natürlich nicht fehlen. In seiner Arbeit »Das Milchschaf«, die sich zum Zeitpunkt der Untersuchung im Restaurantbereich befindet, führt er auf expressive Kürzel reduzierte, figürliche Traditionen fort. Horst Antes, Dieter Krieg und Walter Stöhrer, der mit seiner eruptiv-gestischen Malerei Zeichen setzt, sind seine prominentesten Schüler, deren Arbeiten ebenfalls bei Daimler-Benz gesammelt werden (vgl. Maur 1991).

Neben diesem regional begrenzten Auswahlkonzept gibt es – aufgrund besonderer Anlässe und meist im Rahmen von Auftragsarbeiten – immer wieder sogenannte »Öffnungen«, die auch die letzten Reste eines geografischen Provinzialismus vertreiben.

B) Ankauf und Auftragsvergabe
Die Werke werden zum Teil bei Künstlern wie Max Bill, O.H. Hajek, Dieter Roth, Ben Willikens oder Heinz Mack direkt angekauft oder aber – um nur eine kleine Auswahl zu nennen – über Galerien wie muellerroth und Schurr in Stuttgart, Hans Mayer in Düsseldorf oder Teufel in Köln erworben. Wenn es sich um für die Sammlung wichtige Arbeiten handelt, werden selbige auch auf Auktionen ersteigert.

Spezielle Aufträge werden meist auf Grund besonderer Ereignisse vergeben. Anläßlich des 100jährigen Jubiläums des Automobiles wurde – auf Anregung des Galeristen Hans Mayer – Andy Warhol mit der Erarbeitung der Serie »Cars« zur künstlerischen Illustration der Mercedes-Automobilgeschichte beauftragt. 1988, bei der Präsentation der 35 Siebdrucke in der Tübinger Kunsthalle erhielten sie den Zusatz »die letzten Bilder«, denn die Serie blieb aufgrund des plötzlichen Todes des Künstlers unvollendet.

Max Bill, der künstlerische Berater, gab dem großen freien Platz zwischen Eingangs- bzw. Einfahrtsbereich und zentralem Empfangsgebäude in Stuttgart-Möhringen mittels unterschiedlich grauen Granitsteinen und hellen, geometrisch angeordneten Linien eine grafisch-homogene Struktur. Dabei entstanden größere Rechtecke, die gleichzeitig als dezente Parkplatzmarkierungen für einige wenige privilegierte Fahrzeuge der überdimensionierten S-Klasse dienen. Einen farbigen vertikalen Akzent setzte er in diesem Ambiente mit der dreiteiligen »Endlossäule« vor der Empfangshalle.

Der in Stuttgart und München lebende Maler Ben Willikens ist der Gestalter des Deckengemäldes und der zwei Wandbilder im Auditorium. Auf die fast bis zu sechs Meter hohen und zwanzig Meter langen Wände trug er die Farbe »al secco« mit der Spritzpistole auf, von fast unmerklichen Übergängen bis zu pointierten Helldunkel-Kontrasten. Imaginäre, zentralperspektivisch angeordnete Architekurkulissen, in unzähligen Grauschattierungen abgestuft, erweitern – in der Tradition der Trompe-l'oeil-Malerei – den realen Raum optisch. Bei der Deckengestaltung, einer Kombination von Licht und Malerei, handelt es sich um eine von ihm speziell für die Nutzungsanforderungen des Raumes konzipierte technische Erfindung.

Die schimmernde Edelstahlstele von Heinz Mack vor dem Westeingang und die monumentale »5 Kontinente Skulptur« von Walter de Maria (nähere Ausführungen ab Seite 131) sind weitere Beispiele für besondere Auftragsarbeiten für den Verwaltungsneubau in Stuttgart-Möhringen.

Anstelle der für die Arbeiten gezahlten Beträge und darüberhinausgehenden finanziellen Möglichkeiten von Daimler-Benz soll an dieser Stelle das folgende Zitat stehen: »Es scheinen ausreichende Mittel zur Vefügung zu stehen.«[8] Wenn man den jährlichen Ankaufsetat des Museums für Moderne Kunst in Frankfurt (400.000,- DM) oder gar der Neuen Galerie in Kassel (140.000,- DM) zugrunde legt, handelt es sich bei dem Etat von Daimler-Benz sicher um ein Vielfaches dieser Beträge.

C) *Berater*
Bedarf an externen »artconsulting«-Dienstleistungen besteht bei Daimler-Benz nicht. Das Sammlungskonzept und der Bestandskatalog wurde mit Hilfe von Kunsthistorikern erarbeitet, die als »selbstlose« Experten auch bei Fragen der Provenienz oder bei Echtheitsprüfungen zu Rate gezogen werden können.
   Hans J. Baumgart und Edzard Reuter führen zwecks Informationsaustausch zahlreiche Gespräche mit Galeristen und Künstlern. Max Bill bezeichnet das Engagement dieser beiden Kunst-Entscheidungsträger als einzigartig, und Ben Willikens beurteilt ihren Kenntnis- und Bewußtseinsstand bezüglich moderner Kunst als sehr hoch.
   Da vielen Galeristen – und insbesondere Hans Mayer aus Düsseldorf – das Sammlungskonzept von Daimler-Benz bekannt ist, fungieren sie als Informanten und Vermittler, indem sie auf Werke aufmerksam machen, die für die Sammlung wichtig sein könnten.

D) *Präsentation*
Ein Großteil der Gemälde befindet sich in dem Foyer-Bereich vor dem Auditorium und den Konferenzräumen; ein weiterer Teil wird in zwei Restaurantbereichen präsentiert. Gehängt wurde nach stilistischen Merkmalen und historischen Bezügen auf in der Regel weiße, manchmal dezent gespachtelte Wände. Es wurde darauf geachtet, daß sowohl den Gemälden, als auch den potentiellen Betrachtern ausreichend Platz zur Verfügung steht.
   Besonders hervorzuheben ist die gelungene Kombination der drei Arbeiten von Georges Vantongerloo mit der Skulptur »Coryphée« von Hans Arp in dem VIP-Vorraum. Von diesem Raum gehen 8 Türen zu Besprechungszimmern ab; infolge dieser architektonisch bedingten Unruhe ist er nur schwer zu gestalten. Durch die von Arp organisch geformte weiße Skulptur auf schwarzem Sockel gelang es in der Mitte des Raumes einen Ruhepol zu schaffen. Um diesen gruppieren sich drei, den Dimensionen der Türzwischenräume harmonisch angepaßte, Gemälde von Vantongerloo mit ihren zarten farbigen Kurvaturen, die die Umrißlinien der Skulptur in Blau, Rot und Grün nachzuzeichnen scheinen. Ein sandfarbener Teppich in dessen Mitte ein braunes Quadrat der Skulptur ihren Ort gibt, trägt in Überwindung der divergierenden räumlichen Richtkräfte dazu bei, ein eindrucksvolles Ensemble zu schaffen. – Ein Purist allerdings könnte sich an den insgesamt 12 kleinen schwarzen Quadraten stören, die im Abstand von ungefähr einem Meter um den Sockel

herum eingewebt wurden; sie bilden mit ihrer dominanten dunklen Geometrie einen übermächtigen Gegenpol zu der leichten organischen Linienführung der Kunstwerke.

Eine weitere interessante und ungewöhnliche Kombination von Architektur und Skulptur läßt sich im Aufsichtsratskonferenzraum entdekken: In den vier Ecken dieses Raumes befindet sich im Außenbereich jeweils eine 3 x 3 Meter große gemauerte Architekturnische, die von jeweils zwei verglasten Innenseiten einsehbar ist. Hinter diesen über fünf Meter hohen Fensterscheiben, deren Größe in strengem Rhythmus von einem großzügigen Gitter gegliedert wird, sieht man Skulpturen, die sich mit ihrer Energie gegen das Eingesperrtsein zur Wehr zu setzen scheinen, auszubrechen versuchen oder sich resigniert auf ihre immanente Materialstärke (Granit, Bronze, Stahl) verlassen. Diese fast zoo-artige Situation der gefangenen Plastiken, gibt ihnen durch den engen Kontakt mit der Architektur eine Kraft, die in der Freiheit verlorengeht. Das Ensemble besteht aus einer schwarzen Bronze von Mel Kendrik, einem Granitblock von Takashi Naraha, sowie zwei Metallarbeiten von Bernar Venet und Ansgar Nierhoff, wobei letztere speziell für diesen Raum angefertigt wurde.

Die Diskussion von Museumsdirektoren und Ausstellungsmachern über den Raum, den Skulpturen brauchen, hat eine lange Traditon: schon 1959, anläßlich der documenta 2 ließ Arnold Bode, der Organisator der Ausstellung in Kassel, vor der Ruine der Orangerie abgeteilte Raumkuben aus weißgeschlämmten Ziegelwänden für die Skulpturen mauern. Und auch Knud W. Jensen, der Gründer des Louisiana-Museums in Humlebaek, nördlich von Kopenhagen, ist der Auffassung, daß es nicht reicht »Kunstwerke locker über Rasenflächen zwischen Büschen und Bäumen zu verteilen, (denn) ›im Freien schwimmen die Skulpturen, sie brauchen Halt und Begrenzung‹« (Sager 1991, S. 36).

Leider befinden sich große Teile der Sammlung von Daimler-Benz in den Foyer-Bereichen von Konferenzsaal und Auditorium, die aus Personenschutzgründen mit Zugangsbeschränkungen versehen wurden und sind somit nicht jederzeit für jeden Mitarbeiter zugänglich, wie es Edzard Reuter anfangs plante.

E) *Führungen*
Spezielle Kunstführungen finden gesondert von den üblichen Hausführungen statt. Sie werden je nach Bedarf mehrmals im Monat für interes-

sierte Mitarbeiter und Gäste des Hauses von mit der Sammlung vertrauten Kunsthistorikerinnen aus dem Raum Stuttgart durchgeführt.

Begrüßenswert wäre allerdings eine mehr symmetrische Form der Vermittlung, in der Art von Gesprächen über Kunstwerke, wie sie der Kunsthistoriker Max Imdahl mit Angestellten und Arbeitern der Bayer AG in Leverkusen durchführte, weil sie mehr Rücksicht auf die subjektiven Bedürfnisse der Beschäftigten nehmen.

Die kunstwissenschaftliche Unbefangenheit der Mitarbeiter und ihr Interesse an den Kunstwerken – was die Teilnahme an den in der Regel nach 17 Uhr durchgeführten Veranstaltungen signalisiert – könnte besser als kommunikatives Potential genutzt werden. Damit die sicherlich vorhandenen Fragen auch gestellt werden, bedarf es einer dialogischen Gesprächsform, nicht einer monologisierenden kunsthistorischen Faktenausdeutung. Die Beschränkung auf wenige Exponate pro Veranstaltung, bei denen die im täglichen Umgang mit den Werken aufgetretenen Fragen gemeinsam erörtert werden könnten, ergibt sich von selbst. Denkbar wären auch Veranstaltungen, die sich nur auf die Vorstellung von Leben und Werk eines in der Sammlung vertretenen Künstlers beschränken.

F) *Ausleihmöglichkeit*
Eine Ausleihe aus dem Kunstbestand ist für Ausstellungen und Mitarbeiter ab Direktorenebene nach Absprache weltweit möglich.

Die Einrichtung einer Artothek, um allen Mitarbeitern die Möglichkeit zu geben, Bilder auszuleihen, wurde im Untersuchungszeitraum nicht projektiert. Dadurch besteht die Gefahr, daß die Kunstwerke primär den elitären Charakter eines unternehmensinternen Statussymboles zur Dokumentation der Hierarchieebenen bekommen und sie von den Mitarbeitern nicht nach ihrem künstlerischen Wert beurteilt, sondern als Incentive betrachtet werden – wie ein neuer Dienstwagen mit Luxusausstattung.

1.5. Die 5 Kontinente Skulptur[9]

Abbildung 19
WALTER DE MARIA: 5 KONTINENTE SKULPTUR, 1989
Daimler-Benz AG, Stuttgart-Möhringen

1.5.1. Beschreibung und Interpretation

Tausend kleine Kristalle funkeln im Sonnenlicht, das durch das Glasdach des Gebäudes auf die weißen Steine fällt.
Diese weißen Steine, in handflächengroße Stücke mit unregelmäßigen

Kanten gebrochen, liegen aufgeschichtet in dem verglasten Kubus in der Mitte der Empfangshalle des Daimler-Benz-Verwaltungszentrums in Stuttgart-Möhringen. Die Fassung für die sechs Zentimeter dicken Plexiglasscheiben, die dem ungeheuren Druck der Steine standhalten, bildet ein weißes Stahlgerüst mit einer Seitenlänge von fünf Metern. Walter de Maria hat in diesem 125 Kubikmeter fassenden Kubus knapp 250 Tonnen weiße Mineralien aus Steinbrüchen in Kenia, Brasilien, Indien, Griechenland und den USA aufschichten lassen. Das Alter der Steine variiert von dem vor 22 Millionen Jahren entstandenen griechischen Marmor bis zu den Quarzen aus Indien und USA, die 1,2 Milliarden Jahre alt sind.

Das optische Erscheinungsbild dieses Kunstwerkes, das den unvorbereiteten Betrachter schon allein durch seine Größendimension irritiert, ändert sich mit den unterschiedlichen Lichtverhältnissen: bei leicht bewölktem Himmel werden immer wieder unterschiedliche Partien in strahlendes Sonnenlicht getaucht und Kristalle der Mineralien zum Funkeln gebracht, vergleichbar mit den Eiskristallen auf einem unberührten Schneefeld. Durch das Licht werden in der weißen Gesteinsmasse Energien freigesetzt, die diese streng geometrisch gefaßte Arbeit in immer wieder divergierenden Formen erscheinen lassen, wobei die kristalline Struktur der einzelnen Steine mit der glatten Oberfläche der nur oben offenen kubischen Fassung kontrastiert. Man kann beobachten, daß es sich bei Weiß eigentlich nicht um eine eigenständige Farbe, sondern vielmehr um eine Helligkeit handelt, eine Synthese aller Spektralfarben, die Licht kaum absorbiert, sondern nur reflektiert. Darüberhinaus hat Weiß einen seit Jahrtausenden festgelegten Symbolwert und steht für Reinheit, Unschuld, Unberührtheit und Vornehmheit. Rational ist die Faszination dieser weißen Steine auch in der Seltenheit ihres Vorkommens begründet: kaum 1% aller globalen Steinvorkommen sind weiß.

Die hier an diesem Ort zusammengefügten Steine sind Symbol für die Einheit der Erde[10], stehen für die Überwindung der räumlichen und zeitlichen Distanzen, für Veränderung, Wachstum und Vergehen wie auch für die Internationalität des Konzerns, in dessen Empfangshalle sie sich befinden.

Ein partiell vergleichbares Bauwerk – wobei Gemeinsamkeiten wahrscheinlich weder von dem Auftraggeber noch von dem Künstler intendiert wurden – befindet sich in der Mitte der großen Moschee in Mekka: die würfelartige Kaaba, das Heiligtum des Islam. Dieses fast doppelt so große Gebäude wurde auf einem rechteckigen Grundriß aus Schichten von grauem Gestein erbaut. Die vier Mauern sind meist mit einem schwarzen Teppich bedeckt, der aber zeitweilig auch gegen einen weißen ausgetauscht wird. An der Westseite befindet sich ein weißer Stein, an der Ostseite ein schwarzer, der der Legende nach erst nach der Berührung mit Unreinheit und Sünde die dunkle Farbe erhalten haben soll.

Für die »Pilger« in Möhringen ist die 5 Kontinente Skulptur jedoch nur ein kurzfristiger »Meeting-Point«, meist vor dem Restaurantbesuch, und nicht das oberste Ziel ihres Weges, wie bei den Gläubigen, die – aus den entferntesten Regionen kommend – die Kaaba umwandern.

Eine Parallele zu der jährlichen rituellen Waschung der Kaaba kann man allerdings in Walter de Marias Forderung sehen, die weißen Steine bei Verschmutzung (je nach Bedarf und aus rein ästhetischen Gründen) zu reinigen.

1.5.2. Entstehungsgeschichtlicher Hintergrund

Die Idee dieser Arbeit wurde von Walter de Maria 1985 im Zusammenhang mit einer in der Stuttgarter Staatsgalerie geplanten Ausstellung formuliert. Über drei Jahre später (Ende 1988) konnten die weißen Steine der 5 Kontinente Skulptur erstmalig im klassizistischen Skulpturensaal der Alten Staatsgalerie der Öffentlichkeit präsentiert werden. Dort, in dem rechteckigen Raum mit den Seitenlängen 23,5 m x 13 m faßte man die Mineralien in einem 75 cm hohen Becken, so daß beim Betrachter der Eindruck eines weißen steinernen Meeres entstand, aus dem die schwarzen Marmorsäulen des Saales der Staatsgalerie herausragten.

Aber schon lange vor dieser ersten Fassung wurde, in langen Gesprächen zwischen Vertretern der Daimler-Benz AG und Walter de Maria, das Konzept für die endgültige Fassung in Stuttgart-Möhringen beschlossen. Auslösendes Moment war ein Gespräch zwischen Dr. Peter Beye, dem Direktor der Staatsgalerie und Edzard Reuter, in dem es um eine erste Vorstellung dieser »hochinteressanten« Arbeit und gleichzeitig um die Frage nach dem Verbleib und der möglichen Finanzierung ging. Nachdem das Interesse von Edzard Reuter und Hans J. Baumgart geweckt worden war, lud man Walter de Maria nach Möhringen ein, um auf dem noch unbebauten Gelände nach einem möglichen Standort zu suchen. Da es sich bei diesem Kunstwerk um eine genuine In-Doors-Arbeit handelt und innerhalb des Verwaltungsgebäudekomplexes keine riesigen Freiräume zur Verfügung standen, die ein Meer von weißen Steinen hätten aufnehmen können, trennte man sich betrübt, aber mit der im Raum stehenden Frage, ob die Arbeit nicht auch anders gefaßt werden könnte. Als sich Walter de Maria einige Zeit später wieder meldete, hatte er die Idee, die Steine in der Empfangshalle in eine kubische Form zu fassen. Das wurde dann auch die für ihn endgültige Fassung.

Thomas Kellein, der inzwischen die Baseler Kunsthalle leitet, hat das Projekt von Anfang an begleitet und schildert zur Entstehungsgeschichte folgendes: »Zufälligerweise war das Eingangsfoyer als weißer Raum geplant und sollte, mit dreißig Metern Kantenlänge, im Grundriß quadratisch und zweigeschossig, mit einer lichten Höhe von annähernd fünfzehn Metern, ausfallen. (...) Es blieb jedoch die Frage, wie denn zwei ganz verschiedene ästhetische Formen als Behälter für das gleiche Kunstwerk dienen konnten, und jene weitaus schwierigere Frage, wie man technisch einen Kubus bauen sollte, der den enormen Böschungsdruck von mehr als einer Tonne pro Quadratmeter auszuhalten vermochte. Die erste Antwort lag in der Natur der Sache: Die Steine und die Kontinente waren in Aussehen, Alter und Entfernung der einzige Inhalt der Skulptur, sowohl der Idee, als auch der Gestalt nach. Sie wurde deshalb vom Künstler als Werk der Minimal-art, Conceptual-art und Land-art beide Male mit großem Aufwand und großer Liebe an den bestehenden Raum angepaßt« (Kellein 1991, S. 10 ff.).

Zur Lösung des zweiten Problems konnten die Fundamente der Empfangshalle noch vor Baubeginn verstärkt werden, und 1987 wurde zuerst mathematisch, und dann auch empirisch – mittels einer Versuchsreihe – eine erforderliche Acrylglasscheibendicke von 6 cm ermittelt. Das dem ernormen Innendruck standhaltende Gerüst des Kubus wurde aus 20 cm breiten, geweißten Stahlprofilen geschweißt.

1.5.3. Integration der Skulptur in die Alltagswirklichkeit der Mitarbeiter

> Bei der näheren Bezeichnung ist das Weiß, welches oft für eine Nichtfarbe gehalten wird, wie ein Symbol einer Welt, wo alle Farben als materielle Eigenschaften und Substanzen verschwunden sind. Diese Welt ist so hoch über uns, daß wir keinen Klang von dort hören können. Es kommt ein großes Schweigen von dort, welches materiell dargestellt, wie eine unübersteigliche, unzerstörbare, ins Unendliche gehende kalte Mauer uns vorkommt. Deswegen wirkt auch das Weiß auf unsere Psyche als ein großes Schweigen, welches für uns absolut ist.
>
> Aus: Wassily Kandinsky »Über das Geistige in der Kunst«, Bern, Benteli 1952

Das kühle, weiße Ambiente der Empfangshalle strahlt – nach der Meinung einiger Benutzer – die Aura eines Flughafenempfangsgebäudes aus;

bei dieser Rezeptionsvariante sind deutliche Parallelen zu dem Zitat von Kandinsky zu erkennen.

Hinzu kommt, daß die über 3.500 Mitarbeiter der Daimler-Benz AG in Stuttgart-Möhringen nicht an dem 10 Tage andauernden Entstehungsprozeß des Kunstwerkes vor Ort beteiligt waren; an ihrem ersten Arbeitstag befand sich die Skulptur schon dort, war monumentales Inventar der Empfangshalle.

Die Steine – nach Bourdieu »vulgäre Objekte« – werden durch das distinguierte Ambiente, die majestätische Größe der Arbeit und die unnatürliche rein-weiße Farbigkeit der Mineralien ästhetisiert. Eine weitere Stilisierung erfolgt im Titel des Kunstwerkes, der »5 Kontinente Skulptur« lautet, und nicht etwa »Weiße Steine aus 5 Steinbrüchen«.

Welche Mechanismen und Gewohnheiten konnten sich in dem – bei manchen Beschäftigten inzwischen schon zwei Jahre andauernden – Prozeß des »Umgangs« mit dem Kunstwerk etablieren? Die Frage nach der Rezeption des Kunstwerkes durch die Mitarbeiter untersuchte die Autorin mit dem Instrument einer durch die unterschiedlichen Verhaltensmerkmale strukturierten, teilnehmenden Beobachtung, die sie am 05.11.1991 von 11:30 bis 13:30 Uhr durchführte. Um die Mittagszeit, zwischen 11:30 und 14:00, gehen an dieser Skulptur ca. 2.000 Menschen meist zweimal vorbei, weil es sich dabei um den Hauptzugang zum Restaurant- und Cafeteriabereich handelt. Das Rezeptionsverhalten der Beschäftigten läßt sich in folgendes Schema untergliedern:

Gewöhnung
Durch die jahrelange Gewöhnungszeit bedingt, laufen die meisten Angestellten ohne Reaktion vorbei. Ihr Weg durch den Raum wird unbewußt durch das ihnen wohlbekannte Hindernis kanalisiert.

Reaktionen
Bei den wahrzunehmenden Reaktionen lassen sich die folgenden Divergenzen konstatieren.

Merkmalsausprägung	Häufigkeit
• passives Wahrnehmen	
z.B. im Vorbeigehen interessiert anschauen	10
• aktives Wahrnehmen	
z.B. nah herangehen, anlehnen, betasten	12
Gespräche über Skulptur	15
Verabredungen	82

Wie diese empirische Bestandsaufnahme zeigt, ist die Skulptur in das Alltagsleben der Mitarbeiter integriert und wird – allein in der Mittagszeit – von mindestens 82, d.h. 4 % der Beschäftigten als Treffpunkt genutzt. Man trifft sich meist genau an der Ecke des Kubus, der dem Eingang des Restaurants am nächsten liegt, was wie wir später noch feststellen werden, einen ganz besonderen Grund hat.

In diesem Raum existieren noch weitere mögliche und auch kommodere Treffpunkte, die aber von den Mitarbeitern wenig frequentiert werden:

- Die bequemen schwarzen Lederpolstergarnituren, neben denen die neusten Tageszeitungen zum Verweilen einladen, werden für Verabredungen nur von 7 Mitarbeitern genutzt.
- Die Telefonkabinen und der Eingangsbereich von Restaurant, Cafeteria, Kiosk sowie die Info-Theke werden nur von 2 Mitarbeitern als Treffpunkt verwendet.

Als »Spitzenzeit« mit der über den Tag verteilten höchsten Auslastung des Raumes kann man »High Noon«, d.h. 12:00 Uhr mittags bezeichnen. Der favorisierte Spezial-Treff ist die auf den Eingang des Restaurants gerichtete Ecke der Skulptur. Dieser topographisch eindeutig zu lokalisierende Ort wird von den Mitarbeitern üblicherweise als »Am Steinhaufen bei der Fliege« bezeichnet: In dieser Ecke fand beim Aufschichten der Steine eine schwarze, zweiflüglige Stubenfliege ihren Tod, und deren sterbliche Überreste liegen seitdem für den aufmerksamen Betrachter gut sichtbar in ca. 5o cm Höhe, eingeklemmt zwischen einem weißen Gesteinsbrocken und dem Acrylglas.

In kunstwissenschaftlicher Tradition kann man die vom Künstler bewußt angeordnete Sammlung von Steinen, d.h. »toten Dingen« auch als eine Weiterentwicklung der Bildgattung Stilleben auffassen, die um 1560 entstand und bei den niederländischen Malern des 17. Jahrhunderts eine besondere Blütezeit erfuhr. Nach Ansicht von Dr. Evelyn Lehmann, der Museumspädagogin bei den Staatlichen Kunstsammlungen Kassel, tauchen in den 80er Jahren des 20. Jahrhunderts Stilleben in Gestalt von Rauminstallationen und Objekten wieder auf, die von ihr als »modernes dreidimensionales Stilleben« (Lehmann 1991, S. 115) bezeichnet werden. Die Außeninstallation »Earth products« von Tony Cragg, die 1987 auf der documenta 8 in Kassel ausgestellt war, ist für sie ein Beispiel dafür, daß im 20. Jahrhundert selbst dann, wenn »eindeutig stillebenhafte Momente vorherrschen, kaum von Stilleben, sondern eher von Objekten,

Assemblagen oder von Environments und Installationen« (Lehmann op.cit.) gesprochen wird.

Vor allem bei niederländischen Blumen-, Früchte- und Frühstückstilleben war die Gegenwart lebender und beweglicher Wesen nicht ausgeschlossen, wobei Insekten sehr häufig vorkamen und dabei speziell Fliegen, als Symbol für Vergänglichkeit, oft verwendet wurden. – Wenn man die 5 Kontinente Skulptur als eine weiterentwickelte Form innerhalb der Stillebengattung begreift, warum sollte man dann nicht auch die Fliege – obwohl nach rein ästhetischen Kriterien immer noch Corpus alienum – als traditionsstiftenden Kompositionsbestandteil des Kunstwerkes akzeptieren.

Die Mitarbeiter, die über nur wenig Kunstkompetenz verfügen, erfahren die Skulptur allerdings als ein großes weißes Etwas, das sich ihnen, je nachdem welchen Eingang sie benutzen, mehr oder weniger in den Weg stellt. In dem Code, der ihnen aus ihrer Alltagssprache zur Verfügung steht, bedeuten viele locker aufgeschichtete Steine, daß es sich um einen Steinhaufen handelt. Ein etwas phantasievollerer, aber mit ebensowenig künstlerischem Sachverständnis ausgestatteter Mitarbeiter erfand die Bezeichnung »Muggengrab« (schwäbisch: Fliegengrab), womit die tote Fliege ironisierend zum alleinigen Sinn und Zweck des Kunstwerkes erklärt wird. Nach diesem Verständnis wäre die 5 Kontinente Skulptur kunsthistorisch unter den Bereich der Sepulkralskulptur (Grabmalskunst) zu subsumieren.

Ein anderer unter den Mitarbeitern kursierender Titel zeichnet den Erfinder als einen kenntnisreichen Haustierhalter aus: »Katzenklo«. Bei dieser drastisch-realistisch bis fast geschmacklosen Bezeichnung, könnte sich der Kunstkenner gar – abstrahierend von der negativen Konnotation des Begriffes – an Arbeiten des Künstlers Tony Cragg erinnert fühlen, dessen riesige Skulpturen alltägliche Gebrauchsgegenstände in Monumente verwandeln.

Noch ist ein modernes Kunstwerk für die meisten Mitglieder unserer Gesellschaft verwirrend oder auch abstoßend, da ihnen die zur Aneignung notwendigen Mittel fehlen. Die Mitarbeiter, denen das künstlerische Know-how zur Dekodierung der 5 Kontinente Skulptur fehlt wenden bewußt oder unbewußt, zur Entschlüsselung des ihnen fremden Objektes »denjenigen Code an, der für die alltägliche Wahrnehmung, für die Entschlüsselung der vertrauten Gegenstände gilt« (Bourdieu 1991b, S. 161). Die Begriffe »Land-art«, »Concept-art« und »Minimal-art« sind den meisten der Beschäftigten fremd; sie kennen Steine aus der Natur. Nur mit dem Unterschied, das diese hier in brillantem Weiß erstrahlen, sich hinter Glas befinden und ein Kunstwerk von Walter de Maria sind.

Wenn sie die Skulptur mit erfunden Namen wie »Steinhaufen« bezeichnen, transferieren sie die Steine aus der Aura des Kunstwerkes in den profanen Bereich ihres natürlichen Vorkommens zurück. So wie sie bei jeder Aneignung von fremden Dingen versuchen, ihre Wahrnehmung an Bekanntem zu orientieren, können sie auf diese Art und Weise die 5 Kontinente Skulptur in ihr Denkschema einordnen.

Auch die Fliege kennen sie aus ihrer Alltagswelt. Aber obwohl sich diese schwarze Fliege auch hinter dickem Acrylglas wie die weißen Steine befindet, gehört sie nicht zum Kunstwerk, sondern bleibt immer noch eine tote Stubenfliege ohne tieferen Symbolgehalt. Da stimmen die Erfahrungswerte der Mitarbeiter wieder mit der Realität überein. Durch die tote Fliege, der in gewisser Weise eine »Botschafterfunktion« zukommt, sind Kunstwerk und reale Alltagswelt miteinander verknüpft, und die Mitarbeiter haben eine Brücke gefunden, die ihnen einen persönlichen Zugang zur 5 Kontinente Skulptur ermöglicht.

Der unvorbereitete Betrachter erfährt zuerst die Macht, Gewalt und Brillanz der weißen Steine, und erst lange danach, bei sehr genauem Hinschauen erkennt er auch die wahre Identität des störenden schwarzen Punktes. Wenn jemand allerdings – in Form eines inzwischen üblichen »Initiationsrituales« – zuerst von anderen Beschäftigten auf die Fliege, diesen schwarzen Fremdkörper in dem strahlenden Weiß aufmerksam gemacht wird, kann er sich mit der Ästhetik der Skulptur und ihrer Monumentalität erst in einem zweiten Schritt befassen. Da nach Bourdieu »das Werk als Kunstwerk nur in dem Maße existiert, in dem es wahrgenommen, d.h. entschlüsselt wird, wird der Genuß, der sich aus dieser Wahrnehmung ergibt, (...) nur denjenigen zuteil, die in der Lage sind, sich die Werke anzueignen. Nur sie nämlich messen ihnen überhaupt Wert bei, und das nur deshalb, weil sie über die Mittel verfügen, sie sich anzueignen« (Bourdieu 1991b, S. 181). Die Vorstellung, »daß sich die modernsten Formen der nichtfigurativen Kunst der kindlichen Unschuld oder der Unwissenheit leichter erschlössen, als einem durch (...) Ausbildung (...) erworbenen Sachverständnis« (op.cit., S. 180), wird von der Realität widerlegt und sollte auch bei den zukünftigen Vermittlungsstrategien von Daimler-Benz berücksichtigt werden.

Damit auch der pragmatische Techniker, der bei der nach oben offenen Skulptur auf das Fehlen einer Glasabdeckung zum Schutz vor Kontamination aufmerksam macht, verstehen lernt warum sie fehlt.

1.6. Spezifika und Perspektiven

Bei dem als sui generis in Industrie und Wirtschaft zu bezeichnenden Engagement von Daimler Benz in dem Bereich der Bildenden Kunst handelt es sich um die singuläre Wirkungsgemeinschaft von Edzard Reuter und Hans J. Baumgart. Nur durch die Koinzidenz von zwei »Kunstsachverständigen« auf hoher bzw. höchster Hierarchieebene ist es möglich, daß der Kunst – auch im Management selbst – ein besonderer Stellenwert zugeordnet wird, der sich von konventionellen unternehmerischen Image-, Identity- und Sponsoringzielen deutlich unterscheidet. Es ist »das Interesse an der Kunst an sich«[11].

Aus persönlichem Interesse und Engagement entsteht – wie bei anderen Sammlern auch – ein privater Umgang mit den Künstlern und eine Vertrautheit mit ihren Werken. Durch die genaue Kenntnis der Arbeiten und des jeweiligen persönlichen Stiles eines Künstlers ist es auch möglich, ihm den größtmöglichen Freiheitsspielraum zu gewähren, wenn man sich zur Vergabe einer Auftragsarbeit entschlossen hat.

Die Zusammenarbeit mit dem Maler und Gestalter des Auditoriums in Stuttgart-Möhringen, Ben Willikens, begann nach seinen Angaben mit einem Telefongespräch, das Edzard Reuter mit folgenden Worten einleitete: »Wir möchten eine bedeutende Arbeit von Ihnen. Wir finden sie aber weder im Handel, noch in Ihrem Atelier. Bitte suchen sie sich einen Raum, und stellen Sie sich ein Thema.« Dabei gab es nach seiner Aussage[12] keinerlei Vorgaben – noch nicht einmal der Größenordnung – weder bezüglich der Arbeit noch des Honorares.

Bei einem Engagement mit diesem Bewußtseinsstand über zeitgenössische Kunst, ist Förderung nicht mit Forderung verbunden und das Ideal der Kunstautonomie keiner Gefährdung ausgesetzt.

Problematisch ist allerdings das von Edzard Reuter als »Kunst einüben« bezeichnete Vorgehen bei der Vermittlung zwischen Kunst und Mitarbeitern. Zu schnell kann es zu Reaktionen kommen, wie sie bei Mitarbeitern der Deutschen Bank in Frankfurt z.B. während der Führungen, oder den ungefähr vierteljährlich stattfindenden »Künstlergesprächen« zu beobachten sind (vgl. hierzu auch S. 69). Deshalb sollte bei der Kunstvermittlung mit äußerster Sensibilität und Rücksichtnahme auf die Bedürfnisse der Mitarbeiter vorgegangen werden, die in ihren persönlichen Arbeitsbereichen nicht zum »Heucheln von Kunstinteresse« gezwungen werden dürfen, denn sonst handelt es sich eher um die persönliche Sammlung von zwei Kunstspezialisten mit didaktischen Ambitionen, als um eine Sammlung für die Mitarbeiter.

Aber über diesem einzigartigen Engagement von Daimler-Benz schwebt das Ende der »Ära Reuter« als »Vanitas«-Symbol, denn mit einem weniger kunstsinnigen Konzernchef könnte der Bereich Bildende Kunst wieder auf den gleichen Stellenwert von Sport, Musik, Sozialem und Umwelt zurückfallen. Und falls das verstärkte persönliche Engagement für Bildende Kunst nicht auch in zukünftige Unternehmensstrategien miteinbezogen wird, wird spätestens wenn Hans J. Baumgart die Direktion Kunstbesitz verläßt, selbige von einem Referenten der Abteilung für Kulturförderung mitbetreut werden.

Walter Gropius ließ den Text des Bauhaus-Manifestes von 1919 mit dem Satz »Das Endziel aller künstlerischen Tätigkeiten ist der Bau« beginnen. Welche Symbiose werden Kunst und Architektur am Potsdamer Platz eingehen?

2. ›Kunst geht in die Fabrik‹ des Metzgermeisters und Unternehmers Karl Ludwig Schweisfurth

Das Ungewöhnliche an der Sammlung des ehemaligen Besitzers der Wurstfabriken Herta, Artland und Dörffler sind die Ausstellungsräume: nicht nur in den Verwaltungsräumen, sondern vorwiegend in den Produktionshallen selbst werden die Kunstwerke präsentiert.

2.1. Motive für den Aufbau der Sammlung

Für Karl Ludwig Schweisfurth, der sich ein Leben ohne Kunst nicht vorstellen kann, ist es ein Bedürfnis die graue und technische Arbeitswelt seiner Fabriken ein wenig interessanter, menschlicher und qualitativ ansprechender zu gestalten. Außerdem will er die Bereicherung, die er durch die Beschäftigung mit Kunst und Künstlern erfahren hat, auch an seine Arbeiter und Angestellten weitergeben.

In einer Eröffnungsrede erläutert er seine persönliche Motivation näher: »Ich liebe die Kunst, und ich liebe meinen Beruf als Unternehmer. Ich möchte mich freuen, wenn ich durch die Fabriken gehe; es soll nicht nur gut funktionieren, sondern es soll auch schön sein. Und ich möchte Freude bereiten und es den Menschen ein klein wenig schöner, anregender und interessanter machen. Denn Fabrikarbeit ist kein Zuckerschlecken. Außerdem bin ich neugierig: Was kann Kunst im ganz normalen Alltag tun und bewirken, vor allem da, wo man Kunst nicht erwartet? Die Kunst und insbesondere die zeitgenössische Kunst, braucht Zeit und Nähe, um ihre Informationen, ihre Energie, oder was auch immer ihre verschlüsselte Botschaft sein mag, zu den Menschen zu bringen, leise wie auf Katzenpfoten. Das geht nicht im flüchtigen Vorbeigehen. Kunst muß die Chance haben, wirken zu können. Der einzelne hat die Option, die Botschaft anzunehmen, wenn er will und wenn er kann. Man kann Kunst sammeln, still für sich, man kann Kunst ins Museum bringen, man kann auch Museen für die Kunst bauen. Ich will Kunst ins Leben bringen, zu den Menschen. Fabriken sind die größten Kunsthallen der Welt, hier kann Kunst ihre Arbeit tun!« (Schweisfurth 1987, S. 1).

Zusammenfassend beruht das Engagement von Karl Ludwig Schweisfurth auf folgenden »Kunst-Maximen«:

Kunst ist für alle Menschen da, und das nicht nur sonn- und feiertags in den Museen. Um sie auch für Menschen zugänglich zu machen, die ihr sonst hilflos und unwissend gegenüber stehen, muß man versuchen, sie in den normalen Arbeitsalltag zu integrieren. Daraus folgt, daß nicht nur die Büros, sondern auch die Arbeitsplätze in der Produktion einer künstlerischen Ausgestaltung bedürfen.

Durch Konfrontation mit Kunst können die Arbeiter und Angestellten lernen, Kunstwerke zu sehen. Dabei besteht Rezipieren nicht nur aus dem Empfang von optischen Eindrücken, sondern auch aus kritischer Stellungnahme und Entwicklung von eigenen Aktivitäten.

Zeitgenössische Kunst ist ein Informationsträger sowohl für die geistigen Strömungen und Ideen unserer Zeit, als auch für zukünftige Visionen. Daß die künstlerische Visualisierung dieser Inhalte bei den Betrachtern auf Ablehnung und Unverständnis stoßen kann, muß auch bei der Präsentation im Unternehmen miteinkalkuliert werden (vgl. Gnichwitz 1987).

Ende der 80er Jahre verkaufte Karl Ludwig Schweisfurth seine Unternehmen an den Nestle-Konzern, um östlich von München in den »Herrmansdorfer Landwerkstätten« ein neues ökologieorientiertes Lebens- und Arbeitsmodell zu verwirklichen, für das im industriellen Großbetrieb kein Platz war. – Ob die Kunst in den Produktionshallen auch nach den geänderten Eigentumsverhältnissen eine Existenzberechtigung hat, bleibt leider nur zu hoffen da es empirisch nicht nachgewiesen werden konnte[13].

2.2. Sammlungskonzeption

Das Kunstengagement wurde von Karl Ludwig Schweisfurth nie extern für Firmen-PR oder im Rahmen von Produktwerbung verwendet. Aufgrund der vorausgesetzten Einheit von Kunst, Leben und Arbeiten sind für ihn hauptsächlich betriebsinterne Wirkungsfaktoren relevant. Er löst das »museale Getto« der Kunst auf, und bringt sie nicht nur in die Büros und Verwaltungsräume, sondern als Beispiel für eine wirkliche Durchdringung von »Kunstwelt« und Arbeitswelt vor allem auch in die Produktionshallen seiner Fabriken.

Der Kunsthistoriker Prof. Karl Ruhrberg formuliert seinen Eindruck von der Sammlung folgendermaßen: »Hier arbeitet und lebt ein besessener Sammler, der gar nicht anders kann als zu sammeln und zusammenzutragen, was ihm ins Auge springt, der sich allerdings den Luxus einer breit angelegten Subjektivität eindeutiger und deutlich erkennbarer Vorlieben und Abneigungen leistet, aber ohne jede Voreingenommenheit für oder gegen irgend eine Tendenz oder Richtung. Alles drückt eine extreme Subjektivität des Wohlgefallens aus, unbekümmert um ästhetische Systeme oder offizielle Wert- oder Unwertkategorien. Hier herrscht keinerlei Systematik, sondern – wenn ich mir den saloppen Ausdruck erlauben darf – ein lebendiges, schöpferisches Chaos« (Ruhrberg 1987).

Bei den Exponaten, deren stilistische und zeitliche Einordnung von den Schlachtszenen flämischer Barockmaler über Arbeiten mit artverwandtem Sujet des deutschen Spätimpressionisten Lovis Corinth bis zu Environments von Wolf Vostell geht, dominiert die inhaltliche Fixierung auf die Produkte des Unternehmens: Fleisch, Wurst und deren Herstellungsprozeß sowie die Tiere, die diese Produkte liefern.

2.3. Präsentation der Sammlung

Bis zum Neubau des Werkes in Herten (1968 – 1971) war Kunst vorwiegend »Chefsache«: die Exponate befanden sich hauptsächlich in den Arbeitsräumen, die vom Unternehmer selbst genutzt wurden. Gemälde, Graphiken und Skulpturen zur Gestaltung der Arbeitsplätze einzusetzen, ist in Verwaltungsräumen auch weitaus einfacher zu realisieren als in Produktionsräumen, wo u.a. neben Bauverordnungen besondere behördliche Auflagen für Hygienebestimmungen zu beachten sind. Die folgende Beschreibung konzentriert sich deshalb auf die ungewöhnliche Präsentation unterschiedlicher Arbeiten von Wolf Vostell, die sich vorwiegend in Produktionsbereichen befinden. Trotz Bauauflagen und Sicherheitsvorkehrungen gestaltete er das an kultische Höhlenmalerei erinnernde große Wandbild »hommage à la Altamira« in der Verpackungshalle des Herta-Werkes in Herten, das schon bald aus dem Arbeitsalltag nicht mehr wegzudenken war. Für die »Fenster der Welt« im Schlachthaus des Artland-Werkes in Badbergen wurde der gesamte Baukörper immer wieder durch Erker-Fenster geöffnet, die Durch- und Ausblicke ermöglichen. Diese neu entstandenen durchsichtigen Räume gestaltete Wolf Vostell mit Hilfe ethnologischer Objekte (z.B. Samurai-Krieger in Rüstung, afrikanische Kultfiguren, chinesische Tempelwächterfiguren) zu themenspezifischen Environments und verlieh den tristen Hallen eine neue Dimension.

Sein Environment »MIT(H)ROPA«, das sich in der Pausenzone der Verwaltung des Werkes Herten befindet, war allerdings von Anfang an umstritten: der mit Schlachtwerkzeugen vollgepackte und mit Fernsehgeräten bestückte alte Buick, der gerade ein ausgestopftes Kalb überfährt forderte die Mitarbeiter in besonders starkem Maße zu Auseinandersetzungen heraus.

2.4. Reaktionen der Mitarbeiter

Dem Vorhaben des »Chefs« vorwiegend zeitgenössische Kunst in die Arbeitswelt zu integrieren, standen die Mitarbeiter nicht nur positiv gegenüber. Denn »Kunst war für die meisten das, was sich als ein ›gegenständliches‹ Bild oder Objekt präsentierte, was Wiedererkennbares für den Betrachter brachte« (Gnichwitz 1987, S. 12). Wenn der Abstraktionsgrad des Kunstwerkes hoch ist, ist die Toleranzschwelle schnell überschritten, denn Kunstobjekte die – abgesehen vom subjektiven und persönlichen Gefallen – weder eine »Museumsweihe« erhalten haben, noch in kunstgeschichtlichen Abhandlungen gewürdigt wurden, sind nicht in den offiziellen Kunstbesitz unserer Gesellschaft integriert. Die z.T. überforderten Mitarbeiter stellten anfangs in vielen kontrovers geführten Diskussionen die Kunstwerke als solche und deren zukünftige innerbetriebliche Akzeptanz in Frage. – Inzwischen ist Kunst im Betrieb durch die jahrzehntelange aktive Gewöhnung zu einer Selbstverständlichkeit geworden, ein Sieg der »sanften Gewalt« des Unternehmers.

Viele Kunstwerke entstanden während der normalen Arbeitszeiten,

Industriearbeit und künstlerische Arbeit liefen parallel, nahmen aufeinander Bezug und fanden einen gemeinsamen Ort. Der unmittelbare Kontakt zwischen Künstlern, Arbeitern und Angestellten förderte das Verständnis füreinander und vermittelte, daß Kunst keine Spielerei, sondern eine ernsthafte und manchmal auch sehr anstrengende Arbeit ist. Trotzdem lautet der Kommentar eines leitenden Angestellten dieses Unternehmens: »Wozu denn Kunst, das ist doch völlig nutzlos, man sollte lieber bessere Toiletten bauen!« (Gnichwitz 1987, S. 108) und zeigt, daß das Interesse an der Kunst eine persönliche Eigenschaft ist, die nicht zwangsläufig durch Konfrontation mit Kunstwerken entsteht.

3. Die Sammlung ›Junge Kunst‹ der König-Brauerei

Diese Sammlung unterscheidet sich von anderen vor allem durch ihre Entstehungsgeschichte: Sie ist nicht aus einer privaten Sammeltätigkeit des Unternehmers entstanden, denn Dr. Leo König war, bis er 1970 den Entschluß faßte, eine Sammlung ›Junge Kunst‹ aufzubauen kein leidenschaftlicher und kenntnisreicher Kunstsammler. Der dadurch vorhandene Beratungsbedarf bei Konzeption und Auswahl wird bis heute durch eine Jury mit externen Experten gedeckt.

3.1. Motive für den Aufbau der Sammlung

Der Ursprung der Sammlung ›Junge Kunst‹ der König-Brauerei geht auf den Entschluß von Dr. Leo König zurück, die »Arbeits- und Daseinssphäre in unserem Unternehmen und darüber hinaus in unserer Stadt zu bereichern und lebenswerter zu gestalten«. Bei der Realisierung greift er zur Kunst weil »in einer vorwiegend industriegeprägten Umwelt ... den Werten künstlerischer Aussagen besondere Bedeutung« zukommt (König-Brauerei AG 1976, S. 7).

Er möchte junge Künstler in ihrem Schaffen fördern, und gleichzeitig Verständnis für ihre Ausdrucksformen wecken und entwickeln, indem er ihre Arbeiten in einer breiteren Öffentlichkeit bekanntmacht: »Hierbei ist es das besondere Anliegen der König-Brauerei, die zeitgenössische Kunst vornehmlich dem Verständnis der werktätigen Menschen näherzubringen und ihre Interessen für Künstler und Kunstwerke zu wecken und zu fördern« (König-Brauerei AG 1976, S. 9). In dem Bestandskatalog von 1990 werden darüberhinaus Aspekte aus der aktuellen Corporate-Identity-Diskussion angesprochen: »Gute und erfolgreiche Produkte können nur dort entstehen, wo hochmotivierte Mitarbeiter in einer Umgebung tätig sind, in der sie sich wohlfühlen können. Seit nunmehr zwei Jahrzehnten sind wir daher bestrebt, die Arbeitsatmosphäre in unserem Unternehmen durch bildende Kunst unserer Zeit zu bereichern« (König-Brauerei AG 1990, S. 7).

Privat sammelt Dr. Leo König übrigens bis heute noch nicht.

3.2. Sammlungskonzeption

Die Sammlung wurde von Dr. Leo und Renate König 1970 mit dem Konzept, vor allem junge Künstler aus der Bundesrepublik zu fördern, ins Leben gerufen. »Hierbei bestand von vornherein die Absicht, die Sammlung lebendig in das Unternehmen zu integrieren und soweit wie möglich der Öffentlichkeit zugänglich zu machen« (König-Brauerei 1980).

»Das Konzept sah von Anfang an keine Festlegung auf bestimmte Stilrichtungen, Künstlergruppen oder Einzelpersönlichkeiten vor. In erster Linie konzentrierte sich die Förderung auf junge Künstler, wobei »jung« extensiv ausgelegt, und auf den künstlerischen Gehalt des jeweiligen Werkes, nicht auf das Lebensalter bezogen wurde. Ankäufe von deutschen Malern und Bildhauern, Objektemachern und Grafikern standen und stehen nach wie vor im Mittelpunkt. Dennoch wurden entsprechend den internationalen Verflechtungen in der bildenden Kunst auch ausländische Künstler einbezogen« (König-Brauerei 1990, S. 9).

So umfaßt die Sammlung – um nur eine kleine Auswahl zu nennen – Arbeiten von: Jim Dine, Robert Indiana, Jean Tinguely, Kazuo Katase, Peter Brüning, Emil Schumacher, Karl Horst Hödicke, Claudia Blume, Ruprecht Geiger, Lothar Quinte, Heinz Mack und Timm Ulrichs. Sie zeigen die Vielfalt der verschiedenen Tendenzen und schaffen mit ihrem Werk Kristallisationspunkte, die ein Gerüst für die Sammlung ergeben.

Über den Ankauf wird – im Gegensatz zu den aus Privatsammlungen hervorgegangenen Unternehmenssammlungen, in einem Auswahlgremium entschieden, das zweimal jährlich tagt. Es setzt sich aus folgenden Personen zusammen: Dr. Rickmann vom Museum Folkwang in Essen, Dr. Schmidt, dem Direktor der Staatlichen Kunstsammlungen in Kassel, Dr. Salzmann, dem Direktor der Kunsthalle in Bremen sowie Dr. Leo und Renate König.

Wenn die fünfköpfige Jury zusammentrifft, schlägt zunächst »jedes Mitglied eine Anzahl von Künstlern vor, deren Werk dann ausführlich diskutiert wird. Während in den ersten Jahren noch über zahlreiche Künstler gesprochen wurde, hat sich die vorher relativ hohe Zahl inzwischen zugunsten einer Konzentration auf nur wenige Persönlichkeiten reduziert. In einem nächsten Schritt werden die ausgewählten Maler und Bildhauer – soweit als möglich ohne Einschaltung von Galerien – um Zusendung von Arbeiten gebeten. In einer weiteren Sitzung wird dann die endgültige Entscheidung getroffen« (König-Brauerei 1990, S. 8-9). Dabei wird durch den direkten Kontakt zu den Künstlern der Kunsthandel so wenig wie möglich einbezogen.

3.3. Präsentation der Sammlung

Die Sammlung ist ähnlich wie eine öffentliche Sammlung Mitarbeitern und Gästen jederzeit zugänglich, und auch die Präsentation orientiert sich an musealen und ausstellungstechnischen Standards. Die Exponate befinden sich – möglichst gut ausgeleuchtet – auf den Fluren und in den Büros auf weißen Wänden.

In Einzelfällen wurden auch die Produktionsstätten miteinbezogen: Heijo Hangens emailliertes Stahlrelief befindet sich an einer Wand im Sudhaus, und Ferdinand Kriwet gestaltete die 1975 neu errichteten Trebersiloanlage.

3.4. Reaktionen der Mitarbeiter

Da die angekauften Arbeiten nicht die subtile Grenze der gesellschaftlichen Toleranz überschreiten und wenig »Schockwirkung« haben, sind die Kunstwerke nicht zum Auslöser eines jahrzehntelangen unternehmensinternen Strukturkonfliktes geworden. Sicher wären manchen Mitarbeitern höhere Beträge auf dem eigenen Gehaltskonto lieber als Kunstwerke an der Wand des Arbeitsplatzes, aber durch die aktive Gewöhnung an den hohen Stellenwert der Kunst in ihrem Unternehmen und manchmal auch durch den neu entdeckten persönlichen Gefallen an einzelnen Objekten kam es kaum zu Akzeptanzproblemen.

Ein Maß für die Kunst-Akzeptanz in der König-Brauerei ist vielleicht die Ausnutzung der 1981 eröffneten Artothek: ca. 10 % der 900 Beschäftigten machen regelmäßig davon Gebrauch, gegen einen geringen Betrag 3 Monate lang Kunst auszuleihen, und auch nach Hause mitzunehmen.

Als weitere Maßnahmen, um die Mitarbeiter an die Kunst heranzuführen, werden folgende Veranstaltungen angeboten: jährliche stattfindende Exkursionen (z.B. nach Bremen, als in der Kunsthalle Teile der Sammlung ausgestellt wurden) sowie gemeinsame Besuche von Ausstellungen und Künstler-Ateliers.

4. Reinhold Würth holt die Kunst ins Firmenmuseum

Im Unterschied zu den bisher dargestellten Sammlungen präsentiert der Unternehmer Reinhold Würth seit Anfang 1992 Teile seiner Privatsammlung in einem eigenen »Firmen-Kunst-Museum«; dort sind die Exponate bei freiem Eintritt und ohne Voranmeldung täglich von 10 – 17 bzw. 18 Uhr gleichermaßen Mitarbeitern, Gästen und Besuchern zugänglich.

Diese jüngste, 900 qm umfassende Objektivation von unternehmerischem Kunstengagement integrierten die Architekten Siegfried Müller und Maja Heuser-Djordjevic so in den notwendig gewordenen Verwaltungsneubau, daß eine Simultanität von interner und externer Öffnung erreicht werden konnte.

4.1. Motive für den Aufbau der Sammlung

Der Pressemitteilung zufolge hat für Reinhold Würth, den geschäftsführenden Gesellschafter der Adolf Würth GmbH & Co.KG in Künzelsau, alles mit Emil Noldes Aquarell »Wolkenspiegelung in der Marsch« begonnen. Durch dieses Bild soll der im Verkauf von Befestigungs- und Montagematerial tätige baden-württembergische Unternehmer die Faszination der Bildenden Kunst entdeckt haben, und wurde spontan zum Sammler (vgl. Pressemitteilung Sammlung Würth, 1991). De facto ist diese Arbeit nicht das erste Kunstwerk das Reinhold Würth erwarb, aber zumindest wurde es unter den ersten zehn inventarisiert.

Nach C. Sylvia Weber, der Mitarbeiterin von Reinhold Würth, die die Sammlung betreut, betrachtet er seine »Sammelleidenschaft als Gegenpol zur Rationalität des Kaufmanns« (Waetzold/Weber 1991, S. 9). Das persönliche Interesse an Bildender Kunst ist für ihn eng mit den jährlichen Sommerurlauben in Salzburg verknüpft. In dieser nicht von geschäftlichen Terminen bestimmten Zeit in der Festspielstadt kann er seinen eigenen musischen Neigungen nachgehen und lernt österreichische Galeristen und Künstler kennen, die ihm »in kreativen Gesprächen sowohl eine gesunde, persönliche Distanz zum unternehmerischen Alltag als auch Impulse für die Integration der Kunst in die Unternehmenskultur« (Waetzoldt 1991, S. 4) geben. Dies sind vor allem der Galerist Thaddeus Ropac, der Reinhold Würths Blick auf österreichische Künstler lenkte, und der dänische Bildhauer Robert Jacobsen, der sein Interesse für Skulptur weckte.

Mit dem Bau des neuen Verwaltungsgebäudes ergibt sich die Möglichkeit, dort Teile seiner Sammlung auch längerfristig öffentlich zu präsentieren. Reinhold Würths Motive für diese Investition entspringen weder dem Drang nach Selbstdarstellung wie bei Peter Ludwig[14], noch dem primitiven kaufmännischen Gedanken, strategische Wettbewerbsvorteile direkt über die Kunst zu erwirken. Neben dem persönlichen Interesse an Bildender Kunst hat er eine bestimmte Vorstellung von der Rolle, die Kunst zukünftig in seinem Unternehmen spielen könnte: »Durch die Computerisierung, durch die Roboterisierung, durch die ganze Informatik werden die Unternehmen in den nächsten 20 bis 30 Jahren einander immer ähnlicher. Wenn dem aber so ist, dann kann sich ein Unternehmer strategische Wettbewerbsvorteile nur noch über das Jugend-Kapital, die Mitarbeiter erarbeiten. So meine ich, daß wir einen Korps-Geist, ein Wir-Gefühl zustande bringen müssen, daß die Mitarbeiter einen gewissen Stolz entwickeln. Eine Kunstsammlung kann zu einem derartigen Korps-Geist sehr beitragen« (Waetzold 1991, S. 3).

In dem Firmen-Museum für zeitgenössische Kunst werden in einer ständigen Ausstellung ausgewählte Werke aus der Sammlung Würth präsentiert, die z.Zt. rund 1500 Exponate umfaßt. Um auch den wiederholten Besuch des Museums Würth attraktiv zu machen, sind zwei bis drei Wechselausstellungen pro Jahr geplant.

4.2. Sammlungskonzeption

Seit Reinhold Würth das Aquarell von Nolde erwarb, sind über zwanzig Jahre vergangen, und inzwischen hat er eine Sammlung mit über 1.500 Gemälden, Skulpturen und Graphiken der Kunst der Klassischen Moderne und der Gegenwart zusammengetragen. »Auswahlkriterien für den Kunstkauf waren weder spekulative noch kunsthistorische Aspekte, vielmehr trägt die Sammlung die persönliche Handschrift Reinhold Würths. Spontane Begeisterung für ein Kunstwerk oder Erinnerung an ein Zusammentreffen mit einem Künstler bewogen Reinhold Würth zum Kunstkauf. Dabei wurde er zu einem bedeutenden Sammler der Nachkriegskunst in Süddeutschland« (Weber 1991).

Die Sammlungsschwerpunkte liegen in dem Bereich österreichischer Kunst speziell bei den Vertretern des Wiener Phantastischen Realismus, sowie in Deutschland bei den Neuen Expressiven der 80er Jahre aus Berlin und Köln, aber auch der Gattung Skulptur und Plastik gilt das verstärkte Interesse Reinhold Würths. Ebenfalls mit mehreren Werken sind Horst Antes, Alfred Hrdlicka und Robert Jacobsen vertreten. So gibt es Schwerpunkte und Vielfalt, aus denen sich neue Schwerpunkte bilden werden. Noch ist nichts abgeschlossen, bei Neuerwerbungen haben »Spontanität und Augenreiz Vorrang vor Systematik und Vollständigkeitsanspruch« (Waetzoldt 1991, S. 2). Die Auswahl der Künstler und ihrer Werke erscheint dem Betrachter insgesamt als subjektiv und unvollständig – wie bei anderen Privatsammlungen auch.

Dies wird ebenfalls aus Reinhold Würths Beschreibung seiner Sammlungskonzeption deutlich: »Die Sammlung soll nicht ein gedrechseltes, geschliffenes, steriles Gebilde sein, wo man sich, damit nichts passiert, nur auf bekannte Namen konzentriert. Ich meine so eine Privatsammlung hat durchaus das Recht, ein klein bißchen aus dem Klischee auszubrechen und ins Experimentelle hineinzugehen. Wenn wir das nicht tun, dann wird es nie neue Künstler geben, die später auch anerkannt werden. Es ist aus meiner Sicht legitim und vernünftig zu sagen, ich kaufe und nehme das Risiko auf mich, auch einmal etwas zu kaufen, was später nicht Bestand hat. Das liegt in der Natur des Kaufmannes« (Waetzoldt 1991, S. 2).

Eine Grundtendenz der Sammlung ist, daß sich Reinhold Würth bei Erwerbungen nicht hat festlegen lassen. »Ich habe mir nie gesagt, das wird jetzt von den Kunstsachverständigen, von den Historikern, von den Fachleuten als Dilettantismus empfunden, wenn plötzlich dieses oder jenes Bild auftaucht, das gar nicht in die Richtung paßt und doch in die Sammlung aufgenommen wird. Ich habe eigentlich immer das gesammelt, was mich gerade angesprochen hat und was mir auch einmal zufällig über den Weg läuft« (Waetzoldt 1991, S. 2-3).

Aber selbstverständlich kauft der Unternehmer und Kaufmann nicht unbesonnen, sondern läßt sich beraten, arbeitet mit renommierten Galeristen zusammen oder ersteht die Werke direkt bei den Künstlern im Atelier.

4.3. Präsentation der Sammlung

Schon bei dem Architektenwettbewerb im Jahre 1985 wurde ein umfassendes Kunstkonzept in die Ausschreibungsunterlagen miteinbezogen. Gleich nach der Nominierung des preisgekrönten Entwurfes, der zur Bauausführung gelangte, wurde der dänische Bildhauer Robert Jacobsen mit der künstlerischen Gestaltung des zentralen Platzes beauftragt, so daß die Zusammenarbeit am Bau-Kunstwerk schon sehr frühzeitig beginnen konnte. Im Dialog zwischen Künstler, Architekt und Bauherrn entstanden vor dem Museum drei Stahlskulpturen und zwei Brunnenanlagen, die dem weitläufigen Platz in ausgewogener Korrespondenz zur Architektur sowohl eine Struktur als auch ästhetische Fixpunkte geben.

Im Kunstmuseum selbst ist man leider dem musealen, und damit verbundenen ausstellungstechnischen und konservatorischen Anspruch nicht immer gerecht geworden. Eine »Portal«-Stahlskulptur markiert den Eingang zu den 900 qm Ausstellungsfläche mit 87,5 laufenden Metern weißer Wandfläche, die allerdings von den Segmenten eines Modulrasters, das das ganze Gebäude durchzieht, strukturiert werden. Darüberhinaus existieren noch 32,5 laufende Meter Natursteinfassade, auf die bei der Hängung der Exponate ebenfalls zurückgegriffen wird. Leider hat man bei der Planung u.a. nicht berücksichtigt, daß als Standard für die Präsentation von zeitgenössischen Gemälden weiße Wände gelten, die die autonome Wirkung der Kunstwerke am wenigsten beeinträchtigen. Da durch das Glasdach, welches sich über fast den gesamten zum Museumsbereich gehörenden Baukörper erstreckt, Tages- bzw. Sonnenlicht ungefiltert einfallen kann, ist es in großen Teilen des zur Verfügung stehenden Raumes nicht möglich lichtempfindliche Exponate auszustellen. Während der Sommermonate wird, wenn keine weiteren schützenden Maßnahmen ergriffen werden, die relative Luftfeuchtigkeit proportional zum Anstieg der Temperatur sinken, was bei einigen Exponaten zu Schäden führen kann. Vor allem bei Wechselausstellungen können durch den nicht vorhandenen Sonnenschutz und die intensive Strahlung mit hohem ultravioletten Anteil potentielle Leihgeber davon abhalten werden, ihre Kunstwerke zur Verfügung zu stellen (vgl. Ognibeni 1988). Außerdem wird der

Raum sehr stark durch die CI-rot lackierten Stahlträger dominiert, die das Gerüst für die Dachkonstruktion bilden.

In der ständigen Ausstellung werden ausgewählte Werke der Sammlung Würth präsentiert – geordnet nach den Themengruppen: Klassische Moderne, Tendenzen der Kunst nach 1960, Neue Expressive, Phantastische Malerei sowie Neue österreichische Kunst. Zwei bis drei Wechselausstellungen jährlich sind geplant, deren Themen einen engen Bezug zur Sammlung haben.

4.4. Reaktionen der Mitarbeiter

Zu den Reaktionen der Mitarbeiter lassen sich noch keine abschließenden Bemerkungen machen, da sie erst seit kurzer Zeit mit Kunst im Unternehmen konfrontiert werden. So bleibt es noch offen, ob die Kunstsammlung ihren Beitrag zum »Korps-Geist« und Wir-Gefühl der Mitarbeiter leistet.

Beobachtet werden können allerdings Formen des sich Aneignens von Kunst durch Be-Greifen im ursprünglichen Wortsinn. Weil nur die wenigsten Mitarbeiter der Firma Würth regelmäßige Museums- und Galeriebesucher sind, sind sie mit dem dort üblicherweise herrschenden Berührungsverbot der Exponate nicht vertraut. Vor allem die großformatigen Darstellungen von Rudolf Hausner, einem der bedeutendsten Vertreter der Wiener Schule des Phantastischen Realismus, üben auf sie einen großen Berührungsanreiz aus, und mußten schon mittels einer Absperrung gesichert werden. – Doch diese persönlichen taktilen Aneignungsversuche sind ausschließlich positiv zu werten, da die unerfahrenen Kunstrezipienten nur ihre gewohnten Dekodierungsmuster zum Begreifen und Strukturieren von neuen Erfahrungen auf die Kunstobjekte übertragen.

Die in das Museum integrierte, und sehr preisgünstige Cafeteria bietet einen weiteren Anreiz für die Mitarbeiter, das Museum auch während der Arbeitszeit und am Wochenende zu besuchen.

Eine andere Entwicklung deutet auf die tendenziell steigende Akzeptanz und Internalisierung hin: Nach Konferenzen und Besprechungen werden die Geschäftspartner in zunehmendem Maße von den Mitarbeitern selbst durch das Museum geführt.

Zur Auseinandersetzung mit Bildender Kunst werden die Mitarbeiter darüberhinaus auch von den Kunstwerken herausgefordert, die sich auf den weißen Wänden der Flure befinden, die sie täglich unzählige Male passieren. Der umfangreiche Sammlungskatalog, einige kleine Broschüren, Faltblätter und die Firmenbibliothek mit Literatur über Künstler und Kunstwerke können, neben den nach Bedarf veranstalteten Führungen, das erforderliche theoretische Hintergrundwissen vermitteln. Für die individuelle Befriedigung des neu erwachten Kunstinteresses wird darüberhinaus auch in der Firmen-Artothek gesorgt. Dort können sich Mitarbeiter des Hauses Würth Künstlergraphiken probeweise auf Zeit ausleihen oder zu günstigen Preisen käuflich erwerben.

5. Resümee

Um eine abschließende Beurteilung der qualitativen Studien vorzunehmen, werden sie zuerst im historischen Kontext betrachtet.

Entwicklungsgeschichtlich rekurrieren die zeitgenössischen Kunstsammlungen in Unternehmen – sofern sie vom direkten Arbeits- und Produktionsbereich getrennt sind – auf Prinzipien der früheren Kunst- und Wunderkammern des 16. und 17. Jahrhunderts. Bei der Würth AG befindet sich direkt neben dem Kunstmuseum eine »Sammlung Schrauben und Gewinde«, deren technische Exponate einen Bezug zu dem Hauptvertriebszweig des Unternehmens, der Verbindungstechnik, herstellen. Ein Großteil der Kunstsammlung von Daimler-Benz befindet sich ein Stockwerk über der »High-Tech-Ausstellung«, einer ständigen Exposition über Hochtechnologieentwicklungen aus allen Unternehmensbereichen. Siegfried Weishaupt, der Geschäftsführer der Max Weishaupt GmbH in Schwendi, präsentiert Teile seiner Kunstsammlung seit Mitte 1992 in dem von Richard Meier erbauten »Weishaupt Forum«. Dort, wo im Erdgeschoß Produkte des Unternehmens (Brenner, Schaltanlagen und Heizsysteme) ausgestellt sind, gehen Kunst und Technik schon allein durch die Ästhetik der Präsentationsform eine Symbiose ein.

Diese systematisierten »Kunst- und Technik-Wunderkammern« sollen aber nicht, wie ihre hybriden Vorgängermodelle, primär Macht und Reichtum symbolisieren, sondern stehen für unternehmerische Kompetenz sowie technisches Know-how, und bieten eine Identifikationsmöglichkeit für Mitarbeiter und Kunden.

Eine rudimentäre Parallele besteht leider darin, daß viele Firmensammlungen ebenso verschlossen werden, wie die fürstlichen Kunst- und

Wunderkammern vor einigen Jahrhunderten. Dies ist langfristig keine Perspektive – weder für die Kunstwerke, noch für ihre potentiellen Betrachter. Die Unternehmen werden dem öffentlichen Interesse nachgeben müssen, und eine Synthese aus Glasnost für die Kunst und Personenschutz für die Manager entwickeln.

Das zeitgenössische Pendant der Bekleidungsvorschriften für den Eintritt in Schatzkammern und Hofmuseen (Frack und weiße Weste), scheint aus dem »Euro-Banker-Dress« (grauer Anzug, weißes Hemd, Krawatte) als obligatorische Zugangsvoraussetzung für die unternehmerischen Kunstsammlungen zu bestehen.

Aus den qualitativen Studien lassen sich folgende Konsequenzen für eine strukturelle Professionalisierung von Kunstsammlungen in Unternehmen ableiten:

Ein starkes Interesse der Geschäftsleitung bzw. des Vorstandes an Bildender Kunst konnte in jedem Unternehmen, das eine Kunstsammlung aufbaut, festgestellt werden. Über diese Prämisse hinausgehend, muß sich bei erfolgreichem und professionellem Kunstengagement mindestens ein Mitarbeiter als Kunstreferent oder Kurator hauptberuflich mit Kunst beschäftigen; bis zur Institutionalisierung einer eigenen Kunstabteilung im Unternehmen ist es dann nur noch ein kleiner, aber wichtiger Schritt.

Bei der Analyse der Präsentationsformen der Sammlungen wird virulent, daß Kunstwerke im Unternehmen ein Ambiente brauchen, das ihre Aura unterstreicht und sie gleichzeitig schützt. Da die gesamtgesellschaftliche Akzeptanz von moderner Kunst immer noch gering ist, fehlt diesen Werken – wie Kunst im öffentlichen Raum allgemein – die nobilitierende, museale Hülle existentiell. Außerdem brauchen zeitgenössische Gemälde und Skulpturen ausreichend Platz, die richtige Beleuchtung und einen neutralen Hintergrund – möglichst eine weiße Wand. Bei der Einrichtung von Galerie- und Museumsbereichen in Unternehmen müssen ausstellungstechnische Standards berücksichtigt werden, die auch den Licht- und Klimaschutz der Exponate implizieren. In Kellergeschossen und dunklen, engen Gängen mit flackerndem Neonlicht sind moderne Kunstwerke ebenso deplaziert, wie auf Wandvertäfelungen aus kostbaren Urwaldhölzern. – Es sei denn sie gehören, wie bei der DOCUMENTA IX (Kassel 1992) im Raum von Gerhard Richter, mit zur Inszenierung.

Wenn Kunstwerke nur als kostbare und dekorative Elemente eingesetzt werden, entstehen selten Kommunikationsprozesse zwischen den Mitarbeitern und den Arbeiten, die bei sorgfältiger Auswahl zur Visualisierung von Unternehmenskultur und -philosophie dienen können. Unternehmen haben – gerade bei Neubauprojekten – die räumlichen und finanziellen Möglichkeiten, um Kunstwerke entstehen zu lassen, die in musealen Dimensionen nicht realisierbar sind. Bei der Vergabe von Aufträgen muß allerdings das zeitgenössische Ideal der Kunstautonomie a priori anerkannt werden.

Die Konzeptionen und Motive der unternehmerischen Kunstsammlungen sind ebenso vielfältig wie die Sammlungen selbst. Das liegt in der Natur des Sammelns, denn eine künstlerische Entscheidung kann immer nur eine persönliche sein. Ein wichtiges Untersuchungsergebnis ist die Entdeckung der Existenz von Sammlern und leidenschaftlichen Kunstliebhabern in Unternehmen, die ihre privaten Neigungen erfolgreich mit den Anforderungen des Berufsalltages und den Unternehmenszielen verknüpfen. Für viele von ihnen gilt die Sammlungsphilosophie von Baron Hans Heinrich Thyssen-Bornemisza de Kaszon: »Ich kaufe zu viele Bilder und das tut man nicht zur Kapitalanlage. Ich kaufe als Sammler, aus Liebe, ich bin kein Kunsthändler. Von einem Bild trennt man sich nicht wie von einer Aktie« (Altwegg 1992, S. 16). Bei dem Aufbau von Kunstsammlungen in Unternehmen handelt es sich also in der Regel nicht um »Corporate Collecting«, wie Lippert (1990) schon im Titel seines Buches nahelegt, sondern um »personal collecting in corporations«.

Die Konzeptionen der »corporate collections« können sich sowohl an der Produktpalette des Unternehmens orientieren, als auch in geographischer Abhängigkeit zum Firmensitz stehen, letztlich sind sie aber abhängig von subjektiven Entscheidungen.

Eine Sammlung moderner Kunst im Unternehmen wird immer wieder auf Ablehnung stoßen, da mit dem Anstieg des Abstraktionsgrades auch die Abneigung zunimmt. Um die innerbetriebliche Akzeptanz sicherzustellen, bedarf es einer Vermittlungsarbeit durch Publikationen (Kataloge, Faltblätter, Berichte in der Hauszeitschrift), Führungen durch die Sammlung, sowie Exkursionen zu Ateliers und Ausstellungen. Zur weiteren Motivation für kunstinteressierte Mitarbeiter bietet sich darüberhinaus die Einrichtung einer Artothek und einer Kunstbibliothek an. Trotz dieser freiwilligen kunstpädagogischen Angebote, werden die Beschäftigten eigene Strategien des Umgangs mit den Kunstwerken entwickeln, da Kunstverständnis nicht zwangsläufig durch die permanente Konfrontation mit Kunstwerken entsteht. Wenn das Kunstengagement in die Unternehmensstrategien miteinbezogen wird, muß bei zunehmender Öffnung für externe Interessenten auch die Vermittlungsarbeit intensiviert werden.

Ein Modell für Kunst im Unternehmen – zwischen elitärem Incentive und beliebiger Wanddekoration könnte folgender Entwurf sein:
Die von einem kompetenten Kurator ausgewählte und betreute Kunstsammlung sollte – unter Berücksichtigung ausstellungstechnischer Standards – vorwiegend in abgetrennten, aber nicht abgeschlossenen Galeriebereichen präsentiert werden, die auch für die Öffentlichkeit zugänglich sind.

Die Unternehmenskulturdiskussion der 80er Jahre verhalf den unternehmerischen Kunstsammlungen zu mehr Popularität. Aber bei dem rasanten Wechsel der Managementstrategien, wird für ihre Zukunft allein das Engagement der Kuratoren entscheidend sein.

Anmerkungen

1 Die Idee stammt von Kurt Weidemann, einem gelernten Typographen, der sich auch schon erfolgreich um das optische Erscheinungsbild der Bundespost bemühte. Er wurde von Edzard Reuter als Berater für Corporate Identity engagiert und entwickelte in diesem Zusammenhang auch ein einheitliches Unternehmensschriftbild. Vergleichen Sie hierzu auch: Alfred Nemeczek. Portrait: Kurt Weidemann – Ein weiser Mann mit Ring im Ohr. In: ART. April 1991, S. 76/77.
2 Dieses Zitat von Jean Anouilh, einem französischen Dramatiker (23.6.1910 Bordeaux – 03.10.1987 Lausanne) wurde als »headline« für eine Variante der Imagewerbung im Sommer 1991 benutzt. Aus: Handelsblatt-Magazin, Juni 1991.
3 Zu dem Problemkreis ›Kunst in der Deutschen Bank‹ lesen Sie bitte Seite 68 ff.
4 Durch die am 01.01.1993 in Kraft tretende neue Führungsstruktur bei Daimler-Benz können sich Änderungen ergeben.
5 Wenn die Geschlechtszugehörigkeit für den Inhalt nicht entscheidend ist, wird in dieser Arbeit bei maskulinen Oberbegriffen auf die explizite Nennung der weiblichen Form kein Wert gelegt. Im Bewußtsein des Defizits der deutschen Sprache verzichtet die Autorin aufgrund der besseren Lesbarkeit und aus ästhetischen Gründen auf die explizite weibliche Schreibweise.
6 So konnten z.B. einige Herrn, als in einer Besprechung der Name des bedeutendsten deutschen Gegenwarts-Künstlers (Anselm) Kiefer fiel, damit nur den gleichnamigen Nadelbaum verbinden.
7 Für nähere Erläuterungen sei auf den Vortrag »Über den verteufelten Begriff der Qualität« verwiesen, den Prof. Werner Schmalenbach am 01.09.1977 vor der Vereinigung der Züricher Kunstfreunde in Zürich hielt.
8 Aus einem Gespräch mit Hans J. Baumgart am 12.11.1991.
9 Dem Inhalt entsprechend müßte der Titel ›4 Kontinente Skulptur‹ lauten, denn weil in Australien keine weißen Steine zu finden waren, faßte Walter de Maria Nord- und Südamerika als 2 Kontinente auf.
10 Nach der Kontinentalverschiebungstheorie von A. Wegener bestand die Erde ursprünglich aus einem einzigen, inzwischen auseinandergedrifteten Urkontinent.
11 Aus einem Gespräch mit Hans J. Baumgart am 12.11.1991.
12 In einem Gespräch mit Hans J. Baumgart am 17.12.1991 erfuhr ich allerdings, daß der Raum für die Arbeiten, das Auditorium, schon vorher festgelegt worden war.
13 Auch bei mehrmaligen Nachfragen in der Abteilung für Öffentlichkeitsarbeit und im Vorstandssekretariat konnte mit über die Kunstwerke im Unternehmen bzw. deren Verbleib keine Auskunft gegeben werden.
14 Der Kunsthistoriker und »Schokoladen«-Unternehmer aus Aachen Dr.Dr.h.c.mult. Peter Ludwig, ist für seine massenhaften Kunstkäufe und deren strategische Verteilung in den wichtigsten europäischen Museen berühmt-berüchtigt.

Kapitel 6
Die Perspektiven der Beteiligten[1]

Die Vernetzung des unternehmerischen Kunstengagements ist komplex. Deshalb kann bei der Diskussion nicht auf die weiteren Partizipienten und Rezipienten aus den Bereichen Artconsulting, Museums- und Ausstellungswesen sowie Kunstproduktion verzichtet werden. Gegenstand des folgenden Kapitels sind ihre Interessen, Strategien und Handlungsmotive.

1. Kunstberater

Kunstberatend tätig sind – abgesehen von den genuinen Artconsultants – hauptsächlich Vertreter aus den Berufsfeldern Galerie und Museum.
 Bei den Galeristen handelt es sich um die traditionellen Kunstberater der Sammler; einige von ihnen bieten inzwischen darüber hinaus Artconsulting für Unternehmen an (vgl. S. 158-63). Aber die meisten Unternehmen lassen sich immer noch am liebsten von – überwiegend als Museumsdirektoren tätigen – Kunsthistorikern beraten. Vor allem bei dem Aufbau ihrer Kunstsammlungen (vgl. S. 79 ff.), der bevorzugten Strategie zur Visualisierung des unternehmerischen Kunstengagements.
 Für Prof. Dr. Peter Beye (Staatsgalerie, Stuttgart), der zusammen mit Prof. Dr. Klaus Gallwitz (Städelsches Kunstinstitut, Frankfurt) die Deutsche Bank AG bei Ankäufen berät, ist bei seiner Tätigkeit folgende Prämisse wichtig: »In dem Moment, wo ein Objekt vorkommt, das von musealem Interesse ist, tritt die Bank zu Gunsten der Museen zurück. Andernfalls wären wir gar nicht in der Lage die Bank zu beraten, weil wir in Interessenkollision kämen. Dieser Fall ist bis jetzt auch zweimal vorgekommen«[2].

Die Konzepte und Bestände der Kunstkollektionen von Unternehmen, Museen und Privatsammlern scheinen sich demnach nicht sehr voneinander zu unterscheiden. Nach Wim Beeren (Stedelijk Museum, Amsterdam) wird eine Sammlung »durch ein Konglomerat von Faktoren bestimmt, durch guten Geschmack, historisches Bewußtsein, Recherche, Wissenschaftlichkeit, Zufall, Habsucht, soziales Engagement, Wettbewerb, edukative Interessen, finanzielles Vermögen oder Unvermögen, Prestige, Liebe, Steuererwägungen, Investitionsüberlegungen, ...« (Beeren, 1989). Dies gilt zwar in besonderem Maße für Privatsammlungen, deren Ankäufe weder vor der Geschäftsleitung noch vor den Aktionären gerechtfertigt werden müssen, aber tendenziell ebenso für Sammlungen in Unternehmen, da Kunsturteile immer auch persönliche Urteile sind. Bei den im Unternehmen für Kunstankauf zuständigen Mitarbeitern entwikkelt sich häufig aus engagierter Liebhaberei Kennerschaft – und spätestens in diesem Stadium sind externe Berater, die fertige Kunst-Konzepte liefern überflüssig.

Die Qualität der von den Kunstberatungsagenturen angebotenen Dienstleistungen stieg nicht proportional zu der Anzahl der in den letzten Jahren neu eröffneten Geschäftslokale. In diesem Berufsfeld arbeiten neben Galeristen, die Artconsulting als Nebenerwerb betreiben auch zahlreiche Newcomer aus anderen Berufen, die sich meist nur kurzfristig in diesem Bereich engagieren (vgl. Seite 81-82).

Abbildung 20

> Für den Aufbau einer Vertriebsorganisation
>
> **ART CONSULTING**
>
> werden in den Ballungsräumen
> – Hamburg
> – Köln
> – Frankfurt/Main
> – Zürich
> – Wien
>
> Bewerber mit wirtschaftlichen Erfahrungen und Kenntnissen der zeitgenössischen Kunst gesucht. Ihr Wohn- und Arbeitsort sollte in einer der angeführten Städte liegen.
>
> **Die Aufgabe**
> Durchführung der ganzen Palette aktueller Art-Consulting-Geschäfte, Kontakte zu Künstlern aufbauen, in Abstimmung mit der Zentrale in Berlin Aktionen durchführen.
>
> **Ihre Voraussetzungen**
> betriebswirtschaftliches Denken, Erfahrungen im Kunsthandel, kommerzielle Grundausrichtung, Kenntnisse der zeitgenössischen Kunst, Kreativität, sicheres Auftreten, Durchsetzungsvermögen.
>
> **Wir bieten**
> ein festes Angestelltenverhältnis, Unterstützung beim Aufbau Ihres Gebiets und der Büroeinrichtung, Schulungen, angemessene Umsatzbeteiligung.
> Ihre Aktivität bestimmt Ihren Erfolg!
> Bitte richten Sie Ihre Bewerbung mit Lebenslauf, Lichtbild, Zeugniskopien bis zum 11. 1. 1992 an die Geschäftsführung der
> **BLUE POINT GALLERY**
> **Kurfürstendamm 35**
> **1000 Berlin 15**

Aus: Die Zeit, 13.12.1991, S. 48.

Über die Schwierigkeiten und Kriterien bei der Auswahl der geeigneten Kunstsponsoring-Agentur informiert Loock, der sich in diesem Bereich selbständig gemacht hat. Als potentielle Tätigkeiten eines Kulturberaters nennt er die Aufgabenbereiche: »Ablauf- und Aufbauorganisation, Marktbeobachtung und Marketing, PR, Finanzierung und (die gesamte) Durchführung von Veranstaltungen« (Loock 1991, S. 364). Weiterhin konstatiert er folgende Vorteile von externen Kunstberatern:

- Spezialwissen und langjährige Erfahrung
- keine »Betriebsblindheit«
- Projektentscheidung kann autonomer getroffen werden
- erprobtes Informations- und Kontaktnetz

Aber wer kümmert sich um die Kunst und die Mitarbeiter, wenn der Berater weg ist?

Wie schon angedeutet ist die Anzahl der manchmal auch nur aus einer Person bestehenden Artconsulting-Agenturen nahezu unüberschaubar. Um nur eine kleine Auswahl der bekanntesten Kunst-Beratungsunternehmen in Deutschland zu nennen:

- *Achenbach Art Consulting, Düsseldorf, Frankfurt, München, Wien und Paris*
  berät die Hypobank, Victoria Versicherungen und die Bundesbank. Geschäftsführer Helge Achenbach ist Händler, Galerist und Artconsultant in einer Person;
- *Art Advice, München*
  ist Unternehmen wie der Mercedes Benz AG und der Dresdner Bank bei Auswahl und Ankauf von zeitgenössischer Kunst behilflich;
- *Art Agentur, Köln*
  bietet Artconsulting, Corporate Collecting und die Organisation von kulturellen Rahmenprogrammen an;
- *Art for Industrie, Hamburg*
  organisierte das Kunstengagement von Reemtsma auf der DOCUMENTA IX in Kassel;
- *Art Promotion, Mannheim*
  u.a. für Siemens, IBM und BMW tätige Full-Service-Agentur, deren Spezialität »Art Event Creation« ist;
- *Carla Asbeck-Henschel, Düsseldorf*
  hat sich auf die Kunstankaufs-Beratung für kleine und mittelständische Unternehmen spezialisiert;

- *Beisel Public Art Relations, Monheim*
  betreibt PR für Kunst und Kunstschaffende und konzipiert neben der Sponsorship-Vermittlung für Unternehmen auch Programme zur mäzenatischen Förderung junger Künstler;
- *Galerie Inter Art, München*
  hat sich auf Art Consulting und Kunstleasing spezialisiert;
- *kultur & kommunikation, Bergheim*
  ist eine Spezialagentur für kulturelle Öffentlichkeitsarbeit, die für Unternehmen auch Konzepte im Bereich der Bildenden Kunst entwickelt;
- *Kunst für Unternehmen, Nürnberg*
  erarbeitete u.a. das Konzept »Ein junges Unternehmen fördert junge Kunst« der DASA;
- *Maecenata Management GmbH, München*
  berät bei der Errichtung und Verwaltung von gemeinnützigen Initiativen, Maßnahmen und Organisationen vorwiegend im Zusammenhang mit Stiftungen;
- *Marianne Pannen, Meerbusch*
  baut seit 1977 diskret und seriös Sammlungen für Unternehmen wie Haniel und die Westdeutschen Spielbanken auf und organisiert dort ebenfalls Ausstellungen;
- *Meissner Edition + Galerie, Hamburg*
  stattet – neben der Galerietätigkeit – Büroräume, Kantinen und Besucherzentren von Banken, Industrieunternehmen und Verlagen hauptsächlich mit konstruktiv-konkreten Kunstwerken aus;
- *Produzentengalerie, Hamburg*
  engagiert sich neben der traditionellen Ausstellungstätigkeit ebenfalls für Unternehmen und ist z.Zt. bei dem Aufbau der Kunstsammlung der B.Braun AG in Melsungen beratend tätig;
- *TransArt Kunstberatung, Köln*
  erarbeitet maßgeschneiderte Corporate-Collecting-Konzepte, die Repräsentationsbedürfnis und Philosophie der Unternehmen gleichermaßen berücksichtigen.

Zur Differenzierung und Fokussierung der von den einzelnen Unternehmen angebotenen Dienstleistungen werden im folgenden einige spezielle Aspekte aus der Angebotspalette der Artconsulting-Agenturen detaillierter dargestellt.

1.1. Die Ladung des »Kunstfuhrunternehmens«

Bei Henryk Egetemayer, dem Gründer und Geschäftsführer von »Kunst für Unternehmen« ist »Konzeption, Transport und auch Rahmung aus einem Guß«[3]. Das »Verwirklichen von Konzeptionen ... im Dialog mit den Mitarbeitern im Unternehmen«[3] hat für ihn Priorität gegenüber dem Kunsthandel. Er versteht sich als Dienstleister für Unternehmen, die sich im Kunstbereich mit dem Grundgedanken des »mäzenatischen Sponsoring« engagieren wollen.

1.2. Der Assistent beim voyeuristischen Kunsteinkauf

Auch Kultur- und Kommunikationsagenturen expandieren auf dem Spezialgebiet Bildende Kunst. Der Kunsthistoriker Walter Grasskamp ist als Berater der Agentur für kulturelle Öffentlichkeitsarbeit »kultur & kommunikation« tätig. Er stellt einen Trend fest, der »weg vom Sponsoring und hin zu einer Architekturdekoration geht«[4]. Konstitutiv für unternehmerisches Kunstengagement ist seiner Ansicht nach häufig das Motiv des »verpaßten Lebens« und ein daraus resultierendes »voyeuristisches Einkaufen von Kunst«[4].

1.3. Die Kunstprojekte der Baronin

Die gebürtige Amerikanerin Jeane Freifrau von Oppenheim ist seit 1985 hauptberuflich Artconsultant. Sie »absolvierte nach dem Kunstgeschichtsstudium in den Vereinigten Staaten eine Lehre in der bekannten New Yorker Werbeagentur Doyle, Dane, Bernbach« (Rohr-Bongard 1990, S. 262) und ist mit dem Bankier Alfred Freiherr von Oppenheim verheiratet. Zwischenzeitlich gründete sie im Kölner Museum die Abteilung Fotografie und heute erarbeitet sie mit einem Team von 5 Mitarbeitern Sammlungskonzepte, die das »Repräsentationsbedürfnis und die Philosophie« (Rohr-Bongard 1990, S. 266) der Unternehmen gleichermaßen befriedigen. Über die Erstellung des Konzeptes hinaus werden für die Unternehmen weitere Aktivitäten wie die Organisation von Ausstellungen, die wissenschaftliche Dokumentation der Sammlung und regelmäßige Informationen über die Preissteigerung der Kunstwerke angeboten.
»Zu ihrer Klientel gehören mittlerweile neben der Colonia-Versiche-

rung die Düsseldorfer Bank Trinkaus & Burkhardt, die Nordstern-Versicherung, die Kölner Rückversicherung sowie europäische Museen, die sie bei der Planung und Durchführung von Kunstprojekten und Ausstellungen sowie der Zusammenstellung von Kunstsammlungen berät« (Rohr-Bongard 1990, S. 266).

1.4. Die Geschäfte des umstrittenen Artconsoltuing-Stars

Helge Achenbach, der prominenteste deutsche Artconsultant gründete sein Unternehmen mit 26 Jahren. Inzwischen führt der diplomierte Sozialpädagoge ein expandierendes Unternehmen mit 20 Mitarbeitern und Dependancen in Düsseldorf, Frankfurt, München, Wien und Paris. »Zu seinen Großkunden zählen unter anderem die Klöckner-Werke, IBM, die Victoria-Versicherung, die Deutsche Bundesbank und die Hypo-Bank« (Rohr-Bongard 1990, S. 266). Sein Erfolgskonzept ist die »Achenbach'sche Mischformel« aus Kunsthandel und Kunstberatung. »Mittlerweile verfügt er über ein gut bestücktes Lager und entfaltet sich allmählich auch als Galerist mit Ausstellungen von Beuys, Warhol, Fautrier und Bernd und Hilla Becher« (Rohr-Bongard 1990, S. 266).

Nach seiner Philosophie sollen Architekten und Künstler von Baubeginn an »im engen Dialog stehen, denn erstklassige Kunst und erstklassige Architektur sind Bestandteile der Unternehmenskultur einer Firma« (Rohr-Bongard 1990, S. 266).

Der Kölner Galerist Winfried Reckermann charakterisiert den Kunstberater folgendermaßen: »Ein charmanter Junge; von Kunst als Ware versteht er etwas. (...) Wenn er die richtigen Berater hat (...), dann wird er die Szene langfristig bereichern« (Schmid 1989a, S. 8). Wenn »Achenbach mit generöser Geste, umgeben von attraktiven Mitarbeiterinnen, über den Kunstmarkt schreitet« (Schmid 1989b, S. 8) rauscht es im Blätterwald der Galeristen- und Kunsthändlerszene. Denn »Achenbach ist mehr als ein Berater, er ist auch Sammler und Händler« (Schmidt 1989b, S. 9) mit dem persönlichen Wunschtraum, in Europa so bedeutend zu werden, wie der Galerist Leo Castelli in Amerika (vgl. Schmidt 1989b). Auf jeden Fall scheint Artconsulting für ihn das geeignete Mittel zu sein, um sich als erfolgreicher Galerist und Kunsthändler zu etablieren.

1.5. Die Kunstberater auf Maecenas Spuren

Die Maecenata Management GmbH stellt sich seit ihrer Gründung im Jahre 1989 die Aufgabe »Ideen, Projekte, Initiativen, Persönlichkeiten und Organisationen durch fachkundige Beratung und Betreuung sowie durch die Übernahme von Dienstleistungen in die Lage zu versetzen, das gemeinnützige Ziel optimal zu verfolgen« (Maecenata Management GmbH 1992). Der Schwerpunkt liegt in den Geschäftsbereichen Kommunikationsstrategien, Sponsoring, Stiftungs- und Spendenwesen.

Die beiden Gründer Rupert Graf Strachwitz M.A. und Dipl.-Kfm. Peter W. Weber entwickeln für Wirtschaftsunternehmen Programme zur »Verbesserung der Kommunikation mit dem gesellschaftlichen Umfeld« durch Mäzenatentum und Sponsoring. Sie sind privaten und institutionellen Mäzenen behilflich, neue Stiftungen zu errichten, indem sie die Konzeption erarbeiten und die Planung und Durchführung aller Aufgaben übernehmen, die notwendig sind, um aus der Idee Wirklichkeit werden zu lassen. Bei der Förderung eines öffentlichen Anliegens sind sie ebenfalls für Regierungen und öffentliche Institutionen tätig.

2. Museumsdirektoren und Ausstellungsmacher

Die genuinen Aufgaben eines Museums sind Sammeln, Forschen und Vermitteln. So wird seit dem Ende des 18. Jahrhunderts auch die langfristige Erschließung von Kunst in nobilitierender Hülle gewährleistet. Nach Nestler kann das Museum »zur Qualifikation und Sensibilisierung des Menschen für seine Zukunftsaufgaben in unüberschätzbarem Maße besser beitragen, als die meisten anderen kulturellen Einrichtungen oder sozialkulturellen Aktivitäten« (Nestler 1989, S. 60). Grasskamp definiert das Museum »als eine intellektuelle Metapher der Gegenwart, wie die Revolte eine der 60er Jahre war« (Grasskamp 1991b, S. 52).

Seit den 80er Jahren ist darüberhinaus eine Änderung der Museumssituation zu beobachten. Nach Ansicht von Prof. Dr. Peter Beye hat auch das Interesse von Wirtschaft und Politik an Kunst und Kultur erheblich zugenommen. Diese Entwicklung führt er darauf zurück, daß »die Museen schon in den 60er und zu Beginn der 70er Jahre früher bestehende Schwellenängste zunehmend abgebaut haben«[2]. Ferner hängt die Attraktivität eines Museums heute nicht mehr allein von der Anziehungskraft seiner Bestände ab, sondern ebenso von seinen – nicht nur arbeits- sondern auch kostenintensiven – temporären Wechselausstellungen.

Gerade Museen für moderne Kunst stehen unter dem permanenten Zwang zu aufwendigen Sonder- und Wechselausstellungen, um in Konkurrenz mit Galerien und Kunsthallen ein anhaltendes Publikumsinteresse zu erreichen. Nicht zuletzt aufgrund der für die Leitung eines Museums erforderlichen organisatorischen, finanzstrategischen und kommunikativen Qualitäten stellt Schwier fest, daß der »Museumsleiter von heute (...) Wissenschaftler und Manager zugleich sein« muß (Schwier 1989, S. 79).

Darüberhinaus bleiben Museen für Gegenwartskunst nur dann lebensfähig, wenn sie sich durch Neuankäufe organisch weiterentwickeln können (vgl. hierzu auch Weisner 1990, S. 175 ff.). Allerdings führen die inflationären Preissteigerungen der Kunstwerke bei gleichzeitiger Stagnierung oder Kürzung der Etats eine kontinuierliche und sinnvolle Ankaufspolitik ad absurdum. Viele Kunstwerke werden dadurch den öffentlichen Museen entzogen und finden finanzkräftigere private Käufer.

Die gestiegenen Versicherungskosten sind ein unangenehmer Nebeneffekt der Preissteigerungen der Kunstwerke; aus diesem Grund verblieben schon viele Ausstellungsprojekte im Planungsstadium. Da bietet sich Kunstsponsoring als möglicher Ausweg an. Aber die meisten Sponsoren fordern – neben bestimmten, vertraglich manifestierten Gegenleistungen – auch eine Erfolgskontrolle.

Die bei der Evaluation von Ausstellungen bevorzugt eingesetzten quantitativen Bewertungsmaßstäbe mit Kriterien wie Höhe der Besucherzahlen und Präsenz in den Medien verlangen allerdings nicht nur nach Wiederholung, sondern nach der ständigen Möglichkeit, die früher erhobenen Daten zu übertreffen. Wie sich Werbung im Fernsehen an Einschaltquoten orientiert, so sind die Besucherzahlen das Instrument zur Kunstsponsoringkontrolle. – Nur leider ist Kunstqualität nicht mit quantifizierenden Maßnahmen zu bestimmen. Auch unter den Besuchern macht sich Unmut breit, denn den meisten Betrachtern bleibt der Kunstgenuß verwehrt, wenn sie in einer Schlange an den Exponaten vorbeigeschoben werden.

Der Aachener Kunsthistoriker, Kritiker und Kunstberater Walter Grasskamp weist in seinem Artikel »Das Museum als Metapher« noch auf andere kritische Aspekte der »flüchtigen Begegnung mit ewigen Werten« anläßlich der Konjunktur von Wechselausstellungen in Museen hin. Die Instrumentalisierung der Museen »für die kulturpolitische Imagebildung verordnet ihnen Publikumserfolge als vermeintlichen Nachweis einer Demokratisierung von Kultur. Ausstellungen, die nicht zugleich auch Medienereignisse sind, finden immer weniger Sympathie bei Geldgebern und Sponsoren. Marketingkenntnisse, Managementerfahrung und Geschick für gepflegtes ›fund raising‹ sind für den Kulturbetriebswirt vonnöten; eine dickfellige Bürokratietoleranz, das Fahrtenschwimmerzeugnis in allen Strudeln des ›mainstream‹ und kantenlose Eleganz empfehlen den Museumsleiter der Zukunft. Der forschende Museumsdirektor, einst ein wesentliches Element bürgerlicher Kulturemphase, wird keine Zukunft haben, ebensowenig der quirlige Anwalt der Moderne, den die Politiker im Zweifel gewähren ließen, um nicht als Banausen dazustehen« (Grasskamp 1991, S. 52).

2.1. Fördervereine, die Retter in finanzieller Not

Die Etats der Kunstmuseen in Deutschland sind unterschiedlich. Ihre Höhe schwankt von 140.000 DM (Neue Galerie, Kassel) bis zu mehreren Millionen DM (Kunstsammlung Nordrheinwestfalen, Düsseldorf). Zur darüberhinausgehenden Finanzierung von Projekten haben die Museen in den letzten Jahren in zunehmendem Maße eigene Fördervereine gegründet: Die Gesellschaft der Freunde der Kunstsammlung Nordrheinwestfalen oder der Stuttgarter Galerieverein sind hierfür Beispiele.

Die Akquisitionsstärke des Düsseldorfer Fördervereines ist eng an die Person des Vorsitzenden, eines Unternehmers aus der Automobilbranche gebunden. Durch seine differenzierten Kontakte zu Industrie und Wirtschaft konnte er dem Museumsleiter schon verschiedentlich bei Ankäufen behilflich sein. So spendete durch seine Vermittlung eine Bank anläßlich ihres Firmenjubiläums 1 Million DM. Aber auch allein durch den Jahresbeitrag von jeweils 1.000 DM für Einzelmitglieder und 4.000 DM für Firmen kommt dem Museum eine stattliche Summe zugute.

Fördervereine bündeln die Interessen und bieten die Möglichkeit kunstinteressierte Unternehmen »kongenial« anzusprechen. Bei den Mitgliedern handelt es sich eher um Kunstliebhaber als um Investoren und Spekulanten.

Auch Dr. Volker Rattemeyer (Leiter des Museums Wiesbaden) gründete »zusammen mit der Nassauischen Sparkassse einen Verein zur Förderung der Bildenden Kunst«[5]. Das Museum Wiesbaden scheint nicht das bestdotierteste zu sein, denn nach seiner Ansicht brauchen »Museen

Unternehmen, um langfristig minimalste Aufgaben bewältigen zu können«[5].

Edzard Reuter, der Vorstandsvorsitzende der Daimler-Benz AG, ist ebenfalls Vorsitzender des Stuttgarter Galerievereines, denn Prof. Dr. Peter Beye hält es für wichtig, daß »an der Spitze solcher Vereine auch politisch und wirtschaftlich einflußreiche Leute stehen«[2]. Im Idealfall »fließen alle Spenden- und Stiftungsmittel diesem Verein zu, der die Aktivitäten und Initiativen koordiniert und gezielt einsetzt«[2]. So sind zum Beispiel für den Ankauf des »Doppelselbstbildnisses von Schiele«, das der Staatsgalerie zur Eröffnung des Stirling-Baus vom Galerieverein überreicht wurde, alle Einzelspenden von Unternehmen wie Daimler, Bosch, der Landesgirokasse, IBM und anderen gebündelt worden. Innerhalb des Stuttgarter Galerievereins existiert sogar noch ein Förderkreis für besonders kapitalkräftige Mitglieder, die bei bestimmten Projekten fallweise einzeln angesprochen werden können. Dabei gilt die folgende Maxime: »Das Ausstellungsprojekt oder Kunstwerk muß zwischen dem Museum und dem Unternehmen konsensfähig gemacht werden«[2].

»Staatliche und private Initiativen sollten sich gegenseitig stimulieren und de facto tun sie es auch«[2]. Seit 1958 besteht in Baden-Württemberg die »Lottoregelung«: d.h. von den staatlichen Einnahmen des Zahlenlottos werden für Kunstankäufe nicht unbeträchtliche Mittel abgezweigt. Als die Lottoregelung noch nicht bestand, hatte die Staatsgalerie kaum eine bedeutende Stiftung zu verzeichnen, und »erst mit dem verstärkten staatlichen Engagement wurde auch das private Engagement in ganz erheblichem Umfang stimuliert«[2].

2.2. Sponsoring: Chance oder Risiko

Der staatliche Anteil der finanziellen Mittel der Stuttgarter Staatsgalerie bewegt sich zwischen 85 bis 90 Prozent; damit ist die Erfüllung der Primäraufgaben gewährleistet – dieses Museum ist auch ohne privates Mäzenatentum und unternehmerisches Sponsoring überlebensfähig. Aber Sonderausstellungen wie die Max-Ernst-Retrospektive, die auch in London, Düsseldorf und Paris gezeigt wurde, sind allein aus staatlichen Mitteln oft nicht finanzierbar.

Sponsoring, da sind sich die Museumsleiter einig, betrifft hauptsächlich die Finanzierung von Ausstellungen; bevorzugt werden von den Sponsoren naturgemäß Ausstellungen, die eine sehr starke Wirkung in die Öffentlichkeit haben, wie z.B. die Max-Ernst-Retrospektive. Dabei ist Museumsdirektoren wie Prof. Dr. Werner Schmalenbach äußert »gepflegtes Understatement von unternehmerischer Seite«[6] am liebsten, aber andererseits sollen die Firmen »für ihr gutes Geld auch etwas kriegen«[6].

Gegen Firmenwerbung auf Plakaten oder Katalogen als Gegenleistung für die zur Verfügung gestellten finanziellen Mittel hat ebenfalls Prof. Dr. Peter Beye nichts einzuwenden. Auch wurde Edzard Reuter, der bei der Finanzierung dieses Projektes in entscheidender Weise behilflich war, »von den Ausstellungsorganisatoren gebeten, das Vorwort zum Katalog der Max-Ernst-Ausstellung zu schreiben – als eine selbstverständliche Form des Dankes. Solange die Sponsoren nicht in die Programme der Museen eingreifen, sind sie uns willkommen; und dieser Versuch ist – wenigstens bislang – in Deutschland noch nicht unternommen worden«[2]. Dies ist die entscheidende Grenze, denn »sowohl Ankaufs- wie auch Ausstellungsprogramme müssen aus der autonomen Entscheidung der Museen hervorgehen«[2].

Prof. Dr. Werner Schmalenbach hat keine grundsätzliche Angst vor möglicher Einflußnahme; seine Grenzen sind eher moralischer Art. Er lehnt z.B. die »Zusammenarbeit mit Unternehmen, die Konzentrationslager gebaut haben«[6] ab.

2.3. Museales Kunstrecycling

Was können Museumsleiter noch tun, wenn zur Unterstützung ihrer Ankaufswünsche oder Ausstellungsprojekte nicht genügend Geld aus Industrie und Wirtschaft kommt?

Nach Ansicht von Prof. Dr. Werner Schmalenbach hat sich »in den Depots der Museen sehr viel Kapital angesammelt, das ohne jegliches künstlerisches Interesse ist«[6]. Wenn kein Geld aus der Wirtschaft zur Verfügung steht, hält er ein »recycling« in Form von wohlüberlegten Verkäufen aus den Depots für empfehlenswert. »Denn wenn man Fehler macht beim Verkaufen sind es haargenau dieselben Fehler, die man beim Kaufen macht. Nur: die Fehler beim Kaufen hängen an der Wand und die Fehler beim Verkaufen sind weg«[6]. – Im Grunde findet er die Fehler beim Kaufen viel schlimmer.

Demgegenüber würde Prof. Dr. Peter Beye »aus den Depots grundsätzlich nicht verkaufen, weil es so zu verhängnisvollen historischen Irrtümern kommen kann. Da sich jede Gegenwart gegenüber der Vergangenheit anders verhält, und sich damit auch Urteile ändern, halte ich es für gefährlich Kunstwerke aus Depots zu verkaufen. Im übrigen muß ein Museum auch mit seinen Fehlern leben können, gehören doch Fehler auch zu seiner Geschichte. Die Fehler können aber noch gravierender sein, wenn man z.b. einen unerkannten Rubens oder dergleichen veräußert«[2].

Eine ähnlich kontroverse Diskussion zum selben Thema fand schon 1989 auf der Generalkonferenz der ICOM statt. Evelyn Weiss, die Vizedirektorin des Museums Ludwig, ist ebenfalls eine engagierte Gegnerin der Verkäufe aus den Museumsdepots, denn für sie »sind das keine Depots, sondern Reserven, mit denen man arbeiten kann« (Wyrwoll 1989, S. 10).

Rudi Fuchs (Gemeentemuseum, Den Haag) hingegen ist der Meinung, daß angesichts »der Kunstmarktpreise (...) kontrollierte Bilderverkäufe viele europäische Museen aus ihrer existenzgefährdenden finanziellen Klemme retten« können (Wyrwoll 1989, S. 8).

Der museale Kunstbesitz gilt in Deutschland übrigens erst seit dem Zweiten Weltkrieg als sakrosankt; früher verkauften Museumsdirektoren – wie alte Akten penibel belegen – »was nicht ihrem Geschmack entsprach und heimsten sogar öffentliches Lob dafür ein« (Wyrwoll 1989, S. 9). Amerikanische Museumsleiter scheinen auch heute keinerlei Skrupel zu kennen, »was den Verkauf betrifft. Allerdings verwalten sie privaten Besitz und nicht staatlichen oder städtischen, wie die meisten deutschen Häuser« (Wyrwoll 1989, S. 9).

Ein neuer Weg zur systemimmantenten Lösung dieses Problems wurde 1991 auf einer Londoner Fachtagung von Museumsexperten erarbeitet: Bildertausch. So hofft die Tate Gallery »in einer Partnerschaft mit dem Centre Pompidou Kernstücke ihrer Sammlung wie ihre Werkgruppen von Rothko, Nicholson oder Bacon gegen Bilder von Picasso oder Matisse zu tauschen« (Thibaut 1991).

Aber seit kurzer Zeit profitieren einige finanzschwache Museumsleiter auch von dem Service der Frankfurter Agentur Ulysses Art Broking GmbH, die Bilder und Objekte aus den Lagerbeständen kommunaler Kunstmuseen bevorzugt an Unternehmen vermieten. »Die Imageförderung auf Zeit kostet zwischen sieben und zwölf Prozent des Versicherungswertes« – davon gehen 50 Prozent an die Museen und die andere Hälfte an Ulysses, das Unternehmen des Diplomkaufmanns Ulrich Schanda und des Kunsthistorikers Reinhold Brunner. »Bisher stellten zwölf Museumsdirektoren ihre verborgenen Schätze für sechs bis zwölf Monate zur Verfügung, Kunden können unter mehr als 200 Bildern auswählen« (o. Verfasser 1992). Angeboten werden z.b. das »Bauernhaus« von Erich Heckel für 17.500,- oder Rupprecht Geigers »Komposition 345/61« für 7.700,- DM.

2.4. Mögliche Entwicklungsstrategien

Gemessen an öffentlichen Ausgaben für Bildende Kunst nehmen sich die Zuwendungen aus Industrie und Wirtschaft äußerst bescheiden aus. Diese nicht-öffentlichen Gelder sollten deshalb immer nur komplementär zu städtischen oder staatlichen Mitteln verwendet werden, damit keine Dependenzen der Museen von temporär engagierten Unternehmen aus Industrie und Wirtschaft entstehen. Denn so unerläßlich die Hilfe aus der Wirtschaft geworden ist, verläßlich ist sie nicht. Auf dem Symposium »Museumsförderung«, das Ende 1992 in Bonn stattfand, wurde darüberhinaus festgestellt, daß das unternehmerische Engagement nicht dazu mißbraucht werden soll, um »öffentliche Mittel einzusparen, und die Kommune scheibchenweise aus der Verantwortung zu entlassen« (Rossmann 1992, S. 33). Der Staat kann auch in Zukunft sein Kunstförderungsmonopol durch Steuereinnahmen und deren Umverteilung behalten.

Ein Vergleich mit der amerikanischen Museumssituation zeigt die Vorteile des deutschen Finanzierungsmodelles. Den amerikanischen Museen steht zwar in der Regel mehr Geld zur Verfügung, weil dieses System fast vollständig auf privater Kulturförderung aufbaut. Da an die Verwendung dieser Gelder aber unterschiedliche Prämissen geknüpft sind, herrscht in deutschen Museen aber weitaus mehr Entscheidungsfreiheit. Sie sind zum Großteil aus landesfürstlichen Sammlungen hervorgegangen und werden vom demokratischen Staat – als Rechtsnachfolger der früheren Fürsten- und Königshäuser – mit öffentlichen Mitteln ausgestattet. Im Gegensatz dazu sind in den USA viele große Museen rein private Gründungen, die z.T. aus Stiftungen hervorgegangen sind und die ohne private Finanzmittel nicht überleben können.

So wünschenswert die Steigerung außerstaatlichen Engagements zur Stützung musealer Aktivitäten auch in Deutschland sein dürfte, die autonome Museumsentscheidung im Bezug auf die Erweiterung der Sammlung und die Gestaltung des Ausstellungsprogramms darf sie nach Ansicht von Prof. Dr. Peter Beye nicht im geringsten tangieren. Zwar scheint für Ihn ein idealer Finanzierungs-Mix aufgrund der besonderen Situation jedes einzelnen Museums nicht zu existieren, aber er sieht die Möglichkeit, das private Engagement durch deutliche Steuererleichterungen noch erheblich zu steigern.

Wenzel Jacob, der Geschäftsführer der Bonner Kunst- und Ausstellungshalle, akzeptiert Sponsoren »nur bei Interessengleichheit« (Rossmann 1992, S. 33). Aber angesichts seines Ausstellungsetats von 20 Millionen DM hat er auch die Möglichkeit, bei zusätzlichen Förderern wählerisch zu sein. Weniger gut dotierte Museen sind allerdings oft gezwungen, mit fordernden Sponsoren wie Hansgeorg Tölken, dem Marketing-Direktor der Zwillingswerke Henckels in Solingen, zusammenzuarbeiten, der nur Projekte unterstützt, »die mit unseren Produkten zu tun haben« (Rossmann 1992, a.a.O.).

Nach Grasskamp erhöhen die Museen durch spektakuläre Wechselausstellungen mit Besucherrekorden zwar ihre Finanzierungschancen, aber gleichzeitig verprellen sie auch »ihre kleine sensible Stammkundschaft« (Grasskamp 1991b, S. 52). Als Abhilfe rät er, »an einem Tag im Monat das Eintrittsgeld auf 20 Mark, den Preis einer billigen CD, heraufzusetzen, um Museumsbesuche in einem klassischen, scheinbar dem Aussterben geweihten Sinn zu ermöglichen« (Grasskamp 1991b, S. 52).

Der gesellschaftliche Status der Museen ist hoch, ihre Ausstellungen sind Publikumserfolge. Die wohlfeile Zauberformel »Sponsoring« als Patentrezept gegen chronische Finanzschwäche ist zum Common sense der Museumsleiter geworden. Aber Grasskamp vermißt bei ihnen die Souveränität, sie mußten sich von »der klassischen intellektuellen Aufgabe, den Überblick zu behalten« (Grasskamp a.a.O.) schon längst verabschieden. Walter Hopps, der Gründungsdirektor des Menil-Museums in Houston/Texas gibt zu: »Man kann heute nicht mehr Museumsdirektor sein mit all den Verpflichtungen (wie zum Beispiel dem Geldsammeln) und sich gleichzeitig um die Kunst kümmern« (Kipphoff 1990, S. 70).

Thomas Krens, Direktor des Guggenheim Museums und smarter Absolvent der »Yale School for Management« reduziert die Museumsbauten und Ausstellungshallen konsequent auf »die Hardware, die Kunstwerke und die Sammlungsbestände (auf) die Software des internationalen Industriebetriebs namens Kunst« (Kipphoff 1990, S. 71).

Für Christoph Brockhaus, den Leiter des Lehmbruck Museums sind auch in Deutschland neue Wege in der Museumspolitik erforderlich; er postuliert neben der Heranziehung von privaten Förderern auch eine verstärkte »Kooperation und Diversifikation« innerhalb der einzelnen Museen.

Als Empfehlung für die Zukunft wurde auf der Londoner Fachkonferenz eine »Rückbesinnung auf traditionelle Museumsaufgaben« in Verbindung mit einer »stärkeren Betonung der Sammlungen gegenüber populären Großausstellungen« (Thibaut 1991) festgestellt.
Aber im Gegensatz dazu zeichnet sich in der Realität ein Trend zur Befriedigung ungewöhnlicher Besucherwünsche ab: gegen ein entsprechend hohes Entgeld stellen Museumsdirektoren ihre Räumlichkeiten für Veranstaltungen im gehobenen Ambiente zur Verfügung. »Ob im New Yorker Metropolitan Museum of Art zwischen Raffael, Rubens und Rembrandt, im Pariser Louvre unter dem Lächeln der Mona Lisa oder auf der Freitreppe im Kölner Museum Ludwig zu Darbietungen einer Performance-Gruppe gefeiert wird, Parties im musealen Ambiente sind in« (A.H. 1992, S. 429). Ein Abend im Louvre kostet nur 15.000 DM, ohne Menü.

3. Künstler

> Wovon ich träume, ist eine ausgeglichene, reine und gelassene Kunst ohne beunruhigenden oder deprimierenden Inhalt, eine Kunst, die bei jedem geistig arbeitenden Menschen, dem Geschäftsmann ebenso wie dem Literaten, einen wohltuenden, beruhigenden Einfluß auf die Seele hat, etwa wie ein guter Lehnstuhl, der bei körperlicher Ermüdung entspannend wirkt.
>
> Aus: Henri Matisse. Notes d`un peintre. La grande revue, 25.XII.1908

Aber die meisten zeitgenössischen Künstler wollen die Betrachter ihrer Werke weder entspannen noch beruhigen, sondern aufmerksam machen, faszinieren und verunsichern. Der Typograph und Unternehmensberater Kurt Weidemann ist der Ansicht, daß »brauchbare« Bilder »mit Worten nicht mehr zu erreichen sind. Sie müssen die Augen so aufwecken und auswaschen, daß sie mehr sehen als zuvor« (Weidemann 1992).
Hinsichtlich der aktuellen Bewertung des unternehmerischen Kunstengagements aus Künstlerperspektive hilft eher ein Zitat des französischen Malers und Bildhauers Jean Dubuffet weiter: »Wo die Kultur ihre pompösen Podien aufschlägt, wo es Preise und Lorbeer regnet, da sollte man schleunigst das Feld räumen: die Aussichten dort auf Kunst zu treffen sind minimal. Und sollte sie jemals dort gewesen sein, hat sie sich

eiligst in ein besseres Klima verzogen. Sie kann nämlich die Luft der kollektiven Zustimmung nicht ertragen. Selbstverständlich ist die Kunst ihrem Wesen nach verwerflich! Und überflüssig! Und asozial, subversiv, gefährlich! Und wenn sie das nicht ist, dann ist sie weiter nichts als Falschgeld, leere Hülle, Kartoffelsack« (zit. nach Weidemann 1992).

Eine symmetrische Kommunikation von Künstlern und Unternehmern, Kunstwerken und Mitarbeitern ist de facto schwierig zu realisieren. Einfach nur »schöne« Bilder haben als einzige Qualität den allgemeinen Unterhaltungswert und Verständnis für abstrakte Kunst ist nur schwer vermittelbar. Außerdem ist der »Kunst-Pfad« zwischen finanzieller Abhängigkeit und künstlerischer Autonomie sehr schmal. Deshalb sollte, wie Loock in seiner Dissertation »Kunstsponsoring« zutreffend feststellt, »Kunstsponsoring nicht nur von den Unternehmungen, sondern auch von den Künstlern maßgeblich beeinflußt werden können« (1988, S. 125). Doch anstatt die Rolle der einzelnen Künstler in Gesprächen zu analysieren, referiert er in dem Kapitel »Der Künstler – Handlungsgehilfe der Unternehmung oder Mitgestalter« ebenso wie andere Autoren, die über Kunstsponsoring schreiben – detailliert die Sponsoring-Charakteristika von Nonprofit-Organisationen wie Staatliche Bühnen oder Radio-Symphonie Orchester (Loock 1988, S. 125 ff.). Die von ihm irrtümlich vorgenommene Gleichsetzung von Künstlern und Nonprofit-Organisationen[7] wird in ihrer faktischen Irrelevanz nur noch von der Entwicklung seines abstrakten Modells zur »künstlerischen Entscheidungsfindung« übertroffen.

In Publikationen über Kunstsponsoring werden die Interessen von Künstlern leider generell den unternehmerischen Marketingzielen subsumiert und in wirtschaftswissenschaftliche Theoriemodelle integriert.

In diesem Zusammenhang wurden von Loock noch weitere Irrtümer publiziert: »Kunstsponsoring ist eine neue Förderform. Die Verbindung zwischen Künstler und Förderer wird nicht mehr von einer Einweg-Förderung wie beim Kunstmäzenatentum, sondern von einer Zweiseitigkeit bestimmt« (Loock 1988, S. 130). Schon in der Antike, im Mittelalter und bis weit hinein in die Neuzeit war Kunst zu allererst Auftragskunst, beruhte auf finanzieller Leistung, die in der Regel mit einer apriori sehr genau definierten künstlerischen Gegenleistung gekoppelt war (vgl. Hirschfeld 1968). Die »aktive Auseinandersetzung« der Künstler mit den Unternehmen fand schon vor über 500 Jahren statt!

Abbildung 21
Modell zur Entscheidungsfindung der Künstler

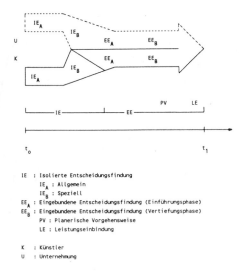

```
IE  : Isolierte Entscheidungsfindung
    IE_A : Allgemein
    IE_B : Speziell
EE_A : Eingebundene Entscheidungsfindung (Einführungsphase)
EE_B : Eingebundene Entscheidungsfindung (Vertiefungsphase)
    PV : Planerische Vorgehensweise
    LE : Leistungseinbindung

K   : Künstler
U   : Unternehmung
```

Quelle: LOOCK 1988, S. 97.

Welche Prioritäten setzen Künstler heute bei der Zusammenarbeit mit Unternehmen?

3.1. Künstler, die schwierigen Variablen Größen im Werbeetat

Nach Ansicht von Kurt Weidemann, dem CI-Berater von coop, Zeiss, Merck und Daimler-Benz »sind Mißtrauen und Argwohn angebracht und Arroganz und Zumutungen nicht auszuschließen« (Weidemann 1992), wenn Kunst allein Marketingchefs, Werbeleitern und Öffentlichkeitsarbeitern unterstellt wird. Denn was gut für den Ruf ist, ist nach Marketingregeln auch gut für den Umsatz. »Aber Kunst hat nicht den Auftrag verständlich, bekömmlich und wohlgefällig zu sein. (...) Sie kennt keine Kosten- und Nutzenrechnungen« (Weidemann 1992). Da den Künstlern die »Nützlichkeitsfanatiker, Profitmaximierer und Umsatzsteigerer« (Weidemann 1992) suspekt sind, fehlt es häufig an symmetrischer Kommunikation. Dieser Mangel an Gesprächsbereitschaft und -kompetenz läßt sich bei einigen zeitgenössischen Künstlern auf ihr bis zum Narzißmus gehendes Interesse an der eigenen Person und den eigenen Werken zurückführen sowie auf eine prinzipielle Ablehnung von organisatorischen Zwängen.

Wenn also Kunst unter diesen schwierigen Bedingungen ein »bedeutendes identitätsstiftendes Element in einem Unternehmen« werden soll, braucht sie »Überzeugungstäter und nicht Etatverwalter« (Weidemann 1992): Unternehmer, die neben Rechnen, Schreiben und Lesen auch Sehen gelernt haben und die die Kunstausgaben nicht im »Repräsentationsetat« abbuchen, sondern als »Risikoprämie« verstehen.

3.2. Kunst im Unternehmen: Die subversive Geheimwaffe

Die anfängliche Fremdheit der im Atelier des Künstlers entstandenen Werke, ihre Zweckfreiheit und natürliche Distanz zum Unternehmensalltag kann sie zu einem Medium der Veränderung, der Erschließung neuer Sichtweisen und Handlungsformen machen. Wer sich auf moderne Kunst einläßt, steht auch unternehmensstrategischen Modifikationen und Innovationen nicht skeptisch gegenüber. Kunstwerke sind Anlaß zu interner Kommunikation und spiegeln außer den Intentionen des Künstlers auch die »Persönlichkeit« des Unternehmens wieder.

Allerdings besteht oft eine Diskrepanz zwischen dem postulierten Ideal der »schönen Künste« im Unternehmen und der Wirklichkeit. Der Konflikt besteht darin, daß moderne Kunst die meisten Betrachter nicht nur ratlos macht, sondern sie auch zweifeln läßt, ob es sich dabei überhaupt noch um Kunst handelt. Ein spontaner Zugang gerade zu zeitgenössischen Kunstwerken ist bei den meisten Menschen äußerst selten, und Kunstsachverständnis muß geduldig erworben werden.

Diese These vertritt auch Weidemann. Wenn sich Unternehmen im Bereich der Bildenden Kunst engagieren, möchten sie häufig »gefallen nach allen Seiten hin. (...) Aber nur Gefälligsein bei gegenwärtig guter Kunst anzutreffen, ist nahezu aussichtslos. Erkenntnisse in der Kunst sind aber kaum lernbar oder lehrbar. Ein lebenslanger intensiver Umgang, geduldig geübte und immer wieder vorurteilsfreie neue Seherfahrung sind der bessere Zugang. Veranstaltungen im Kunstbetrieb mit der Tendenz zum Unverbindlichen, Einvernehmlichen, Unerheblichen sind ebenso problemlos wie nutzlos« (Weidemann 1992).

3.3. Corporate-Art: Beispiele für konzertierte Aktionen

Bei der Zusammenarbeit mit Unternehmen wird von den Künstlern Kooperationsfähigkeit, pädagogische Kompetenz und Teamgeist gefordert. Das zukünftige Kunst-Projekt muß in Vergabeverfahren eingeordnet werden; dabei dürfen die Zahlungsmodalitäten genausowenig außer Acht gelassen werden, wie der Vermittlungsaspekt. »Nicht selten kompensieren Künstler solche Gängelungen durch selbstüberschätzendes und selbstgefälliges Repräsentationsbedürfnis. Das trifft sich dann oft gut mit den Prestigebedürfnissen der Unternehmen« (Weidemann 1992).

Bevorzugt gefördert wird das Spektakuläre, das Gefällige, das Nicht-Kritische, nicht das Widersprüchliche und in Frage Stellende. Aber Kunst stellt in der Regel »Risiko, Einmischung, nicht Anpassung und Ausschmückung« des »irdischen Jammertales« dar (Staeck 1990, S. 173). Kunst hat keine genuine Funktion, sie hat – von Ausnahmen abgesehen – die Dienstleistungsebene schon vor einigen Jahrhunderten verlassen und ist auch kein »Bedeutungsträger für Botschaften, Ideologien, die nicht in ihr selbst stecken« (Nierhoff 1990, S. 235).

Welche Einflußmöglichkeiten haben Künstler und was können ihre Arbeiten im Unternehmen bewirken?

Die Aufgabe, die der Gründer der Hochschule für Gestaltung in Ulm, Max Bill der Kunst im Unternehmen zuweist, orientiert sich an der »Lehnstuhl-Vorstellung« die Mitarbeiter »sollen Freude haben, ihr Interesse soll geweckt werden«[8]. Auf den Ankauf seiner Kunstwerke durch Unternehmen hat er keinen Einfluß – sofern es sich nicht um eine genuine Auftragsarbeit handelt; dieser Geschäftsbereich obliegt den Galeristen und Kunsthändlern.

Der in Stuttgart und München lebende Maler Ben Willikens verfügt ebenfalls über zahlreiche Erfahrungen bei der Zusammenarbeit mit Unternehmen. Seiner Ansicht nach haben viele Firmen ab einer bestimmten Größenordnung ein »über die reine Selbstdarstellung hinausgehendes Bewußtsein der kulturellen Verantwortung«[9]. Wenn der Kenntnisstand über zeitgenössische Kunst bei den Entscheidungsträgern im Unternehmen hoch ist, können Arbeiten im Dialog entstehen und »nicht Auftragsarbeiten im herkömmlichen Sinn mit bestimmter Vorgabe.«[9] Ein vergleichbarer Dialog, wie er auch zwischen Museumsleitern und Künstlern existiert. Uwe M. Schneede (Kunsthalle Hamburg) versucht ebenfalls in Gesprächen mit Künstlern Räume für ihre Werke zu finden. Eine daraus resultierende positive Beeinflussung der bereits vorhanden Museumsarchitektur gelang z.B. Gerhard Merz, der mit seiner Arbeit im Treppenhaus der Hamburger Kunsthalle neue Akzente setzte.

Die Einheit von Raum und Werk, die Bindung von Kunstwerken an einen bestimmten Ort, die gleichzeitig Herausforderung und Beeinflussung ist, läßt sich bei Unternehmen sicherlich durch die Einbeziehung von Künstlern während der Bauphase am besten realisieren, da Arbeitsräume und Flure, Foyers und Kantinen in den seltensten Fällen apriori das geeignete Ambiente für die Präsentation von Kunstwerken sind.

Bei der Zusammenarbeit von Künstlern und Unternehmern muß die Anerkennung der Kunstautonomie von vornherein gewährleistet sein. Wie Ben Willikens betont, kann es in diesem Fall »zu einer sehr fruchtbaren Zusammenarbeit kommen, (...) denn Unternehmen haben wie Mäzene die Möglichkeit, Freiräume zu sichern für die Umsetzung großer künstlerischer Ideen, die in einem Museum in dieser Form nicht realisiert werden können«[9].

Künstler wie Ben Willikens leben und arbeiten nach dem Motto, daß »ganz große Entscheidungen einsam getroffen werden« in monologischer Zwiesprache mit ihren eigenen Werken im Atelier. Er macht die Kunstwerke zwar primär für sich, aber im Dialog mit den Unternehmen können sie die Funktion von Katalysatoren bekommen. Dort ist es seiner Ansicht nach wie bei den Sammlern: »Man lebt mit den Künstlern, ihre Werke tragen zum Lebensgefühl und der Identifikation bei. Obwohl das Kunstengagement im Unternehmen nur an einige Personen gebunden ist, kriegen aber in der Ausstrahlung alle was ab«[9]. – Wie das Kapitel über Mitarbeitermotivation zeigt, sind die Reaktionen auf diese »Ausstrahlung« allerdings keineswegs durchgängig positiv.

Eine Gefahr für die Künstler bei der Realisierung von großen Arbeiten im Dialog mit Unternehmen sieht er in der »zu starken persönlichen Bindung an das jeweilige Unternehmen. Man sagt dann: der macht Corporate-Art, und verknüpft den Künstler mit einem bestimmten Unternehmensimage, das nur schwer transferierbar ist«[9].

Aber einige Künstler sind auch aus moralischen und politischen Gründen nicht zur Zusammenarbeit mit Unternehmen bereit. Für Walter Dahn wird durch die Südafrikapolitik der Deutschen Bank ein »System am Leben erhalten (...) welches täglich die Menschenrechte (...) mit Füßen tritt« (Dahn 1990, S. 149). Leider ist Walter Dahn die 9. Etage des A-Turms der Deutschen Bank in Frankfurt gewidmet. Das Kreditinstitut kaufte seine Arbeiten auf Papier ohne sein Wissen und ohne seine Zustimmung in Galerien und von Kunsthändlern.

Jetzt versucht er vehement, wenigstens weitere Ankäufe seiner Kunstwerke durch diesen Konzern zu verhindern. Er will dieser Bank, die ein solches Regime unterstützt, nicht weiter mit seinen Werken »das Deckmäntelchen einer liberalen Kunstauffassung umhängen« (Dahn 1990, S. 149). Aber was erstmal in den Türmen hängt, das gehört zu den bleibenden Werten.

4. Resümee

Als signifikante Prämisse für reüssierte konzertierte Aktionen von Unternehmern und Künstlern, Museumsleitern oder Beratern, ist Kunstkompetenz bei den Verantwortlichen aus dem Bereich der Wirtschaft obligat.

Über das Interesse an Bildender Kunst hinaus verstehen einige Unternehmer Weiterentwicklung als kreativen Prozeß, an dem Künstler erfolgreich partizipieren. Diese Sichtweise korrespondiert mit »der Erkenntnis, daß es immer weniger lineare Fortschreibung von Entwicklungen gibt« und wird von Weidemann dahingehend weitergeführt, daß der schöpferische Prozeß der Zukunftsbewältigung im Unternehmen durch »Kunstkontakt bessere Impulse empfängt, als auf Managerseminaren« (Weidemann 1992).

Der Einsatz von Artconsultants als externe Berater der unternehmerischen Kunstprojekte scheint bei Betrachtung des Preis-Leistungs-Verhältnisses nicht empfehlenswert. Artconsultants haben oft keine, oder nur eine abgebrochene kunstwissenschaftliche Ausbildung und vorwiegend kommerzielle Interessen. Unternehmen, die sich das »Deckmäntelchen der Bildenden Kunst« umhängen wollen, aber schon bei der Konzeption und Auswahl keine Zeit haben, sich selbst näher mit Bildender Kunst zu beschäftigen, werden auch später wenig Freude an ihren Kunstprojekten haben.

Galeristen, Kunsthändler und Kunsthistoriker aus Museen oder Universitäten erweisen sich als vertrauenswürdigere und preiswertere Berater. Sie sind als traditionelle Berater der Sammler ebenso kompetent wie qualifiziert, um auch Unternehmer zu beraten; und wenn Unternehmen im Kunstbereich expandieren, selbst Ausstellungen organisieren, oder eine eigene Sammlung aufbauen, die betreut und erweitert werden muß, ist die Institutionalisierung einer autonomen Kunstabteilung mit einem qualifizierten Kurator erforderlich – und nicht eine externe Beratungsagentur.

Zwischen Unternehmern aus Industrie oder Wirtschaft und den im heutigen Kunstbetrieb erfolgreichen Museumsleitern oder Ausstellungsorganisatoren bestehen elementare Analogien, denn um bei wachsendem Konkurrenzdruck das Publikumsinteresse an ihrer Sammlung und ihren Ausstellungen zu sichern, müssen sie auch über unternehmerische Fähigkeiten und Managerqualitäten verfügen. Die Unternehmer können durch Sponsoring dazu beitragen, spektakuläre Wechselausstellungen zu ermöglichen, die ebenfalls zur Attraktivitätssteigerung des Unternehmensstandortes dienen. Das hier kurz skizzierte Verhältnis von Museumsleitern und Unternehmern weist Merkmale von speziellen Kompensationsgeschäften auf, die auf einem reziproken Sukkurs basieren. Die Kunsthistoriker stellen bei Bedarf ihr Fachwissen zur Verfügung, und die Unternehmer ermöglichen durch finanzielle Zuwendungen Ausstellungen und Kunstankäufe.

Als Erfolgsstrategie für Museumsleiter empfiehlt sich, die nicht-öffentlichen Finanzmittel immer nur komplementär zu den städtischen bzw. staatlichen zu verwenden, da die Gelder aus Industrie und Wirtschaft stark von Konjunkturschwankungen abhängig sind, und es sich bei Sponsoring um eine Form der Gewinnbeteiligung handelt. Obligatorisch für Sponsoring-Maßnahmen, wie die finanzielle Unterstützung von Wechselausstellungen, ist eine unternehmerische Förderung ohne die Forderung nach Eingriff in die künstlerischen Programme.

Zur direkten, projektunabhängigen finanziellen Unterstützung bietet sich für Museen die Gründung von Fördervereinen an.

Besonders kritisch werden die potentiellen Möglichkeiten diskutiert, die Museumsleitern zur Verfügung stehen, um die Finanzprobleme ihrer Häuser zu lösen. Eine spezielle Kontroverse betrifft den Verkauf von Kunstwerken aus Depots: Es ist die Frage, ob ein Museum mit seinen Sammlungsfehlern leben soll, oder ob sie besser eliminiert werden sollten. – Wobei Irrtümer wegen unrichtiger Zuschreibungen nie völlig ausgeschlossen sind.

Eine leichter zu legitimierende Praxis ist sicher der Bildertausch zwischen einzelnen Museen, oder die Zusammenarbeit mit Agenturen, die unliebsame Kunstwerke aus Museumsdepots temporär verleihen. Ebenso können Museen ihre Räumlichkeiten – als eigene PR-Maßnahme mit synergetischer Befriedigung neuer Kundenbedürfnisse – gegen entsprechendes Entgeld für Veranstaltungen im gehobenen Ambiente zur Verfügung stellen. Nur werden bei dieser Entwicklung die Interessen der kleinen, sensiblen Stammkundschaft immer weniger berücksichtigt, die eher auf traditionellen Museumsaufgaben insistieren, anstatt Ausstellungsmarketing mit Besucherrekorden und Kreation von Erlebniswelten im musealen Bereich zu favorisieren.

Bei Interessengleichheit und Kunstkompetenz kann zwischen Unternehmern und Künstlern ein symmetrischer Dialog entstehen, der ebenfalls zwischen Künstlern und Museumsleitern oder Ausstellungsmachern existiert. In gemeinsamen Gesprächen können geeignete Räume für die Kunstwerke gefunden werden. Diese wichtige Frage, ob für zeitgenössische Kunst eigentlich Platz ist im Unternehmen, sollten sich alle Beteiligten möglichst frühzeitig stellen. Denn qualitätvolle moderne Kunst ist selten gefällig und leicht verständlich, Künstler können mitunter schwierige Menschen sein, und aufwendige Kunstprojekte müssen in den Unternehmensablauf integriert werden.

Als Prämisse gilt auch hier, daß die Vergabe von Aufträgen zur Realisierung von künstlerischen Ideen unter absoluter Anerkennung der Kunstautonomie erfolgen muß. Unter dieser Bedingung haben Unternehmen die Möglichkeit, für Kunst und Künstler sogar größere Freiräume zu sichern als Museen.

Bei sorgfältiger und kompetenter Auswahl können die im Atelier, oder vor Ort im Unternehmen entstandenen Arbeiten wie Katalysatoren wirken, zu einem Symbol der Unternehmenskultur werden, und einen Beitrag zum Lebensgefühl und der Identifikation der Mitarbeiter leisten. Bei sehr enger und langjähriger Zusammenarbeit von einzelnen Künstlern mit bestimmten Unternehmen, kann sich eine nur schwer transferierbare Assoziation von den Kunstwerken mit dem Unternehmensimage ergeben. Dann besteht die Gefahr, daß die Arbeiten den Charakter von »Corporate-Art« annehmen.

Darüberhinaus gibt es noch andere Gründe für eine mögliche Verweigerung der Kooperation: Einige Künstler möchten aus moralischen und politischen Gründen in bestimmten Unternehmen nicht mit ihren Arbeiten vertreten sein. In diesen Fällen ist von unternehmerischer Seite eine souveräne Toleranz und Akzeptanz des Repulses dringend erforderlich, und nicht die Beweisführung, daß auch Kunst letztlich nur eine käufliche Ware ist.

Anmerkungen

1. Auf eine detaillierte Transkription der durchgeführten Interviews – wie etwa in der Konversationsanalyse üblich – wurde verzichtet, da nicht die interaktive Hervorbringung des Wissens das zentrale Forschungsinteresse ist, sondern das Spezialwissen der Experten. Die Zitate aus den in der Regel einstündigen Interviews mit Gesprächsleitfaden werden durch den Namen des Interview-Partners und den Termin, an dem das Gespräch stattfand gekennzeichnet.
2. Aus einem Gespräch mit Prof. Dr. Peter Beye am 09.12.91.
3. Aus einem Gespräch mit Henryk Egetemayer am 11.12.91.
4. Aus einem Gespräch mit Dr. Walter Grasskamp am 22.11.91.
5. Aus einem Gespräch mit Dr. Volker Rattemeyer am 08.10.91.
6. Aus einem Gespräch mit Prof. Dr. Werner Schmalenbach am 30.07.91.
7. In Wirklichkeit überwachen erfolgreiche Künstler übrigens sehr genau ihren Kontostand, der die Umwandlung ihrer Arbeiten in Wandaktien dokumentiert. Andy Warhols Maxime war »Being good in business is the most fascinating kind of art« (zit. nach Hegewisch 1992, S. 75), Joseph Beuys setzte Kunst und Kapital gleich, und auch Markus Lüpperts oder Anselm Kiefer wird eine ausgeprägte Geschäftstüchtigkeit nachgesagt.
8. Aus einem Gespräch mit Max Bill am 07.11.91.
9. Aus einem Gespräch mit Ben Willikens am 12.12.91.

Conclusio:
Tendenzen, Grenzen und Chancen

Ziel der Untersuchung war es, einen empirisch fundierten Überblick über Umfang, Erscheinungsformen, Stellenwert und Motive der aktuellen unternehmerischen Aktivitäten im Kunstbereich zu geben. Während sich Imagegründe und Marketingstrategien bald als akzidentielle Motive erwiesen, um sich in diesem Bereich zu engagieren, wo Kosten-Nutzen-Analysen meist versagen, traten persönliche Kunstinteressen in den Vordergrund.

Ein wesentliches Ergebnis der Arbeit ist die Erkenntnis, daß mit der Spezialisierung des Kulturinteresses der Unternehmen auch das persönliche Engagement von einzelnen Mitarbeitern, Geschäftsführern oder Direktoren zunimmt. Im Bereich der Bildenden Kunst dominiert daher eindeutig das traditionelle Sammler-Interesse. Das in den meisten Fällen wichtigste, aber erfahrungsgemäß unausgesprochene Motiv des unternehmerischen Kunstengagements ist die egoistische Befriedigung einer persönlichen Kunstleidenschaft, die in unterschiedlicher Weise mit dem Unternehmensimage verknüpft wird. Der Preis für die Realisierung dieser Passion im Unternehmen ist eine formal-altruistische Transformierung. Unternehmerisches Kunstengagement stellt sich bei detaillierter Untersuchung häufig als eine Kombination von egoistischen, unternehmerischen und gesellschaftlichen Interessen dar.

Aus diesem Grund wird es, trotz wirtschaftlicher Rezession, in Unternehmen immer Menschen mit künstlerischen Neigungen und leidenschaftliche Sammler mit einer Vorliebe für Bildende Kunst geben, die ihre persönlichen Interessen durchsetzen, und ihr Kunstengagement nicht auf das konjunkturabhängige Motiv der Kapitalanlage zurückführen. Solange es Kunst gibt, werden sich auch Unternehmer dafür engagieren, aus dem, wie Hans J. Baumgart formuliert, »Interesse an der Kunst an sich«.

Daher handelt es sich bei »Corporate Collecting« de facto um »personal collecting for corporations«, denn Kunstentscheidungen sind immer persönliche Entscheidungen, die ohne Betriebs- und Aufsichtsrat getroffen werden.

Dieses Engagement von Einzelnen formiert sich zu Interessengemeinschaften innerhalb und außerhalb der Unternehmen (Kunstabteilung, Fördervereine für Museen, Kulturkreis im BDI).

Eine wichtige Konsequenz aus der empirischen Untersuchung, den Expertengesprächen und Fallstudien ist, daß Kunstförderung nicht ein genuiner Teil von Unternehmenskultur ist, sondern daß es sich bei unternehmerischem Kunstengagement um eine persönliche Leidenschaft handelt, die mit dem Unternehmensalltag auf unterschiedliche Weise verbunden wird: eine Fusion von echter Kunstbegeisterung und strategischen Unternehmenszielen.

Kunstsponsoring ist eine schon fast antike Form des Kunstengagements, das – bedingt durch soziale Umwälzungen – in unterschiedlichen Phänotypen existierte. Orientiert an gesellschaftlichen Normvorstellungen mutierten die Wappen, Embleme und Familienheiligen der Medici in den Kirchen zu den prägnanten Firmensignets auf den ersten Seiten der Ausstellungskataloge - als Gegenleistungen für finanzielle Zuwendungen. Unternehmerisches Sponsoring ist nur eine pragmatische Modifikation, eine an den Unternehmenszielen orientierte Variante des idealisierten, uneigennützigen privaten Mäzenatentums, und kein neues Konzept.

Kunstengagement wird von vielen Unternehmen auch als Teilnahme und aktive Mitgestaltung von sozialen Prozessen verstanden. Sie betrachten ihren wirtschaftlichen Erfolg als Verpflichtung zur Kunstförderung und versuchen, durch Kunst das Umfeld der ökonomischen Tätigkeit positiv zu besetzen – als eine Art von Gewinnbeteiligung in Form von Sponsoring.

Der Staat sollte allerdings nicht aus seiner Pflicht zur Kunstförderung entlassen werden, denn bei wirtschaftlichen Rezessionen werden die Sponsoring-Maßnahmen als erstes gekürzt. Unternehmerisches Handeln ist ebenso von Konjunkturschwankungen wie von wechselnder Unternehmenspolitik abhängig.

Als tendenziell überflüssig erweisen sich Artconsultants, denn die Beraterqualifikationen von Kunsthistorikern, Galeristen und Kunsthändlern sind bedarfsdeckend. Dies gilt ebenfalls für Sponsoring-Agenturen, da kunstinteressierte Unternehmen das persönliche Gespräch mit den

Ausstellungsorganisatoren vorziehen, und nicht durch Vermittler vom Produkt entfremdet werden möchten.

Der Aufbau von Kunstsammlungen ist die am häufigsten genannte Form des Engagements; wenn allerdings dieses Projekt nicht von einem ebenso engagierten wie kompetenten Mitarbeiter betreut wird, ist es zum Scheitern verurteilt, und es werden bestenfalls schöne, preiswerte Bilder an den Wänden hängen.

Kunstwerke können nicht Lückenbüßer sein, wo Unternehmensphilosophie und Architektur versagen. Wenn sie hauptsächlich als Orientierungshelfer auf gesichtslosen Fluren eingesetzt werden, in Konkurrenz mit Hydrokulturen und Feuerlöschern, Hinweisschildern und Garderobenständern existieren, sind sie höchstens Objektivationen innenarchitektonischer Insuffizienz. In multifunktionaler Umgebung ist selten Platz für Kunst.

Oft implantieren sich Unternehmen auch künstlerische Alibi-Fremdkörper, die gesellschaftspolitische Verantwortung dokumentieren, und Inhaltsverluste kompensieren sollen. Da der gesellschaftlich legitimierte Schutzraum der Museen und Ausstellungshallen fehlt, taucht die Fragwürdigkeit von modernen Kunstwerken im Unternehmen häufig sehr vehement auf.

Wenn Kunstwerke den Museen entzogen werden, und sich finanzkräftigere Orte, wie Unternehmen suchen, besteht außerdem die Gefahr des Ausschlusses der Öffentlichkeit. Aber Kunst braucht Forscher, Vermittler und Betrachter.

Außerdem steigt das Kunstverständnis der Vorstandsmitglieder nicht mit dem Jahresumsatz oder den Prämieneinnahmen, – wohl aber die Ablehnung mit dem Anstieg des Abstraktionsgrades. Wenn Laien über Kunst entscheiden, kommt es zwangsläufig zu Mißverständnissen und falschen Erwartungen. Dann wird bestenfalls nach »Corporate Art« verlangt, und von dort ist der Übergang zum Design fließend. Daher sollte die Autonomie und Zweckfreiheit von Kunst immer die Basis der Diskussionen bilden, egal ob es sich um die Vergabe von Aufträgen, oder die Unterstützung von Ausstellungen handelt.

Ein in der Literatur bisher nie thematisiertes Konfliktpotential betrifft die Mitarbeitermotivation durch Kunstwerke; dieses »Kunststück« gelingt in der Realität selten, weil die gesamtgesellschaftliche Akzeptanz von moderner Kunst immer noch gering ist.

Bemerkenswert ist in diesem Kontext die zunehmende Einrichtung von Firmenmuseen und -galerien – in vom Arbeitsalltag separierten, aber nicht hermetisch abgeschlossenen Unternehmensbereichen – mit einer Kombination aus den obligatorischen Personenschutzmaßnahmen und Glasnost. Kunstliebhaber nutzen oft die Chance, auch unbequeme, spröde, am Markt noch nicht etablierte Kunst zu unterstützen, oder finanzieren Ausstellungen bei denen nicht die Besucherzahlen, sondern die Qualität der Exponate entscheidend ist. Unternehmen sind darüberhinaus durch ihre finanziellen und räumlichen Möglichkeiten in der Lage, Kunstprojekte zu realisieren, die museale Dimensionen sprengen. Kunstwerke in Unternehmen können ein Mittel zur Demokratisierung von Kunst sein, eine Gelegenheit, um Interesse bei Menschen zu wecken, die sonst keine Zeit und Lust haben, sich mit Kunst zu beschäftigen. Abgesehen von dem beiläufigen oder gezielten Erwerb von Kunstkenntnis haben die Mitarbeiter die Chance, im täglichen »Umgang« mit den Kunstwerken Toleranz zu üben, Hierarchien und Vorurteile abzubauen. Wenn Kunst nicht nur den Status einer beliebig schönen Wanddekoration hat, oder farbiger Architekturlückenbüßer ist, können einzelne Kunstwerke ästhetische Monumente der Unternehmensphilosophie werden.

Formale Modelle für unternehmerisches Kunstengagement können nicht entwickelt werden, da Kunstentscheidungen immer auf persönlichen Urteilen beruhen, die allerdings konsequent und kontinuierlich weiterverfolgt werden müssen, um erfolgreich zu sein. Die Basis für reüssiertes unternehmerisches Kunstengagement sollte jedoch auf einer speziellen Verbindung von strukturellen, personellen und organisatorischen Voraussetzungen beruhen: dazu gehört, neben einer eigenen Kunstabteilung, die in Unternehmenshierarchie hoch angesiedelt ist, ein qualifizierter Kurator und selbstverständlich ein eigenes Budget für Bildende Kunst.

Bernhard Freiherr von Loeffelholz, der Direktor der Dresdner Bank AG und Geschäftsführer des BDI-Kulturkreises, fordert in diesem Zusammenhang nachdrücklich, daß der Vorstand hinter den Kunstaktivitäten stehen muß. Er diagnostiziert eine äußerst seltene »musische Doppelbegabung« des im Unternehmen wirkenden Kulturmanagers, der bei der Auswahl unvermeidlich auch persönliche Akzente setzt, die sich »an eigenem Interesse und Geschmack orientieren« (Fiedler-Winter 1991, S. K14).

Jetzt, wo Kuturetats wegen rückläufiger Gewerbesteuereinnahmen gekürzt werden, sind auch die Unternehmen nur noch selten in der Lage, kostspielige Ausstellungsprojekte zu unterstützen, denn durch die wirtschaftliche Rezession reduzieren sie ebenfalls ihre Ausgaben für Sponsoring. – Allerdings liegt der Beitrag der Wirtschaft zur gesamten Kulturförderung in Deutschland bei nur 45 Millionen DM – eine geringe Summe verglichen mit den 8 Milliarden der öffentlichen Kunst-Finanziers (Quelle: Ifo-Institut).

Diese angespannte Wirtschaftslage hat, bezogen auf das Kunstengagement der Unternehmen, gleichsam die Funktion eines Filters, der die oberflächlichen PR-Maßnahmen von dem wirklichen Interesse an Bildender Kunst trennt. Es kann zweifellos angenommen werden, daß Unternehmen, die Kunstsammlungen aufbauen, auch bei einem zukünftigen Konjunkturrückgang weitersammeln werden. Wenn Kunstengagement auf einer persönlichen Vorliebe basiert, die bereits Teil der Unternehmensstrategie ist, werden die potentiellen Kunst-Projekte während der Rezession zwar sorgfältiger ausgewählt, aber keineswegs gestoppt, denn dieses unternehmerische Kunstengagement ist weniger konjunktur- als personenabhängig.

Auf Managerseminaren hören die Führungskräfte, daß Wertmaßstäbe flexibel sind und Chaos kreative Potentiale freisetzt; sie üben Imponderabilien und Unordnung zu ertragen, sowie mit Widersprüchlichem phantasievoll umzugehen, und lernen manchmal auch Kunst als inspirative Ressource, als virtuelles Anregungspotential zu begreifen. In einem Modell zwischen dem Unmöglichen und dem Machbaren, zwischen Vision und Wirklichkeit, gestalten Unternehmer zusammen mit Architekten, Künstlern und Designern ihr Umfeld, ihre Arbeitswelt und ihre Produkte.

Die Freiheit der Kunst sollte mit der Vielfalt des unternehmerischen Kunstengagements korrespondieren, das sicherlich in dem Aufbau von qualitativ hochwertigen Kunstsammlungen kulminiert.

Literaturverzeichnis

Allianz Versicherungs AG (Hrsg.): Das neue Haus in Stuttgart. Stuttgart: Kohlhammer 1990.
Altwegg, Jürg: Baron Hans Heinrich Thyssen-Bornemisza de Kaszon. In: FAZ Magazin, 09.10.1992, S. 11 - 20.
Andreae, Clemens A. (Hrsg.): Kunst und Wirtschaft. Köln 1983.

Bachinger, Richard: Unternehmenskultur. Frankfurt: FAZ-Verlag 1990.
Basler Beiträge zu Kunst und Wirtschaft: Kunst als Ausdruck von Unternehmenskultur. Basel: Wiese Verlag AG 1989.
Bastian, Heiner (Hrsg.): Beuys – Rauschenberg – Twombly – Warhol. Sammlung Marx. München: Prestel-Verlag 1982.
Baumgart, Hans J.: Kein Auto nebst Fahrer für Warhol. In: Kultur – Kritische Blätter für Kenner und Neugierige, 2. Jahrgang, Mai 1991, S. 4-5.
Beeren, Wim: Bestendigt Bezit. In: Kunst & Museum Journaal, No. 1, Januar 1989.
Behnke, Christoph: Vom Mäzen zum Sponsor. Hamburg: Dölling und Galitz Verlag, 1988.
Behrmann, S. N.: Duveen und die Millionäre. Zur Soziologie des Kunsthandels in Amerika. Reinbeck 1960.
Bialostocki, Jan: Spätmittelalter und beginnende Neuzeit. Frankfurt a.M./Berlin: Propyläen 1990.
Bianchi, Paolo: Kunst als Ausdruck der Unternehmenskultur. In: Kunstforum, Band 102, Juli/August 1989, S. 232.
Bode, Wilhelm v.: Die amerikanische Konkurrenz im Kunsthandel und ihre Gefahr für Europa. In: Kunst und Künstler Deutschlands und der Niederlande, Band 1, 1902/03, S. 5-12.
Bongard, Willi: Kunst und Kommerz. Oldenburg: Gerhard Stalling Verlag 1967.
Bonus, Holger / Ronte, Dieter: Die Wa(h)re Kunst. Markt, Kultur und Illusion. Erlangen, Bonn, Wien: Straube Verlag 1991.
Bortz, Jürgen: Lehrbuch der Statistik. Berlin, Heidelberg: Springer-Verlag 1977.
Bourdieu, Pierre: Die feinen Unterschiede. Frankfurt: Suhrkamp 1991a.
Bourdieu, Pierre: Zur Soziologie der symbolischen Formen. Frankfurt: Suhrkamp 1991b.
Brosius, Gerhard: SPSS/PC + Basics und Graphics. Hamburg, New York: McGraw-Hill 1988.

Bruhn, Manfred: Sponsoring. Unternehmen als Mäzene und Sponsoren. Wiesbaden: Gabler 1987.
Bruhn, M. / Wieland, Th.: Sponsoring in der Bundesrepublik. Ergebnisse einer Unternehmensbefragung. Arbeitspapier Nr. 10 des Instituts für Marketing an der European Business School. Schloß Reichhartshausen am Rhein/Rheingau 1988.
Bruhn, Manfred / Dahlhoff, Dieter: Kulturförderung, Kultursponsoring: Zukunftsperspektiven der Unternehmenskommunikation. Wiesbaden: Gabler 1989.
Bruhn, Manfred: Sponsoring: Unternehmen als Mäzene und Sponsoren. Wiesbaden: Gabler 1991.
Bumke, Joachim: Mäzene im Mittelalter. Die Gönner und Auftraggeber der höfischen Literatur in Deutschland 1150 - 1300. München: Beck 1979.
Bundesminister für Bildung und Wissenschaft (Hrsg.): Zur Organisation von Kunstausstellungen. Bonn 1989.

Cabanne, Pierre: Die Geschichte großer Sammler. Bern/Stuttgart: 1963.
Crüwell-Doertenbach: Tresorbilder. In: FAZ, 02.06.1990.

Dahn, Walter: Ein offener Brief von Walter Dahn. Von der Moral des Künstlers. In: Lippert, Werner (Hrsg.): Corporate Collecting.Düsseldorf: Econ 1990, S. 148-149.
Daimler-Benz: Neue Perspektiven. Stuttgart 1991.
Damus, Martin: Zur ökonomischen Lage der Bildenden Künstler in der BRD. In: Silbermann, Alphons / König, Rene (Hrsg.): Künstler und Gesellschaft. Sonderheft 17 der Kölner Zeitschrift für Soziologie und Sozialpsychologie. Opladen: Westdeutscher Verlag 1974, S. 227-249.
Daweke, Klaus / Schneider, Michael: Die Mission des Mäzens. Opladen: Leskew und Budrich 1986.
Deal, Terence / Kennedy, Alan: Corporate Culture – The Rites and Rituals of Corporate Life. Reading, (Mass.) 1982.
Deutsche Bank AG: Zeitgenössische Kunst in der Deutschen Bank Frankfurt. Stuttgart: Klett-Cotta 1987.
Deutsche Gesellschaft für Personalführung (DGFP)/AGP: Führungsinstrumente zur Unternehmenskultur. o.O., o.J.
Diesel, Bernd: Manager als Mäzene, Marketing oder Alibi? In: Frankfurter Allgemeine Zeitung, 10.06.1986, S. B10.
Donath, Adolph: Psychologie des Kunstsammelns. Berlin: Schmidt + Co. 1911.
Duhme, Michaela: Die Förderung Bildender Kunst durch Unternehmen in der Bundesrepublik Deutschland. Stuttgart 1986. Dissertation an der Fakultät der Geschichts-, Sozial- und Wirtschaftswissenschaften der Universität Stuttgart.

Eglau, Hans Otto: Edzard Reuter. Düsseldorf, Wien: Econ Verlag 1992.
Elias, Bernhard: Lärm, Staub und Chaos. In: Innovatio, 02/1992, S. 88-91.
Erdtmann, Stefan L.: Sponsoring und emotionale Erlebniswerte. Wirkungen auf Konsumenten. Wiesbaden: Deutscher Universitäts-Verlag 1989.

Fiedler-Winter, Rosemarie: Kulturmanager müssen innovativ sein und ins eigene Haus hinein überzeugen können. In: Handelsblatt, 6./7.12.1991, S. K14.

Fischer, Eva-Elisabeth: Ein Industriegigant gibt sich bescheiden. In: Frankfurter Allgemeine Zeitung, 16.10.1987, S. 37.
Fischer, Heinz / Bauske, Franz / Scheuch, Erwin: Kulturförderung deutscher Unternehmen: Eine empirische Untersuchung im Auftrage des Kulturkreises im Bundesverband der Deutschen Industrie. Köln: Zentralarchiv für empirische Sozialforschung, Universität zu Köln; Kulturkreis im BDI e.V. 1987.
Fischer, Heinz: Kulturförderung durch Unternehmen in der Bundesrepublik Deutschland. Empirische Bestandsaufnahme und Ausblick. (Diss.) Köln 1989.
Fohrbeck, Karla: Handbuch der Kunstpreise und der individuellen Künstlerförderung in der Bundesrepublik Deutschland 1979-1985. Hrsg.: Bundesministerium des Inneren, Reihe: Kultur und Staat. Köln: DuMont Verlag 1985.
Fohrbeck K. / Wiesand A.: Von der Industrie- zur Kulturgesellschaft. München: Beck 1989.
Fohrbeck, Karla: Renaissance der Mäzene? Interessenvielfalt In der privaten Kulturfinanzierung. Hrsg.: Bundesminister des Inneren. Köln: DuMont Verlag 1989.
Frey, Bruno S. und Pommerehne, Werner W.: Kunst: Was sagt der Ökonom dazu? In: Schweizerische Zeitschrift für Volkswirtschaft und Statistik, Heft 2, 1985, S. 139-167.
Friedlaender, Max J.: Berliner Sammler. In: Erinnerungen und Aufzeichnungen. Mainz 1967.
Friedman, Milton: Die soziale Verantwortung der Geschäftswelt. In: Schmölders, Günter (Hrsg.): Der Unternehmer im Ansehen der Welt. Bergisch Gladbach: Lübbe 1971, S. 198-206.

Geese, Uwe / Kimpel, Harald (Hrsg.): Kunst im Rahmen der Werbung. Marburg: Jonas 1986.
Gesterkamp, Thomas: Kunst schafft Distanz zum schnöden Mammon. In: Die Mitbestimmung, 01/1991a, S. 7-9.
Gesterkamp, Thomas: Der schnöde Mammon soll das Firmen-Image nicht bestimmen. In: Frankfurter Rundschau, 14.05.1991b, S. 8.
Girtler, Roland: Methoden der qualitativen Sozialforschung: Anleitung zur Feldarbeit. Wien: Böhlau Verlag 1988.
Girtler, Roland: Die feinen Leute: Von der vornehmen Art durchs Leben zu gehen. Linz: Veritas; Frankfurt a.M.: Campus Verlag 1989.
Gnichwitz, Siegfried: Kunst geht in die Fabrik. Dokumentation eines Experimentes. Recklinghausen: Winkelmann 1987.
Gombich, Ernst H.: Norm und Form. Stuttgart: 1985.
Grasskamp, Walter: Der lange Bremsweg der Industriegesellschaft. Festrede zur Verleihung »Kunstpreis Ökologie 1990« am 19.02.1991 im Hotel Maritim, Köln. (1991a)
Grasskamp, Walter: Das Museum als Metapher. In: Die Zeit, 29.03.1991, S. 52. (1991b).
Grasskamp, Walter: Die unästhetische Demokratie. Kunst in der Marktgesellschaft. München: Beck 1992.
Greiner, Ulrich: Mercedes Amen. Sponsoring: Über die Verflechtung von Wirtschaft und Kultur. In: Die Zeit, 01.07.1988, S. 43.
Grunenberg, Nina: Die Chefs: 12 Portraits aus den Führungsetagen großer Unternehmen. Bonn: Bouvier 1990.

Gundlach Brief von Dr. Peter Hansen an den Kunstverein Hannover. 29. Juni 1982.

H., A.: Party im Museum. In: Capital, 11/1992, S. 429.

Haschek, Helmut (Hrsg.): Kunst und Wirtschaft. Wien: Falter Verlag 1987.

Hauser, Arnold: Kunst und Gesellschaft. München: Becksche Verlagsbuchhandlung 1973.

Hauser, Eduard: Unternehmenskultur. Analyse und Sichtbarmachung an einem praktischen Beispiel. Bern: Lang 1985.

Hecht, Axel: Größte Granitskulptur der Welt. In: Sonderdruck aus Art 11/1986.

Hegewisch, Katharina: Die schwarze Tulpe blüht erst im obersten Stock. In: Frankfurter Allgemeine Zeitung, 12.11.1991, S. 35.

Heinen, Edmund: Unternehmenskultur: Perspektiven für Wissenschaft und Praxis. München/Wien: R. Oldenburg Verlag 1987.

Heinick, Angelika: Unsichtbare Kunst. In: Frankfurter Allgemeine Zeitung, 04.05.1991.

Hensel, Renate: Sponsoring – Chancen für die Kommunikationsarbeit. In: Marketing Journal, Vol. 19, 1986, Nr. 5, S. 462-465.

Herchenröder, Christian: Die Kunstmärkte. Düsseldorf: Econ 1978.

Hirschfeld, Peter: Mäzene. Die Rolle des Auftraggebers in der Kunst. München: Deutscher Kunstverlag 1968.

Holleis, Wilfried: Unternehmenskultur und moderne Psyche. Frankfurt/New York: Campus Verlag 1987.

Holst, Niels v.: Künstler, Sammler, Publikum. Darmstadt: Luchterhand Verlag 1960.

Honisch, Dieter (Hrsg.) Junge Kunst in Deutschland. Berlin: Rembrandt 1982.

Hüchtermann, Marion / Spiegel, Rudolf: Unternehmen als Mäzene. In: Institut der deutschen Wirtschaft (Hrsg.): Beiträge zur Gesellschafts- und Bildungspolitik, 1986, Bd. 118. Köln: Deutscher Institutsverlag 1986.

Hummel, M. / Berger M.: Die volkswirtschaftliche Bedeutung von Kunst und Kultur. München: ifo Institut für Wirtschaftsforschung 1988.

Hummel, Marlies: Neuere Entwicklungen bei der Finanzierung von Kunst und Kultur durch Unternehmen. München: ifo Institut für Wirtschaftsforschung 1992.

Integrata GmbH (Hrsg.): 25 Jahre Erfahrung für die Zukunft. Tübingen: Gulde 1989.

Kähler, Wolf-Michael: SPSSx für Anfänger. Braunschweig, Wiesbaden: Vieweg 1986.

Kandinsky, Wassily: Über das Geistige in der Kunst. Bern: Benteli 1952.

Karcher, Eva: So dealt go-go. In: Forbes, 04/1991, S. 146-148.

Kellein, Thomas: Die Entstehung der »5 Kontinente Skulptur«. In: Die fünf Kontinente Skulptur. Walter de Maria u.a. Stuttgart: Hatje 1991.

Kempers, Bram: Kunst, Macht und Mäzenatentum – Der Beruf des Malers in der italienischen Renaissance. München: Kindler Verlag 1989.

Kipphoff, Petra: Die Geburt des Managers aus dem Geld des Mäzens. In: Die Zeit, 02.03.1990, S. 70-71.

Kirchhof, Paul: Die Garantie der Kunstfreiheit im Steuerstaat des Grundgesetzes. In: Robert Bosch Stiftung (Hrsg.): Kunstförderung – Steuerstaat und Ökonomie. Beiträge zu einem Colloquium der Robert Bosch Stiftung und der Stiftung Preußischer Kulturbesitz. Gerlingen: Bleicher 1987, S. 11-29.

König-Brauerei (Hrsg.): Sammlung ›Junge Kunst‹. Duisburg: 1976.
König-Brauerei (Hrsg.): Sammlung ›Junge Kunst‹. Duisburg: 1980.
König-Brauerei (Hrsg.): Sammlung Junge Kunst. Duisburg 1990.
Kulturkreis im Bundesverband der Deutschen Industrie e.V.: Das Unternehmen Kunst. Köln: 1986.
Kulturkreis im Bundesverband der Deutschen Industrie e.V: Einblicke. Eine Ausstellung des Kulturkreises im BDI. Köln/Bonn 1987.

Lehmann, Evelyn: Rund um das Stilleben. Melsungen: Gutenberg 1991.
Lippert, Werner (Hrsg.): Corporate Collecting. Düsseldorf: Econ 1990.
Loeffelholz, Bernhard, Freiherr von: Das Mäzenatentum in der Kunst. In: Handelsblatt, 2./3.8.1985, S. 27 f.
Loock, Friedrich: Kunstsponsoring. Ein Spannungsfeld zwischen Unternehmen, Künstlern und Gesellschaft. Wiesbaden: Deutscher Universitätsverlag 1988.
Loock, Friedrich (Hrsg.): Kulturmanagement: Kein Privileg der Musen. Wiesbaden: Gabler, 1991.

Mai, Ekkehard: Expositionen: Geschichte und Kritik des Ausstellungswesens. München/Berlin: Deutscher Kunstverlag 1986.
Marquardt, Detlef: Kultur- und Kunstförderung als Marketinginstrument. Bei der Nord LB wurde die Kunst zur Dienstleistung. In: Sparkasse, Vol. 103, 1986, Nr. 12, S. 545-546.
Matis, Herbert / Stiefel, Dieter: Unternehmenskultur in Österreich. Ideal und Wirklichkeit. Wien: Fachverlag Universität 1987.
Matisse, Henri: Notes d'un peintre. In: La grande revue, 25.12.1908.
Maur, Karin v.: Von Hölzel bis Warhol – Die Sammlung Daimler-Benz. Typoskript des Bestandskataloges der Kunstsammlung. Stuttgart, Oktober 1991.
Mayer, Christian / Kohtes, Martin: Kunst am Gängelband. In: PR Magazin, 4/1990, S. 14-16.
Meenaghan, John A.: Commercial Sponsorship. In: European Journal of Marketing, Vol. 17, 1983, Nr. 2, S. 5-73.
Meyer, Ulrike: Kunstmäzen – Verdächtiger Kapitalist. In: Vorwärts, 25.06.1988, S. 47-48.

Nestler, Peter: Museum zwischen Kultur und Politik. In: Das Museum. Die Entwicklung in den 80er Jahren. Hrsg.: Achim Preiß. München: Klinkhardt & Biermann 1989.
Neuenberger, O. / Kompa A.: Wir, die Firma – Der Kult um die Unternehmenskultur. Weinheim: Beltz 1987.
Nagel, Wolfgang: Zurück in die Zukunft. In: manager magazin, 10/1990, S. 309-321.
Nagel, Wolfgang: Picasso in Bielefeld. In: FAZ-Magazin, 13.09.1991, S. 30-39.
Nicolaus, Frank: Mit Kunst floriert auch das Geschäft. In: ART, März 1990, S. 90-91.
Nierhoff, Ansgar: Museumsfern – aber hautnah. In: Das Museum. Die Entwicklung in den 80er Jahren. Preiß, Achim (Hrsg.). München: Klinkhardt u. Biermann, 1990.

o. Verfasser: Der Kunstberater. In: Atelier 1/90, S. 20-24.
o. Verfasser: Eine Kunstsammlung sollte sorgfältig aufgebaut werden. In: FAZ, 01.11.1991a.

o. Verfasser: Diskreter Service. In: Handelsblatt, 19./20.04.1991b.
o. Verfasser: Kellerkunst. In: Forbes, 10/1992, S. 12.

Ognibeni, Günter: Ausstellungen im Museum und anderswo: Planung, Technik, Präsentation. München: Callwey, 1988.
Overath, Angelika: Der Bestand der Spiegel. In: Wolkenkratzer Art Journal, Mai/Juni 1987, S. 73-80.
Paulys Real-Encyclopädie der Klassischen Altertumswissenschaft, 27. Halbband. Stuttgart: Metzlersche Verlagsbuchhandlung 1928.
Peters, Th. / Watermann, R: Auf der Suche nach Spitzenleistungen. Landsberg/Lech: 1984.
Pickshaus, Peter Moritz: Kunstzerstörer. Fallstudienn: Tatmotive und Psychogramme Hamburg: Rowohlt Verlag 1988.
Pomian, Krzysztof: Der Ursprung des Museums – Vom Sammeln. Berlin: Verlag Klaus Wagenbach 1988.
Preiß, Achim (Hrsg.): Das Museum: die Entwicklung in den 80er Jahren. München: Klinkhardt u. Biermann, 1990.

Reck, Hans Ulrich: Wenn Kunst zur Ware wird, ist Werbung Kunst? In: Kunstforum, Bd. 104, November/Dezember 1989, S. 168-177.
Recklinger, Gabriele: Integration von Kunst und Arbeitswelt. In: Handelsblatt, 06./07.09.1985, S. 34.
Rehling, Burkhard: Mäzene, Förderer, Sponsoren: Das private Engagement in der Kultur. In: Expression, 1987, Nr. 2, S. 70-72.
Reiche, Jennifer: Kunstgriff. In: Capital, 9/1991, S. 186-87.
Reuter, Edzard: Wirtschaft und Kunst – ein neuer Feudalismus? Typoskript des Vortrages auf dem Neujahrsempfang des Verbandes Bildender Künstler Württemberg. Stuttgart, 12.01.1989, S. 5.
Riedl, Joachim: Die Kunst der feinen Leute. In: Die Zeit, 22.05.1987, S. 84.
Rohr-Bongard, Linde: Kunst im Büro. Was die Profis zum Kauf empfehlen. In: Capital, 6/1990, S. 259-66.
Romain, Lothar (Hrsg.): Kunstfonds e.V.: Modell einer Förderung. DuMont-Dokumente. Köln: DuMont Verlag 1986.
Rossmann, Andreas: Am Tropf – Kleine Museen in Not. In: FAZ, 20.10.1992, S. 33.
Roth, Peter: Kultur Sponsoring: Meinungen, Chancen und Probleme. Landsberg a.L.: Verlag Moderne Industrie 1989.
Ruhrberg, Karl: Kunst geht in die Fabrik. Eröffnungsrede zur Ausstellung »Kunst geht in die Fabrik« im Wissenschaftszentrum in Bonn-Bad Godesberg am 21. Mai 1987.
Rüttinger, Rolf: Unternehmenskultur. Erfolge durch Vison und Wandel. Düsseldorf: Econ 1986.

Sachs, Hannelore: Sammler und Mäzene. Zur Entwicklung des Kunstsammelns von der Antike bis zur Gegenwart. Leipzig, 1971.
Sager, Peter: Hymne ans Meer. In: Zeitmagazin Nr. 21, 17. Mai 1991, S. 36.
Sager, Peter: Die Besessenen – Begegnungen mit Kunstsammlern zwischen Aachen und Tokio. Köln: DuMont 1992.

Sattlecker, Franz / Themel, Gerda: Die Praxis des Kunstsponsorings: ein Leitfaden für Künstler und Künstlergruppen. Wien: Signum-Verlag 1991.

Schäfer, Albert T.: Politik der kleinen Blicke. In: Kultur – Kritische Blätter für Kenner & Neugierige, 2. Jahrgang 10, Juni/Juli 1991.

Schmalenbach, Werner: Künstler und Unternehmer – Partner oder Antipoden? Referat anläßlich der Mitgliederversammlung des Basler Volkswirtschaftsbundes vom 15. November 1989.

Schmid, Karlheinz: Aktien, die aus dem Rahmen fallen. In: Stern, 17.09.1987, S. 137-146.

Schmid, Karlheinz: Was gut ist, daß zählt. In: Kunst Intern 1, 1989a, S. 60.

Schmidt, Karlheinz: Aufstieg dank Art Consulting. In: Kunst Intern 2, 1989b, S. 8.

Schnell, Rainer: Methoden der empirischen Sozialforschung. München, Wien: Oldenburg 1989.

Schultz, Karin: Kunst- und Kultursponsoring. Neue Wege unternehmerischer Kommunikation. Warendorf: Karl Darpe KG 1989.

Schwarz, Martin (Hrsg.): Kunst Sponsoring. Wirtschaft für Kunst. Wien: Norka Verlag 1986.

Schweisfurth, Karl Ludwig: Kunst geht in die Fabrik. Einführungsrede zur Ausstellung »Kunst geht in die Fabrik« im Wissenschaftszentrum Bonn-Bad Godesberg am 21. Mai 1987.

Schwielen, Michael: Der gute Stern über Amazonien. In: Die Zeit, 03.01.1992, S. 9.

Schwier, Hans: Jede Epoche schafft ihre Museen. In: Das Museum. Die Entwicklung in den 80er Jahren. Preiß, Achim (Hrsg.). München: Klinkhardt u. Biermann, 1990.

Siebenhaar, Klaus: Kultur & Management. Positionen – Tendenzen – Perspektiven. Berlin: Nicolaische Verlagsbuchhandlung 1992.

Siemons, Mark: So geschieht der Wille der Träume. In: Frankfurter Allgemeine Zeitung, 02.11.1991.

Siemens AG (Hrsg.): Siemens Kulturprogramm. München, 1990.

Silbermann, Alphons: Empirische Kunstsoziologie. Stuttgart: Ferdinand Enke Verlag 1973.

Simson, Otto von: Das Mittelalter II – Das hohe Mittelalter. Frankfurt a.M./Berlin: Propyläen 1990.

Sohl, Hans-Günther: Musen und Management. Industrielle Kulturarbeit und moderne Unternehmensstruktur. Saarbrücken: Vortrag anläßlich einer Tagung des Kulturkreises im BDI e.V. 4/1975.

Staeck, Klaus: Kunst ist Risiko. In: Das Museum. Die Entwicklung in den 80er Jahren. Preiß, Achim (Hrsg.). München: Klinkhardt u. Biermann, 1990.

Stepken, Angelika: Der etablierte Pionier. Dieter Brusberg zwischen Galerie und Artconsulting. In: Kunst Intern 1, November 1989.

Südwestdeutsche Landesbank: Druckgrafik Kunstpreis `91. Wettbewerbsbedingungen.

Südwestdeutsche Landesbank: Katalog zum Druckgrafik Kunstpreis `89 der Südwest LB. Stuttgart 1989.

Thibaut, Matthias: Die Zauberformel: Partnerschaft. In: Handelsblatt 1./2.03.1991.

V., Ch.: Kunst im Bau – Gothaer Versicherung. In: Kunst Köln, 1/1991, S. 56.

Vasari, Giorgio: Le Vite de più eccellenti Pittori, Scultori ed Architettori scritte da Giorgio Vasari. Florenz 1906.

Veblen, Thorstein: Theorie der feinen Leute. Frankfurt: Fischer 1986.

Wackernagel, M.: Der Lebensraum des Künstlers in der florentinischen Renaissance. Leipzig 1938.

Waetzoldt, Stephan und Weber, C. Sylvia (Hrsg.): Würth – Eine Sammlung. Sigmaringen: Thorbecke 1991.

Warnke, Martin: Hofkünstler. Zur Vorgeschichte des modernen Künstlers. Köln: DuMont Verlag 1985.

Weber, C. Sylvia: Reinhold Würth, ein Sammler aus Leidenschaft Pressemitteilung der Sammlung Würth, März 1991.

Weidemann, Kurt: Die Fragen nehmen schneller zu als die Antworten. Typoskript des, anläßlich der Tagung »Kunstengagement und Unternehmenskultur«, am 24.08.92 in Kassel gehaltenen Vortrages.

Weihe, Hugo Keith: Die Ware Kunst. Zürich/Villingen: Rauhreif Verlag 1989.

Weisner, Ulrich: Museen unter dem Zwang zur Öffentlichkeit. In: Das Museum. Die Entwicklung in den 80er Jahren. Preiß, Achim (Hrsg.). München: Klinkhardt u. Biermann, 1990.

Wever, Ulrich A.: Unternehmenskultur in der Praxis. Erfahrungen eines Insiders bei 2 Spitzenunternehmen. Frankfurt: Campus 1989.

Wiese, L. v.: Die Funktion des Mäzens im gesellschaftlichen Leben. Köln: Oskar Müller Verlag 1929.

Wirth, Sebastian: Jugendstil am laufenden Meter. In: Esquire, 10/1990, S. 31-32.

Wittkower, Rudolf und Margot: Künstler – Außenseiter der Gesellschaft. Stuttgart: Kohlhammer Verlag 1965.

Wyrwoll, Regina: Ausverkauf in den Museen. In: Kunst Intern, 1/1989, S. 8-10.

Zürn, Peter: Vom Geist und Stil des Hauses. Unternehmenskultur in Deutschland. Landsberg a.L.: Verlag Moderne Industrie 1985.

Abbildungsverzeichnis

Abbildung	1	Beginn des Kunstengagements	62
Abbildung	2	Organisation des Kunstengagements	63
Abbildung	3	Motive für Kunstengagement	64
Abbildung	4	Lufthansa-Werbung	75
Abbildung	5	Externe Berater	79
Abbildung	6	Budget für Kunstengagement	82
Abbildung	7	Höhe des Budgets	83
Abbildung	8	Maß für Erfolg	84
Abbildung	9	Formen des Kunstengagements	86
Abbildung	10	Gottfried-Schultz-Werbung	88
Abbildung	11	Lufthansa-Werbung	90
Abbildung	12	American-Express-Werbung	91
Abbildung	13	Bevorzugte Kunstrichtungen	100
Abbildung	14	Kunstankauf und Jahresumsatz	106
Abbildung	15	Kunstankauf und Branche	107
Abbildung	16	Kunstankauf und Bedeutung des Engagements	108
Abbildung	17	Unternehmensprofil der Daimler-Benz AG	115
Abbildung	18	Internes Kunst-Netzwerk der Daimler-Benz AG	122
Abbildung	19	Die 5 Kontinente Skulptur.*	131
		* Foto: Dieter Leistner ©	
Abbildung	20	Stellenannounce »ART CONSULTING«	158
Abbildung	21	Entscheidungsfindung der Künstler	173

Anhang

Anhang I Fragebogen 196

Anhang II Grundauszählung 202

Anhang III ausgewählte Tabellen 219

| Gesamthochschule Kassel · Universität
Fachbereich 5
Gesellschaftswissenschaften | | Gesamthochschule Kassel · Universität
Fachbereich 22
Kunst |

DIE FÖRDERUNG BILDENDER KUNST DURCH UNTERNEHMEN IN DEUTSCHLAND

– EINE EMPIRISCHE UNTERSUCHUNG –

Kunst und Kultur nehmen in unserer Gesellschaft eine wachsende Bedeutung ein. Neben dem Staat engagieren sich in zunehmender Weise auch Wirtschaft und Industrie im Bereich der Kunstförderung. Die Umfrage richtet sich aussschließlich an Unternehmen die durch ihre Förderung Bildender Kunst aufgefallen sind, und trägt dazu bei, die Koopreration von Wirtschaft, Industrie und Kunst zu professionalisieren.

Diese Studie wird von Bettina Becker M.A. im Rahmen ihrer Promotion durchgeführt. Die Daten aus der Befragung werden ausschließlich in anonymisierter Form verarbeitet.

Bitte senden Sie den Fragebogen bis spätestens 15.07.91 an

Gesamthochschule/Universität Kassel
Fachbereich 5 Gesellschaftswissenschaften
c/o Prof.Dr. Eike Hennig / Bettina Becker
Nora-Platiel-Straße 1

D-3500 Kassel

1. Fördern Sie regelmäßig Bildende Kunst? (mit weniger als einem
   Jahr Pause zwischen den Engagements)

   ( ) ja ( ) nein

   Wenn nein - warum? ....
   ....

   Seit wann fördert ihr Unternehmen Bildende Kunst?

   Seit 19..

2. Von welcher Abteilung wird die Förderung Bildener Kunst in
   ihrem Unternehmen betreut? (Mehrfachnennungen möglich)

   ( ) Marketing-Abteilung
   ( ) Abteilung für PR/Presse/Unternehmenskommunikation
   ( ) Werbeabteilung
   ( ) Geschäftsleitung/Vorstand
   ( ) Abteilung für Organisation/Veranstaltungen
   ( ) Sponsoring-Abteilung
   ( ) Spenden-Abteilung
   ( ) Kultur-Abteilung
   ( ) Kunst-Abteilung

3. Beschäftigen Sie bei der Auswahl der zu fördernden Kunst-
   Projekte und -Objekte auch externe Berater?

   ( ) ja ( ) nein

   Wenn ja, handelt es sich dabei um:

   ( ) Kunsthistoriker aus Museen/Kunsthallen
   ( ) Galeristen
   ( ) Art-Consultants
   ( ) Beratungsagenturen für Kultur und Kommunikation

4. In welchen Bereichen der Kunstförderung ist Ihr Unternehmen tätig? (Mehrfachnennungen möglich)

( )	Kunst des 20.Jahrhunderts	( )	Architektur
( )	zeitgenössische Kunst	( )	Plastik/Skulptur
( )	Kunst früherer Jahrhunderte	( )	Malerei
( )	regionale Kunst	( )	Graphik
( )	nationale Kunst	( )	Zeichnung
( )	internationale Kunst	( )	Fotografie
		( )	Design
		( )	Videokunst
		( )	Computerkunst

5. Welches sind Ihre Motive für die Förderung Bildender Kunst? (Mehrfachnennungen möglich)

( ) Erhöhung der Mitarbeitermotivation und Verbesserung des Arbeitsklimas durch mit Kunstwerken gestaltete Räume
( ) Steigerung der Popularität von begabten jungen Künstlern
( ) Integration von Kunstförderung in den Kommunikationsmix des Unternehmens
( ) Sicherung von Image-Vorteilen für das Unternehmen
( ) Transferierung von Impulsen für neue Ideen und innovative Ansatzpunkte durch die Konfrontation der unternehmerischen Alltagswirklichkeit mit von Künstlern kreativ gestalteter gesellschaftlicher Realität
( ) Ankauf von Kunstwerken als Kapitalanlage
( ) Bereicherung des Kulturlebens der Stadt bzw. Region
( ) Präferenz der Unternehmensleitung für Bildende Kunst
( ) Ausstellungseröffnungen schaffen den geeigneten Rahmen, um mit unternehmensrelevanten Personen in angenehmer Atmosphäre Gespräche zu führen
( ) Kunstförderung ist ein Teil unserer Unternehmenskultur
( ) Kunst ist Werbeträger für unsere Produkte
( ) Verbesserung der Produktqualität durch die Mitarbeit von Künstlern
( ) Möglichkeit der steuerlichen Abschreibung

6. Auf welche Weise fördern Sie Bildende Kunst?
   (Mehrfachnennungen möglich)

   ( ) Verleihung von Kunstpreisen
   ( ) Vergabe von Stipendien an Künstler
   ( ) Unterstützung von Ausstellungen (incl. Finanzierung von Katalogen, Plakaten / oder Sachspenden)
   ( ) Organisation von Ausstellungen
   ( ) Ankauf von Kunstwerken zum Aufbau einer eigenen Sammlung
   ( ) Vergabe von Aufträgen an Künstler
   ( ) Finanzierungsbeihilfen für Ankäufe durch Museen
   ( ) Einrichtung einer firmeneigenen Galerie oder Artothek
   ( ) Herausgabe eines Kunstkalenders oder Kunstjahrbuches

7. Welche Bedeutung hat die Förderung Bildender Kunst in ihrem Unternehmen?

sehr große	große	geringe	keine Bedeutung
( )	( )	( )	( )

8. Bitte nennen Sie bezüglich der letzten 3 Jahre einige Beispiele für die Förderung Bildender Kunst durch Ihr Unternehmen:

   ....
   ....
   ....
   ....
   ....
   ....

9. Sind Sie mit dem bisherigen Erfolg Ihrer Kunstförderungs-Praxis

	1	2	3	4	
sehr zufrieden	( )	( )	( )	( )	sehr unzufrieden

   Woran bemessen Sie ihren Erfolg? ....
   ....
   ....

10. Wie hoch ist ihr Budget 1991 für die Förderung Bildender Kunst?

( ) 1.000   -   9.999 DM   ( ) 100.000 - 499.999 DM
( ) 10.000 - 49.999 DM   ( ) 500.000 - 1 Mio.
( ) 50.000 - 99.999 DM   ( ) 1 Mio.   - 3 Mio. DM
                                 ( ) mehr als 3 Mio. DM

11. Aus welchem Budget wird die Förderung Bildender Kunst in ihrem Unternehmen finanziert? (Mehrfachnennungen möglich)

( ) Werbebudget
( ) PR-Budget
( ) Verkaufsförderungsbudget
( ) Budget für Kulturförderung
( ) Budget für die Förderung Bildener Kunst
( ) Sponsoringbudget
( ) Spendenbudget
( ) private Ausgaben

Um Ihre Antworten richtig nach Größenklassen zuordnen zu können, bitte ich Sie um eine ungefähre Angabe

Ihres Jahresumsatzes, bzw. Ihrer Bilanzsumme oder Prämieneinnahmen

in Deutschland = ... DM,

der Anzahl der Beschäftigten = ... ,

sowie der Branche, der das Unternehmen angehört : ....
....

Sind sie an einer

( ) Kurzform der Auswertung der empirischen Erhebung

und/oder

( ) an weiterer Mitarbeit hinsichtlich einer Fallstudie in ihrem Unternehmen sowie einer Teilnahme an Expertengesprächen interessiert?

Falls ja, kreuzen Sie bitte das Gewünschte an, tragen unten Ihren Namen, Firmennamen sowie Ihre Anschrift ein,

....
....
....
....

und senden Sie diesen Bogen bitte bis zum 15.07.91 separat an die

Gesamthochschule/Universität Kassel
Fachbereich 5 Gesellschaftswissenschaften
c/o Prof.Dr. Eike Hennig / Bettina Becker
Nora-Platiel-Straße 1

D-3500 Kassel

Ich bedanke mich recht herzlich für Ihre Geduld und die Beantwortung der Fragen.

```
V1         Regelmäßiges Kunstengagement
                                                     Valid      Cum
Value Label                 Value  Frequency  Percent Percent    Percent

ja                            1        79      82.3    82.3      82.3
nein                          2        17      17.7    17.7     100.0
                                     -------  -------  -------
                            Total      96     100.0   100.0
Valid cases      96   Missing cases     0


-------------------------------------------------

R2         Beginn des Kunstengagements
                                                     Valid      Cum
Value Label                 Value  Frequency  Percent Percent    Percent

 bis 1950                     1        14      14.6    16.3      16.3
 1951-1970                    2        23      24.0    26.7      43.0
 1971-1990                    3        49      51.0    57.0     100.0
                              .        10      10.4   Missing
                                     -------  -------  -------
                            Total      96     100.0   100.0
Valid cases      86   Missing cases    10


-------------------------------------------------

V3         Marketing-Abteilung
                                                     Valid      Cum
Value Label                 Value  Frequency  Percent Percent    Percent

                              1        14      14.6   100.0     100.0
                              .        82      85.4   Missing
                                     -------  -------  -------
                            Total      96     100.0   100.0
Valid cases      14   Missing cases    82


-------------------------------------------------

V4         PR/Presse-Abteilung
                                                     Valid      Cum
Value Label                 Value  Frequency  Percent Percent    Percent

                              1        40      41.7   100.0     100.0
                              .        56      58.3   Missing
                                     -------  -------  -------
                            Total      96     100.0   100.0
Valid cases      40   Missing cases    56


-------------------------------------------------

V5         Werbeabteilung
                                                     Valid      Cum
Value Label                 Value  Frequency  Percent Percent    Percent

                              1        12      12.5   100.0     100.0
                              .        84      87.5   Missing
                                     -------  -------  -------
                            Total      96     100.0   100.0
Valid cases      12   Missing cases    84
```

```
V6          Geschäftsleitung/Vorstand
                                                  Valid      Cum
Value Label              Value  Frequency  Percent  Percent  Percent

                           1        52       54.2    100.0   100.0
                           .        44       45.8    Missing
                                  -------  -------  -------
                         Total      96      100.0   100.0
Valid cases     52   Missing cases   44


------------------------------------------------

V7          Organisations-/Veranstaltungs-Abteilung
                                                  Valid      Cum
Value Label              Value  Frequency  Percent  Percent  Percent

                           1         4        4.2    100.0   100.0
                           .        92       95.8    Missing
                                  -------  -------  -------
                         Total      96      100.0   100.0
Valid cases      4   Missing cases   92


------------------------------------------------

V8          Sponsoring-Abteilung
                                                  Valid      Cum
Value Label              Value  Frequency  Percent  Percent  Percent

                           1         3        3.1    100.0   100.0
                           .        93       96.9    Missing
                                  -------  -------  -------
                         Total      96      100.0   100.0
Valid cases      3   Missing cases   93


------------------------------------------------

V9          Spenden-Abteilung
                                                  Valid      Cum
Value Label              Value  Frequency  Percent  Percent  Percent

                           1         6        6.3    100.0   100.0
                           .        90       93.8    Missing
                                  -------  -------  -------
                         Total      96      100.0   100.0
Valid cases      6   Missing cases   90


------------------------------------------------

V10         Kultur-Abteilung
                                                  Valid      Cum
Value Label              Value  Frequency  Percent  Percent  Percent

                           1        11       11.5    100.0   100.0
                           .        85       88.5    Missing
                                  -------  -------  -------
                         Total      96      100.0   100.0
Valid cases     11   Missing cases   85
```

```
V11        Kunst-Abteilung
                                                    Valid      Cum
Value Label                  Value  Frequency  Percent  Percent  Percent

                               1        10       10.4    100.0   100.0
                               .        86       89.6    Missing
                                      -------  -------  -------
                              Total     96      100.0    100.0
Valid cases     10    Missing cases    86
```

```
V12        sonstige
                                                    Valid      Cum
Value Label                  Value  Frequency  Percent  Percent  Percent

                               1         3        3.1    100.0   100.0
                               .        93       96.9    Missing
                                      -------  -------  -------
                              Total     96      100.0    100.0
Valid cases      3    Missing cases    93
```

```
V13        Externe Berater
                                                    Valid      Cum
Value Label                  Value  Frequency  Percent  Percent  Percent

ja                             1        63       65.6     67.0    67.0
nein                           2        31       32.3     33.0   100.0
                               .         2        2.1    Missing
                                      -------  -------  -------
                              Total     96      100.0    100.0
Valid cases     94    Missing cases     2
```

```
V14        Kunsthistoriker
                                                    Valid      Cum
Value Label                  Value  Frequency  Percent  Percent  Percent

                               1        41       42.7    100.0   100.0
                               .        55       57.3    Missing
                                      -------  -------  -------
                              Total     96      100.0    100.0
Valid cases     41    Missing cases    55
```

```
V15        Galeristen
                                                    Valid      Cum
Value Label                  Value  Frequency  Percent  Percent  Percent

                               1        21       21.9    100.0   100.0
                               .        75       78.1    Missing
                                      -------  -------  -------
                              Total     96      100.0    100.0
Valid cases     21    Missing cases    75
```

```
V16        Art-Consultants
                                                  Valid      Cum
Value Label              Value  Frequency  Percent Percent  Percent

                           1        10      10.4   100.0    100.0
                           .        86      89.6   Missing
                                  -------  -------  -------
                         Total     96     100.0    100.0
Valid cases      10   Missing cases    86
```

```
V17        Berater für Kultur + Kommunikation
                                                  Valid      Cum
Value Label              Value  Frequency  Percent Percent  Percent

                           1         7       7.3   100.0    100.0
                           .        89      92.7   Missing
                                  -------  -------  -------
                         Total     96     100.0    100.0
Valid cases       7   Missing cases    89
```

```
V18        Künstler
                                                  Valid      Cum
Value Label              Value  Frequency  Percent Percent  Percent

                           1         2       2.1   100.0    100.0
                           .        94      97.9   Missing
                                  -------  -------  -------
                         Total     96     100.0    100.0
Valid cases       2   Missing cases    94
```

```
V19        sonstige
                                                  Valid      Cum
Value Label              Value  Frequency  Percent Percent  Percent

                           1         4       4.2   100.0    100.0
                           .        92      95.8   Missing
                                  -------  -------  -------
                         Total     96     100.0    100.0
Valid cases       4   Missing cases    92
```

```
V20        Kunst des 20.Jahrhunderts
                                                  Valid      Cum
Value Label              Value  Frequency  Percent Percent  Percent

                           1        41      42.7   100.0    100.0
                           .        55      57.3   Missing
                                  -------  -------  -------
                         Total     96     100.0    100.0
Valid cases      41   Missing cases    55
```

```
V21        zeitgenössische Kunst
                                                    Valid    Cum
Value Label                 Value  Frequency  Percent  Percent  Percent

                              1         74      77.1    100.0    100.0
                              .         22      22.9    Missing
                                      -------  -------  -------
                            Total       96     100.0    100.0
Valid cases     74   Missing cases      22
```

```
V22        Kunst früherer Jahrhunderte
                                                    Valid    Cum
Value Label                 Value  Frequency  Percent  Percent  Percent

                              1         13      13.5    100.0    100.0
                              .         83      86.5    Missing
                                      -------  -------  -------
                            Total       96     100.0    100.0
Valid cases     13   Missing cases      83
```

```
V23        regionale Kunst
                                                    Valid    Cum
Value Label                 Value  Frequency  Percent  Percent  Percent

                              1         34      35.4    100.0    100.0
                              .         62      64.6    Missing
                                      -------  -------  -------
                            Total       96     100.0    100.0
Valid cases     34   Missing cases      62
```

```
V24        nationale Kunst
                                                    Valid    Cum
Value Label                 Value  Frequency  Percent  Percent  Percent

                              1         25      26.0    100.0    100.0
                              .         71      74.0    Missing
                                      -------  -------  -------
                            Total       96     100.0    100.0
Valid cases     25   Missing cases      71
```

```
V25        internationale Kunst
                                                    Valid    Cum
Value Label                 Value  Frequency  Percent  Percent  Percent

                              1         37      38.5    100.0    100.0
                              .         59      61.5    Missing
                                      -------  -------  -------
                            Total       96     100.0    100.0
Valid cases     37   Missing cases      59
```

```
V26        Architektur
                                                    Valid       Cum
Value Label                 Value   Frequency  Percent  Percent  Percent

                               1        20      20.8    100.0    100.0
                               .        76      79.2    Missing
                                      -------  -------  -------
                            Total       96     100.0    100.0
Valid cases      20    Missing cases     76
```

```
V27        Plastik/Skulptur
                                                    Valid       Cum
Value Label                 Value   Frequency  Percent  Percent  Percent

                               1        53      55.2    100.0    100.0
                               .        43      44.8    Missing
                                      -------  -------  -------
                            Total       96     100.0    100.0
Valid cases      53    Missing cases     43
```

```
V28        Malerei
                                                    Valid       Cum
Value Label                 Value   Frequency  Percent  Percent  Percent

                               1        74      77.1    100.0    100.0
                               .        22      22.9    Missing
                                      -------  -------  -------
                            Total       96     100.0    100.0
Valid cases      74    Missing cases     22
```

```
V29        Graphik
                                                    Valid       Cum
Value Label                 Value   Frequency  Percent  Percent  Percent

                               1        57      59.4    100.0    100.0
                               .        39      40.6    Missing
                                      -------  -------  -------
                            Total       96     100.0    100.0
Valid cases      57    Missing cases     39
```

```
V30        Zeichnung
                                                    Valid       Cum
Value Label                 Value   Frequency  Percent  Percent  Percent

                               1        41      42.7    100.0    100.0
                               .        55      57.3    Missing
                                      -------  -------  -------
                            Total       96     100.0    100.0
Valid cases      41    Missing cases     55
```

```
V31         Fotografie
                                                      Valid     Cum
Value Label                  Value  Frequency  Percent  Percent  Percent

                               1        31      32.3    100.0    100.0
                               .        65      67.7    Missing
                                      -------  -------  -------
                             Total      96     100.0    100.0
Valid cases     31     Missing cases    65
```

```
V32         Design
                                                      Valid     Cum
Value Label                  Value  Frequency  Percent  Percent  Percent

                               1        13      13.5    100.0    100.0
                               .        83      86.5    Missing
                                      -------  -------  -------
                             Total      96     100.0    100.0
Valid cases     13     Missing cases    83
```

```
V33         Videokunst
                                                      Valid     Cum
Value Label                  Value  Frequency  Percent  Percent  Percent

                               1        11      11.5    100.0    100.0
                               .        85      88.5    Missing
                                      -------  -------  -------
                             Total      96     100.0    100.0
Valid cases     11     Missing cases    85
```

```
V34         Computerkunst
                                                      Valid     Cum
Value Label                  Value  Frequency  Percent  Percent  Percent

                               1         8       8.3    100.0    100.0
                               .        88      91.7    Missing
                                      -------  -------  -------
                             Total      96     100.0    100.0
Valid cases      8     Missing cases    88
```

```
V35         Mitarbeitermotivation
                                                      Valid     Cum
Value Label                  Value  Frequency  Percent  Percent  Percent

                               1        58      60.4    100.0    100.0
                               .        38      39.6    Missing
                                      -------  -------  -------
                             Total      96     100.0    100.0
Valid cases     58     Missing cases    38
```

```
V36        Künstlerpopularität
                                                    Valid     Cum
Value Label              Value  Frequency  Percent  Percent   Percent

                           1        36       37.5    100.0    100.0
                           .        60       62.5    Missing
                                  -------  -------  -------
                         Total      96      100.0    100.0
Valid cases      36   Missing cases  60
```

```
V37        Integration des Kunstengagements in Kommunikationsmix
                                                    Valid     Cum
Value Label              Value  Frequency  Percent  Percent   Percent

                           1        43       44.8    100.0    100.0
                           .        53       55.2    Missing
                                  -------  -------  -------
                         Total      96      100.0    100.0
Valid cases      43   Missing cases  53
```

```
V38        Image-Vorteile
                                                    Valid     Cum
Value Label              Value  Frequency  Percent  Percent   Percent

                           1        47       49.0    100.0    100.0
                           .        49       51.0    Missing
                                  -------  -------  -------
                         Total      96      100.0    100.0
Valid cases      47   Missing cases  49
```

```
V39        Impulse für neue Ideen
                                                    Valid     Cum
Value Label              Value  Frequency  Percent  Percent   Percent

                           1        26       27.1    100.0    100.0
                           .        70       72.9    Missing
                                  -------  -------  -------
                         Total      96      100.0    100.0
Valid cases      26   Missing cases  70
```

```
V40        Kapitalanlage
                                                    Valid     Cum
Value Label              Value  Frequency  Percent  Percent   Percent

                           1         6        6.3    100.0    100.0
                           .        90       93.8    Missing
                                  -------  -------  -------
                         Total      96      100.0    100.0
Valid cases       6   Missing cases  90
```

```
V41         Bereicherung des Kulturlebens
                                              Valid     Cum
Value Label              Value Frequency Percent Percent Percent

                           1      63      65.6    100.0   100.0
                           .      33      34.4    Missing
                                 -------  -------  -------
                         Total    96     100.0    100.0
Valid cases    63   Missing cases    33
```

```
V42         Präferenz der Unternehmensleitung
                                              Valid     Cum
Value Label              Value Frequency Percent Percent Percent

                           1      18      18.8    100.0   100.0
                           .      78      81.3    Missing
                                 -------  -------  -------
                         Total    96     100.0    100.0
Valid cases    18   Missing cases    78
```

```
V43         Vernissagen-Gespräche
                                              Valid     Cum
Value Label              Value Frequency Percent Percent Percent

                           1      27      28.1    100.0   100.0
                           .      69      71.9    Missing
                                 -------  -------  -------
                         Total    96     100.0    100.0
Valid cases    27   Missing cases    69
```

```
V44         Unternehmenskultur
                                              Valid     Cum
Value Label              Value Frequency Percent Percent Percent

                           1      65      67.7    100.0   100.0
                           .      31      32.3    Missing
                                 -------  -------  -------
                         Total    96     100.0    100.0
Valid cases    65   Missing cases    31
```

```
V45         Werbeträger
                                              Valid     Cum
Value Label              Value Frequency Percent Percent Percent

                           1      12      12.5    100.0   100.0
                           .      84      87.5    Missing
                                 -------  -------  -------
                         Total    96     100.0    100.0
Valid cases    12   Missing cases    84
```

```
V46        Verbesserung der Produktqualität
                                                    Valid    Cum
Value Label                 Value  Frequency  Percent  Percent  Percent

                              1        6       6.3    100.0   100.0
                              .       90      93.8    Missing
                                    -------  -------  -------
                            Total    96      100.0    100.0
Valid cases        6    Missing cases    90
```

```
V47        steuerliche Abschreibung
                                                    Valid    Cum
Value Label                 Value  Frequency  Percent  Percent  Percent

                              1        1       1.0    100.0   100.0
                              .       95      99.0    Missing
                                    -------  -------  -------
                            Total    96      100.0    100.0
Valid cases        1    Missing cases    95
```

```
V48        sonstiges
                                                    Valid    Cum
Value Label                 Value  Frequency  Percent  Percent  Percent

                              1        1       1.0    100.0   100.0
                              .       95      99.0    Missing
                                    -------  -------  -------
                            Total    96      100.0    100.0
Valid cases        1    Missing cases    95
```

```
V49        Kunstpreise
                                                    Valid    Cum
Value Label                 Value  Frequency  Percent  Percent  Percent

                              1       18      18.8    100.0   100.0
                              .       78      81.3    Missing
                                    -------  -------  -------
                            Total    96      100.0    100.0
Valid cases       18    Missing cases    78
```

```
V50        Künstler-Stipendien
                                                    Valid    Cum
Value Label                 Value  Frequency  Percent  Percent  Percent

                              1        9       9.4    100.0   100.0
                              .       87      90.6    Missing
                                    -------  -------  -------
                            Total    96      100.0    100.0
Valid cases        9    Missing cases    87
```

```
V51        Unterstützung von Ausstellungen
                                                  Valid     Cum
Value Label              Value   Frequency  Percent  Percent  Percent

                           1         61      63.5    100.0    100.0
                           .         35      36.5    Missing
                                   -------  -------  -------
                         Total       96     100.0    100.0
Valid cases      61   Missing cases   35
```

```
V52        Organisation von Ausstellungen
                                                  Valid     Cum
Value Label              Value   Frequency  Percent  Percent  Percent

                           1         52      54.2    100.0    100.0
                           .         44      45.8    Missing
                                   -------  -------  -------
                         Total       96     100.0    100.0
Valid cases      52   Missing cases   44
```

```
V53        Kunst-Ankauf
                                                  Valid     Cum
Value Label              Value   Frequency  Percent  Percent  Percent

Kunstankauf                1         62      64.6    100.0    100.0
                           .         34      35.4    Missing
                                   -------  -------  -------
                         Total       96     100.0    100.0
Valid cases      62   Missing cases   34
```

```
V54        Auftrags-Vergabe
                                                  Valid     Cum
Value Label              Value   Frequency  Percent  Percent  Percent

                           1         38      39.6    100.0    100.0
                           .         58      60.4    Missing
                                   -------  -------  -------
                         Total       96     100.0    100.0
Valid cases      38   Missing cases   58
```

```
V55        Finanzierung von Ankäufen durch Museen
                                                  Valid     Cum
Value Label              Value   Frequency  Percent  Percent  Percent

                           1         21      21.9    100.0    100.0
                           .         75      78.1    Missing
                                   -------  -------  -------
                         Total       96     100.0    100.0
Valid cases      21   Missing cases   75
```

```
V56         eigene Galerie
                                                    Valid       Cum
Value Label                 Value   Frequency  Percent  Percent  Percent

                              1        22       22.9    100.0    100.0
                              .        74       77.1    Missing
                                     -------  -------  -------
                            Total      96      100.0    100.0
Valid cases      22     Missing cases   74
```

```
V57         Kunst-Kalender bzw. -Jahrbuch
                                                    Valid       Cum
Value Label                 Value   Frequency  Percent  Percent  Percent

                              1        18       18.8    100.0    100.0
                              .        78       81.3    Missing
                                     -------  -------  -------
                            Total      96      100.0    100.0
Valid cases      18     Missing cases   78
```

```
V58         sonstiges
                                                    Valid       Cum
Value Label                 Value   Frequency  Percent  Percent  Percent

                              1         4        4.2    100.0    100.0
                              .        92       95.8    Missing
                                     -------  -------  -------
                            Total      96      100.0    100.0
Valid cases       4     Missing cases   92
```

```
V59         Bedeutung des Kunstengagements
                                                    Valid       Cum
Value Label                 Value   Frequency  Percent  Percent  Percent

sehr grosse                   1        11       11.5     12.1     12.1
grosse                        2        46       47.9     50.5     62.6
mittlere                      3         5        5.2      5.5     68.1
geringe                       4        29       30.2     31.9    100.0
                              .         5        5.2    Missing
                                     -------  -------  -------
                            Total      96      100.0    100.0
Valid cases      91     Missing cases    5
```

```
V60         Erfolg des Kunstengagements
                                                    Valid       Cum
Value Label                 Value   Frequency  Percent  Percent  Percent

sehr zufrieden                1        22       22.9     24.7     24.7
zufrieden                     2        50       52.1     56.2     80.9
teils/teils                   3         2        2.1      2.2     83.1
unzufrieden                   4        13       13.5     14.6     97.8
sehr unzufrieden              5         2        2.1      2.2    100.0
                              .         7        7.3    Missing
                                     -------  -------  -------
                            Total      96      100.0    100.0
Valid cases      89     Missing cases    7
```

V61 Höhe des Budgets für Kunstengagement

Value Label	Value	Frequency	Percent	Valid Percent	Cum Percent
kein Budget	1	10	10.4	12.7	12.7
1000 - 9999 DM	2	6	6.3	7.6	20.3
10000 - 49999 DM	3	13	13.5	16.5	36.7
50000 - 99999 DM	4	22	22.9	27.8	64.6
100000 - 499999 DM	5	22	22.9	27.8	92.4
500000 - 1 Mio. DM	6	1	1.0	1.3	93.7
1 Mio. - 3 Mio. DM	7	5	5.2	6.3	100.0
	.	17	17.7	Missing	
	Total	96	100.0	100.0	

Valid cases 79   Missing cases 17

V62 Werbebudget

Value Label	Value	Frequency	Percent	Valid Percent	Cum Percent
	1	19	19.8	100.0	100.0
	.	77	80.2	Missing	
	Total	96	100.0	100.0	

Valid cases 19   Missing cases 77

V63 PR-Budget

Value Label	Value	Frequency	Percent	Valid Percent	Cum Percent
	1	35	36.5	100.0	100.0
	.	61	63.5	Missing	
	Total	96	100.0	100.0	

Valid cases 35   Missing cases 61

V64 Budget für Verkaufsförderung

Value Label	Value	Frequency	Percent	Valid Percent	Cum Percent
	1	4	4.2	100.0	100.0
	.	92	95.8	Missing	
	Total	96	100.0	100.0	

Valid cases 4   Missing cases 92

```
V65        Budget für Kulturförderung
                                              Valid     Cum
Value Label            Value  Frequency  Percent  Percent  Percent

                         1       19       19.8    100.0    100.0
                         .       77       80.2    Missing
                                -------  -------  -------
                       Total     96      100.0    100.0
Valid cases    19   Missing cases    77
```

```
V66        Budget für Förderung  Bildender Kunst
                                              Valid     Cum
Value Label            Value  Frequency  Percent  Percent  Percent

                         1       16       16.7    100.0    100.0
                         .       80       83.3    Missing
                                -------  -------  -------
                       Total     96      100.0    100.0
Valid cases    16   Missing cases    80
```

```
V67        Sponsoringbudget
                                              Valid     Cum
Value Label            Value  Frequency  Percent  Percent  Percent

                         1       15       15.6    100.0    100.0
                         .       81       84.4    Missing
                                -------  -------  -------
                       Total     96      100.0    100.0
Valid cases    15   Missing cases    81
```

```
V68        Spendenbudget
                                              Valid     Cum
Value Label            Value  Frequency  Percent  Percent  Percent

                         1       22       22.9    100.0    100.0
                         .       74       77.1    Missing
                                -------  -------  -------
                       Total     96      100.0    100.0
Valid cases    22   Missing cases    74
```

```
V69        private Ausgaben
                                              Valid     Cum
Value Label            Value  Frequency  Percent  Percent  Percent

                         1       13       13.5    100.0    100.0
                         .       83       86.5    Missing
                                -------  -------  -------
                       Total     96      100.0    100.0
Valid cases    13   Missing cases    83
```

```
V70        sonstiges
                                              Valid     Cum
Value Label            Value  Frequency  Percent  Percent  Percent

                         1         4       4.2     100.0    100.0
                         .        92      95.8    Missing
                                 -------  -------  -------
                       Total     96      100.0    100.0
Valid cases     4    Missing cases     92
```

```
V71        Umsatz
                                              Valid     Cum
Value Label            Value  Frequency  Percent  Percent  Percent

Bilanzsumme              b        16      16.7     17.8     17.8
Jahresumsatz             j        69      71.9     76.7     94.4
Prämieneinnahmen         p         5       5.2      5.6    100.0
                                   6       6.3    Missing
                                 -------  -------  -------
                       Total     96      100.0    100.0
Valid cases    90    Missing cases      6
```

```
R72        Umsatz in DM
                                              Valid     Cum
Value Label            Value  Frequency  Percent  Percent  Percent

   0,4 -    999 Mio      1        33      34.4     37.1     37.1
  1000 -   9999 Mio      2        32      33.3     36.0     73.0
 10000 - 400000 Mio      3        24      25.0     27.0    100.0
                         .         7       7.3    Missing
                                 -------  -------  -------
                       Total     96      100.0    100.0
Valid cases    89    Missing cases      7
```

```
R73        Unternehmensgröße
                                              Valid     Cum
Value Label            Value  Frequency  Percent  Percent  Percent

kleine und mittlere      1        23      24.0     24.5     24.5
grosse Unternehmen       2        49      51.0     52.1     76.6
Grosskonzerne            3        22      22.9     23.4    100.0
                         .         2       2.1    Missing
                                 -------  -------  -------
                       Total     96      100.0    100.0
Valid cases    94    Missing cases      2
```

```
R74        Branchen
                                              Valid     Cum
Value Label            Value  Frequency  Percent  Percent  Percent

Produzierendes Gewerbe   1        49      51.0     51.0     51.0
Dienstleistung           2        41      42.7     42.7     93.8
Sonstiges                3         6       6.3      6.3    100.0
                                 -------  -------  -------
                       Total     96      100.0    100.0
Valid cases    96    Missing cases      0
```

```
V75        Gründe für unregelmäßiges Kunstengagement
                                                 Valid      Cum
Value Label              Value  Frequency Percent Percent   Percent

ökonomische Gründe         1        3       3.1     16.7    16.7
konzeptionelle Gründe      2        4       4.2     22.2    38.9
bedarfsbezogene Faktoren   3        6       6.3     33.3    72.2
2-jahres Förderrhythmus    4        2       2.1     11.1    83.3
sonstige                   5        3       3.1     16.7   100.0
                           .       78      81.3    Missing
                                 -------  -------  -------
                         Total    96      100.0    100.0
Valid cases    18     Missing cases    78
```

```
V76        Resonanz der Medien
                                                 Valid      Cum
Value Label              Value  Frequency Percent Percent   Percent

                           1       32      33.3    100.0   100.0
                           .       64      66.7   Missing
                                 -------  -------  -------
                         Total    96      100.0    100.0
Valid cases    32     Missing cases    64
```

```
V77        Mitarbeiterresonanz
                                                 Valid      Cum
Value Label              Value  Frequency Percent Percent   Percent

                           1       25      26.0    100.0   100.0
                           .       71      74.0   Missing
                                 -------  -------  -------
                         Total    96      100.0    100.0
Valid cases    25     Missing cases    71
```

```
V78        Besucher-, Kundenresonanz
                                                 Valid      Cum
Value Label              Value  Frequency Percent Percent   Percent

                           1       20      20.8    100.0   100.0
                           .       76      79.2   Missing
                                 -------  -------  -------
                         Total    96      100.0    100.0
Valid cases    20     Missing cases    76
```

```
V79        Resonanz der Künstler
                                                 Valid      Cum
Value Label              Value  Frequency Percent Percent   Percent

                           1       15      15.6    100.0   100.0
                           .       81      84.4   Missing
                                 -------  -------  -------
                         Total    96      100.0    100.0
Valid cases    15     Missing cases    81
```

```
V80          Imageveränderung
                                                    Valid    Cum
Value Label              Value  Frequency  Percent  Percent  Percent

                           1        24       25.0    100.0    100.0
                           .        72       75.0   Missing
                                  -------  -------  -------
                         Total     96      100.0    100.0
Valid cases       24  Missing cases   72
```

- -

```
V81          Spaß, eigenes Vergnügen
                                                    Valid    Cum
Value Label              Value  Frequency  Percent  Percent  Percent

                           1        3        3.1    100.0    100.0
                           .       93       96.9   Missing
                                  -------  -------  -------
                         Total     96      100.0    100.0
Valid cases       3   Missing cases   93
```

- -

```
V82          ökonomische Faktoren
                                                    Valid    Cum
Value Label              Value  Frequency  Percent  Percent  Percent

                           1        7        7.3    100.0    100.0
                           .       89       92.7   Missing
                                  -------  -------  -------
                         Total     96      100.0    100.0
Valid cases       7   Missing cases   89
```

- -

```
V83          nicht messbar
                                                    Valid    Cum
Value Label              Value  Frequency  Percent  Percent  Percent

                           1        3        3.1    100.0    100.0
                           .       93       96.9   Missing
                                  -------  -------  -------
                         Total     96      100.0    100.0
Valid cases       3   Missing cases   93
```

- -

```
V84          sonstige
                                                    Valid    Cum
Value Label              Value  Frequency  Percent  Percent  Percent

                           1        4        4.2    100.0    100.0
                           .       92       95.8   Missing
                                  -------  -------  -------
                         Total     96      100.0    100.0
Valid cases       4   Missing cases   92
```

Beginn des Kunstengagements

bis 1950	14	16.3%
1951-1970	23	26.7%
1971-1990	49	57.0%
insgesamt	86	100.0%

Organisation des Kunstengagements

Geschäftsleitung/Vorst.	52	55.3%
PR/Presse-Abteilung	40	42.6%
Marketing-Abteilung	14	14.9%
Werbeabteilung	12	12.8%
Kultur-Abteilung	11	11.7%
Kunst-Abteilung	10	10.6%
Spenden-Abteilung	6	6.4%
Organisat.-/Veran.-Abt.	4	4.3%
Sponsoring-Abteilung	3	3.2%
sonstige	3	3.2%
insgesamt	94	100.0%

Motive für Kunstengagement

Unternehmenskultur	65	69.9%
Bereicher. d. Kulturleb.	63	67.7%
Mitarbeitermotivation	58	62.4%
Image-Vorteile	47	50.5%
Integration in Kommix.	43	46.2%
Künstlerpopularität	36	38.7%
Vernissagen-Gespräche	27	29.0%
Impulse f. neue Ideen	26	28.0%
Präferenz der U-Leitung	18	19.4%
Werbeträger	12	12.9%
Kapitalanlage	6	6.5%
Optimierung Produktquali.	6	6.5%
steuerliche Abschreibung	1	1.1%
sonstiges	1	1.1%
insgesamt	93	100.0%

Externe Berater

Kunsthistoriker	41	67.2%
Galeristen	21	34.4%
Art-Consultants	10	16.4%
Kultur+Kommunik. Berater	7	11.5%
Sonstige	4	6.6%
Künstler	2	3.3%
insgesamt	61	100.0%

Budget für Kunstengagement

PR-Budget	35	39.8%
Spendenbudget	22	25.0%
Werbebudget	19	21.6%
Kultur-Budget	19	21.6%
Kunst-Budget	16	18.2%
Sponsoringbudget	15	17.0%
private Ausgaben	13	14.8%
Verkaufsförderungs-Budg.	4	4.5%
sonstiges	4	4.5%
insgesamt	88	100.0%

Höhe des Budgets

kein Budget	10	12.7%
1000 - 9999 DM	6	7.6%
10000 - 49999 DM	13	16.5%
50000 - 99999 DM	22	27.8%
100000 - 499999 DM	22	27.8%
500000 - 1 Mio. DM	1	1.3%
1 Mio. - 3 Mio. DM	5	6.3%
insgesamt	79	100.0%

Maß für den Erfolg des Kunstengagements

Resonanz in den Medien	32	43.8%
Mitarbeiterresonanz	25	34.2%
Imageveränderung	24	32.9%
Besucher- Kundenres.	20	27.4%
Resonanz Künstler	15	20.5%
ökonomische Faktoren	7	9.6%
sonstige	4	5.5%
Spaß, eigenes Vergnügen	3	4.1%
nicht messbar	3	4.1%
insgesamt	73	100.0%

Formen des unternehmerischen Kunstengagements

Kunst-Ankauf	62	67.4%
Unterstützung Ausstel.	61	66.3%
Organisation Ausstel.	52	56.5%
Auftrags-Vergabe	38	41.3%
eigene Galerie	22	23.9%
Finanz. Ankäufe Museen	21	22.8%
Kunstpreise	18	19.6%
Kunst-Kalender / -Jahrb.	18	19.6%
Künstler-Stipendien	9	9.8%
sonstiges	4	4.3%
insgesamt	92	100.0%

Bevorzugte Kunstrichtungen

zeitgenössische Kunst	74	80.4%
Kunst des 20.Jahrh.	41	44.6%
Kunst früherer Jahrh.	13	14.1%
internationale Kunst	37	40.2%
regionale Kunst	34	37.0%
nationale Kunst	25	27.2%
Malerei	74	80.4%
Graphik	57	62.0%
Plastik/Skulptur	53	57.6%
Zeichnung	41	44.6%
Fotografie	31	33.7%
Architektur	20	21.7%
Design	13	14.1%
Videokunst	11	12.0%
Computerkunst	8	8.7%
insgesamt	92	100.0%

Kunstankauf + Jahresumsatz

	Jahresumsatz			insgesamt
	0,4 - 999 Mio	1000 - 9999 Mio	10000 - 400000 Mio	
Kunstankauf	20 60.6%	23 71.9%	15 62.5%	58 65.2%
kein Kunstankauf	13 39.4%	9 28.1%	9 37.5%	31 34.8%
insgesamt	33 100.0%	32 100.0%	24 100.0%	89 100.0%

Kunstankauf + Branche

	Branche		insgesamt
	Prod. Gewerbe	Dienstleistung	
Kunstankauf	30 61.2%	28 68.3%	58 64.4%
kein Kunstankauf	19 38.8%	13 31.7%	32 35.6%
insgesamt	49 100.0%	41 100.0%	90 100.0%

Kunstankauf + Bedeutung des Engagements

	Bedeutung des Engagements		insgesamt
	grosse	geringe	
Kunstankauf	46 80.7%	15 44.1%	61 67.0%
kein Kunstankauf	11 19.3%	19 55.9%	30 33.0%
insgesamt	57 100.0%	34 100.0%	91 100.0%